기본소득과 정치 개혁

-모두를 위한 실질적 민주주의-

강남훈 지음

진인진

기본소득과 정치 개혁 -모두를 위한 실질적 민주주의-

초판 1쇄 발행 | 2019년 10월 31일
개정판 1쇄 발행 | 2020년 8월 1일

지은이 | 강남훈
편   집 | 배원일
발행인 | 김태진
발행처 | 진인진
등   록 | 제25100-2005-000003호
주   소 | 경기도 과천시 별양상가 1로 18 614호(별양동 과천오피스텔)
전   화 | 02-507-3077-8
팩   스 | 02-507-3079
홈페이지 | http://www.zininzin.co.kr
이메일 | pub@zininzin.co.kr

ISBN 978-89-6347-445-8 93300

* 이 책은 2017년 대한민국 교육부와 한국연구재단의 지원을 받아 수행된 연구(NRF-2017S1A3A2066659)를
  바탕으로 출간되었습니다.

목차

서문

2019년 우리나라 GDP는 1,800조원을 넘을 것이다. 모든 소득에 10%로 기본소득세를 매겨서 5천만명 국민들 사이에 균등하게 기본소득으로 나누면, 1인당 월 30만원의 기본소득을 지급할 수 있다(180조원 / 5천만명 = 연간 1인당 360만원).[1] 3인 가족이면 연간 1,080만원을 기본소득으로 받게 된다. 연간 가구소득 1억 800만원 이하인 3인 가구는, 기본소득과 기본소득세를 결합한 정책(이하 기본소득 정책)으로부터 순수혜를 얻게 된다. 대다수의 가구가 순수혜 가구가 된다.[2]

만약 기본소득을 국민투표에 부치고, 국민들이 순수하게 경제적 이해 관계에 따라 투표한다면, 기본소득은 압도적 찬성표로 채택될 것이다. 그러나 현실 정치에서 기본소득은 결코 쉽게 채택되지 않을 것이다. 일단 우리 헌법은 일반 법률안에 대한 국민투표권을 보장하고 있지 않기 때문에, 국민투표에 부칠 수 없다. 헌법을 개정해서 국민투표권을 확보한 뒤 기본소득을 국민투표에 부치는 전략을 쓰려고 하려면, 먼저 개헌을 해야 하므로 국회의원 ⅔의 찬성이 필요하다.

국민투표보다는 국회의원 과반수를 설득해서 기본소득을 법률로 제정하

---

1 정부나 기업 부문의 소득으로부터 재원을 마련하지 않을 경우에는 국토보유세, 주식양도소득세, 부동산 양도소득세, 상속세, 환경세, 부유세, 부가가치세 등으로부터 그만큼의 재원을 마련한다고 가정하면 된다.

2 국세청이 유승희 의원에게 제출한 자료에 의하면, 2017년 2천2백만 명의 종합소득을 기준으로 할 때 상위 4~5% 종합소득자의 평균 종합소득이 9천800만 원이었다.

는 길은 어떨까? 만약 국회의원들이 주권자를 비례적으로 대표하고, 자신들이 대표하는 주권자의 뜻에 따라서 투표한다면, 기본소득은 국회에서 통과될 가능성이 있다. 그러나 국회의원은 국민 전체를 비례적으로 대표하지 않고 있다. 가난한 사람이 부자보다 훨씬 많지만, 가난한 사람을 대표하는 국회의원보다 부자를 대표하는 국회의원이 훨씬 많아 보인다. 이와 같이 주권자 수에 비례하지 않는 국회의 구성은 불평등한 선거 제도 때문이다. 뿐만 아니다. 가난한 주권자를 대변하겠다고 약속하고 선출된 국회의원이라고 할지라도 실제로 가난한 주권자의 뜻에 따라서 투표한다는 보장도 없다. 부자 지배엘리트의 국회의원에 대한 영향력이 훨씬 강하기 때문이다.

기본소득을 앞당겨서 실현하려면, 정치개혁이 이루어져야 한다. 불평등한 선거제도를 고쳐야 하고, 가난한 사람도 부자와 대등한 정치적 영향력을 가질 수 있도록 정치후원금 제도를 고쳐야 한다. 이 책은 바로 이러한 문제 의식, 즉 기본소득을 실현하기 위하여 필요한 정치개혁의 모색에서 시작되었다. 정치인을 어떻게 주권자 수에 비례적으로 배정할 것인가? 그리고 선출된 정치인으로 하여금 어떻게 주권자의 뜻에 반응하도록 만들 것인가?

정치인의 비례적 대표와 주권자에 대한 반응은 매우 중요하지만, 또 필요한 것이 있다. 주권자의 뜻은 순간마다 자명하게 드러나는 것이 아니다. 정치인은 주권자의 뜻이 이렇다고 알려주는 언론의 보도를 참고하지 않을 수 없다. 만약 언론이 주권자가 아니라 광고주의 뜻에 따라서 보도한다면 주권자의 뜻은 잘못 전달될 것이다. 그래서 언론을 광고주가 아니라 주권자의 뜻에 따르도록 만드는 것도 필요하다.

정치적 결정에 영향을 미치는 또 하나의 중요한 집단은 관료이다. 정치인은 관료를 통솔할 책임을 갖지만 관료를 제대로 통솔할 수 있는 정치인은 아주 드물다. 특히 정치인은 경제와 예산에 대해서 잘 모르는 경우가 많아서 예산 관료는 막강한 권한을 휘두르게 된다. 정치인의 공약 중 상당 부분이 예산 관료의 반대에 부딪쳐 실행되지 못하고 있는 것이 현실이다. 주권자에 의해서 선출된 정치인이 어떻게 관료를 잘 통솔할 수 있도록 만들 것인가?

마지막으로, 정치인과 언론과 관료를 주권자의 뜻에 잘 반응하도록 만들었다고 할지라도 정작 주권자가 잘못 판단하면 아무 소용이 없어진다. 주권자가 합리적인 판단을 내릴 수 있으려면 현실을 정확하게 알고 있어야 한다. 특히 불평등을 축소하려면 주권자가 불평등한 현실을 그대로 알고 있어야 한다.

이 책에서 다루는 정치개혁은 정치인과 언론과 관료를 주권자의 뜻에 따르도록 만들고, 주권자에게 불평등한 현실을 그대로 알리는 개혁들이다. 이러한 정치개혁에는 여러 가지가 있겠지만, 이 책에서는 5가지 개혁안을 제시하려고 한다. 이 중에서 4가지는 기본소득의 원리를 응용한 것이다. 기본소득의 원리란 모든 주권자에게 정치 참여에 필요한 자원을 개별적으로, 보편적으로, 무조건적으로, 균등하게 분배하는 것을 의미한다.

제1장에서는 기본소득 원리를 적용한 정치 개혁안을 '모두를 위한 실질적 민주주의'라는 관점에서 서술할 것이다. 여기서는 모든 주권자에게 개별적으로, 보편적으로, 무조건적으로, 균등하게 분배되어야 할 자원을 공동선 기본소득(common good basic income)으로 정의하여, 보통 말하는 공동부 기본소득(common wealth basic income)과 구별할 것이다.

제2장에서는 비례대표제의 사상과 역사 및 사회경제적 효과를 살펴보고, 바람직한 선거제도 개혁안을 제안할 것이다. 2020년 4월 비례성을 상당히 높일 수 있는 개정된 선거법에 의거해서 국회의원 선거가 실시되었지만, 위성정당의 출현으로 비례성을 높이자는 취지가 크게 손상되었다. 이 문제를 바로잡기 위해서는 주권자들의 계몽된 이해가 매우 중요하다. 비례대표제는 실질적 민주주의의 핵심인데도 그 의미가 제대로 알려지지 않은 상태이므로 여러 각도에서 분석을 하였다.

제3장에서는 주권자 정치 배당을 다룬다. 주권자 정치 배당이란 모든 주권자에게 동일한 금액의 정치자금을 배당하여 정치인과 정당의 후원에 사용하도록 하는 것을 말한다. 주권자의 정치인에게 대한 금전적 영향력을 평등하게 만

들려는 것이다.

　제4장에서는 언론을 주권자의 뜻에 따르게 만드는 개혁안인 주권자 언론 배당을 다룬다. 주권자 언론 배당이란 모든 주권자에게 언론의 후원에 사용할 수 있는 동일한 금액의 언론 후원금을 배당하는 것을 말한다. 광고주로부터의 후원보다 주권자로부터의 후원이 중요해진다면 언론은 주권자의 뜻을 더 잘 존중하게 될 것이다.

　제5장에서는 관료를 주권자의 뜻에 따르게 만드는 개혁안의 하나로서 예산부서를 청와대에 소속시키는 방안을 다룬다. 예산부서를 백악관에 소속시킨 미국의 사례를 통해서 그렇게 해야 할 필요성을 살펴볼 것이다.

　제6장에서는 주권자가 불평등에 대하여 계몽된 이해를 갖고 합리적인 판단에 이르도록 도와주는 개혁안을 제안한다. 소득과 자산에 관한 행정 자료를 천분위 내지 만분위 단위로 평균해서 공개하는 것이다.

　이 책은 기본소득 실현을 위해서 필요한 정치개혁을, 기본소득 개념을 응용해서 실행하자는 제안이다. 정치개혁이 기본소득의 도입을 앞당기고 기본소득이 정치개혁을 촉진하는 선순환 구조를 만들자는 것이다.

　이 책의 제안들은 결코 필자의 독창적인 구상이 아니다. 비례대표제는 유럽의 복지국가에서 널리 실시하고 있는 제도이다. 주권자 정치 배당은 우리나라에서 이미 실시하고 있는 정치 후원금 제도의 순서를 바꾸는 것뿐이다. 주권사 언론 배당은 미국의 맥체스니(R. McChesney) 교수 등의 제안을 수정한 것이다. 예산부서를 청와대에 소속시키는 제안도 미국이 이미 그렇게 하고 있는 것을 본받자는 것이다. 소득과 자산에 관한 행정자료 공개도 북유럽 3국에서 이미 실행하고 있는 것을 개인정보를 보호하는 형태로 도입하자는 제안이다.

　예산부서를 청와대에 소속시키는 제안은 윤성식 교수의 『예산론』을 읽고 배웠다. 브루스 애커먼은 주권자 정치 배당(Ackerman and Ayres, 2002), 주권자 언론 배당(Ackerman 2011)과 관련이 된다. 최광은 박사는 런던 유학 시절 필자에게 애커먼의 참여소득을 소개해 주었다. 이 책에서는 이 두 가지 제안을 참여소득이 아니라 공동선 기본소득으로 재구성할 것이다. 선거제도 개혁의 중요성은 최태욱 교수의 『한국형 합의제 민주주의를 위하여』를 읽고 처음으로 공부했다. 북유럽 복지국가들에서 개인별 소득과 자산을 모든 국민에게 공개한다는 사실은 유종성 교수를 통해 알게 되었다. 가르침을 주신 모든 분들께 감사를 드린다.

이 책의 제안 중 몇 가지는 〈혁신더하기 연구소〉에서 발표한 적이 있는데, 연구소 회원들의 논평이 큰 도움이 되었다. 틈틈이 만나 토론해 주신 〈미래와 균형〉 김현국 소장께 감사드린다. 언론기본소득 연구를 공동으로 수행한 이영주 도의원, 김진오 이사장, 이형준 교수와 토론을 해 주신 민진영 목사님께 감사드린다. 무엇보다 이 책을 쓰도록 격려하고 용기를 주신 〈한신대학교 4차산업 혁명과 기본소득 SSK〉 공동연구원들(곽노완, 권정임, 송주명, 안현효, 서정희, 김수연)과, 적지 않은 시간 동안 생각과 실천을 함께 나눈 금민, 안효상, 박선미 등 기본소득 한국 네트워크 운영위원들에게 감사드린다. 마지막으로 비례민주주의연대 활동을 통하여 선거법 개정안을 패스트 트랙에 상정하는 데 큰 역할을 하신 하승수 변호사에게 충심으로 감사드린다. 물론 이 책에 있을 수 있는 모든 오류와 미진한 점은 전적으로 필자의 책임이다.

이 책이 선거제도 개혁 운동에 힘을 보태어 현재 패스트 트랙에 상정된 개정안보다 조금이라도 더 좋은 개정안이 만들어지는 데 공헌한다면 더할 나위 없이 기쁠 것이다. 그리고 주권자 정치 배당과 주권자 언론 배당처럼 예산도 얼마 들지 않으면서도 실질적 민주주의를 구현하여 우리 경제의 불평등 감소에 크게 기여할 수 있는 제도가 하루빨리 도입되기를 간절히 바란다. 경제적 불평등을 줄이는 가장 비용이 적게 들고 가장 효과적인 방법은 실질적 민주주의를 달성하는 것, 즉 모든 주권자에게 정치적 자원을 비례적으로 제공하는 것이다.

이 책의 원고가 출판사에 넘겨진 이후 소위 '조국 대전'을 거치면서 검찰 개혁과 언론 개혁이 중요한 사회적 의제가 되었다. 그런데 검찰 개혁에 대해서는 구체적인 개혁안이 마련되어 국회에서 본회의 표결을 앞두고 있지만, 언론

개혁에 대해서는 아무런 개혁안도 논의되지 못하고 있다. 이 책에서 제안한 주권자 언론 배당이 이러한 공백을 메우는 역할을 할 수 있게 되기를 기대한다.

제1장

모두를 위한 실질적 민주주의 - 공동선 기본소득

제1절 포용적 경제와 국가의 실패

포용적 경제

문재인 정부는 포용국가, 포용경제를 목표로 하고 있다.

> "모든 국민이 전 생애에 걸쳐 기본생활을 영위하는 나라가 포용국가 대한민
> 국의 청사진이다.
> '혁신적 포용국가'는 혁신으로 함께 성장하고 포용을 통해 성장의 혜택을 모
> 두 함께 누리는 나라⋯⋯. 혁신성장이 없으면 포용국가도 어렵지만 포용이 없
> 으면 혁신성장도 어렵다.
> 포용국가에서는 국민 한 사람 한 사람이 역량이 중요하다. 마음껏 교육받고
> 가족과 함께 충분히 휴식하고 기본적인 생활을 유지해야 개인의 역량을 발전
> 시킬 수 있다. 이 역량이 4차 산업혁명 시대에 지속가능한 혁신성장의 원동
> 력이 될 것이다.
> 포용국가 추진계획은 돌봄·배움·일·노후까지 '모든 국민'의 생애 전 주기를
> 뒷받침하는 것을 목표로 한다. 건강과 안전, 소득과 환경, 주거에 이르기까지

삶의 모든 영역을 대상으로 한다.[3]

포용적 성장(포용적 경제)은 여러 국제 기구에서 대동소이하게 정의하고 있다. OECD는 "포용적 성장이란 사회 전체적으로 공정하게 분배되고 모두를 위한 기회를 창출하는 경제 성장"으로 정의하고 있다(http://www.oecd.org/inclusive-growth/). 이 정의 속에는 분배와 기회라는 두 요소가 들어있다.

아시아개발은행(Asian Development Bank)은 다음과 같이 두 가지 요소가 분명하게 드러나도록 정의하고 있다.

(i) 성장의 과정: 사회 모든 구성원의 참여와 기여를 허용.

(ii) 성장의 결과: 교육, 건강, 영양, 사회통합 등 경제적 기회를 증진시키는 데 필요한 비금전적 차원의 웰빙(well-being)에서의 불평등 감소(OECD, 2014, p. 9)

우리는 이 장에서 참여에서의 평등과 결과에서의 평등이라는 포용적 경제의 두 가지 요소를 각각 공동선(common good) 기본소득과 공동부(common wealth) 기본소득에 대응시키려고 한다.

포용적 경제의 필요성 – 국가는 왜 실패하는가

애쓰모글루와 로빈슨은 그리스 로마로부터 현대의 미국과 한국에 이르기까지 30여개 나라의 역사를 살펴보면서 국가가 왜 실패하는지를 연구하였다(Acemoglu and Robinson, 2013). 그들은 포용적/수탈적 경제기구와 포용적/수탈적 정치기구를 다음과 같이 구분하였다.

---

3   문재인 대통령, "2019년 2월 19일 포용국가현장보고회 연설문" 중에서 발췌

- 수탈적 경제기구(extractive economic institutions): 법과 질서의 결여. 불안정한 소유권. 시장기구의 작동을 방해하는 진입장벽과 독점. 기울어진 운동장.
- 수탈적 정치기구(extractive political institutions): 소수의 손에 권력을 집중. 견제와 균형의 부재. 극단적인 경우 절대주의.
- 포용적 경제기구(Inclusive economic institutions): 안정적인 소유권. 법과 질서. 시장과 국가의 시장에 대한 지원(공공 서비스와 규제). 진입 자유. 계약 준수. 대다수 시민들에게 교육에 접근. 공정한 기회.
- 포용적 정치기구(Inclusive political institutions): 다원주의. 광범위한 참여. 정치인들에 대한 견제와 균형. 법의 지배. 이와 동시에 법과 질서를 집행할 수 있도록 정치 권력의 집중이 필요하다.

결론은 의외로 단순하다. 포용적 경제기구는 혁신과 번영을 가져왔고, 수탈적 경제기구는 빈곤과 실패를 낳았다는 것이다. 사람들을 수탈하는 나라는 단기적으로는 성장을 이루는 경우도 있지만 결국에는 쇠퇴하게 된다는 것이다. 수탈적 정치기구 하에서의 경제적 번영은 지속가능하지 않다.

포용적 경제기구는 포용적 정치기구를 전제로 한다. 포용적 경제기구와 포용적 정치기구는 선순환을 이루고, 수탈적 경제기구는 수탈적 정치기구와 악순환을 이룬다. 경제기구와 정치기구의 특징이 어긋나면 불안정한 상태가 되고, 어느 하나의 성격이 바뀌어 포용적 선순환이나 수탈적 악순환으로 귀결된다. 이것을 다음의 표로 나타낼 수 있다.

표 1.1 **정치기구와 경제기구의 상호작용**

		경제기구	
		포용적	수탈적
정치기구	포용적	선순환	← ↓
	수탈적	→ ↑	악순환

저자들이 분석한 나라들을 보면 포용적 경제보다 포용적 정치가 더 중요해 보인다. 포용적 정치기구가 수탈적 경제기구를 포용적 경제기구를 바꾼 대표적인 사례는 영국이다. 1688년의 명예혁명(Glorious Revolution)은 포용적 정치기구를 낳았고, 포용적 정치기구는 포용적 경제기구를 만들어 산업혁명이 일어나게 되었다(Acemoglu and Robinson, 2013, 제4장, pp. 156-166). 수탈적 정치체제가 포용적 경제기구를 수탈적 경제기구로 바꾼 대표적인 사례는 로마이다.

"공화정에서 원수정(프린키파투스), 이내 노골적으로 제정으로 이양하면서 로마 몰락의 씨앗이 뿌려졌다고 할 수 있다. 경제적 성공의 토대를 마련한 정치제도의 부분적 포용성이 점차 훼손된 것이다."(Acemoglu and Robinson, 2013, 제6장, p. 243).

경제기구는 시장으로 대표되고 포용적 정치기구는 민주주의로 대표되므로 민주주의와 시장의 결합이 번영을 낳는다고 할 수 있다. 김대중 대통령은 민주주의와 시장경제를 강조하면서도 민주주의에 우위를 두었다.

'국민의 정부'가 당면한 최대의 과제는 우리의 경제적 국난을 극복하고 우리 경제를 재도약시키는 일입니다. '국민의 정부'는 민주주의와 경제발전을 병행시키겠습니다.

민주주의와 시장경제는 동전의 양면이고 수레의 양바퀴와 같습니다. 결코 분리해서는 성공할 수 없습니다. 민주주의와 시장경제를 다같이 받아들인 나라 5대 국정지표들은 한결같이 성공했습니다.

그러나 민주주의를 거부하고 시장경제만 받아들인 나라들은 나치즘 독일과 군국주의 일본에서 보여준 바와 같이 참담한 좌절을 당하고 말았습니다. 이들 나라도 2차대전후 민주주의와 시장경제를 같이 받아들여 오늘과 같은 자유와 번영을 누리게 되었습니다(김대중 대통령, 제15대 대통령 취임사).

한 마디로 말해서, 포용적 국가를 만들어야 하는 이유는 민주주의와 시장이 결합된 포용적 국가만이 실패하지 않고 지속적인 번영이 가능하기 때문이다.

민주주의 체제에서 확대되는 불평등

민주주의와 시장경제가 포용적 국가를 만들 것이라는 예상과 달리, 최근 민주주의의 진전에도 불구하고 불평등이 확대되는 현상이 나타나고 있어서 새로운 과제가 제기되고 있다.

〈그림 1.1〉은 세계 불평등 데이터베이스로부터 추출한 우리나라의 불평등 추세이다. 위의 곡선은 상위 10%의 소득 점유율을 나타내고, 아래의 곡선은 상위 1%의 소득점유율을 나타낸다. 어떤 지표로 보든지 1987년 민주화가 다시 이루어진 이후에도 불평등은 감소하지 않았고, 최근에 와서 오히려 급속하게

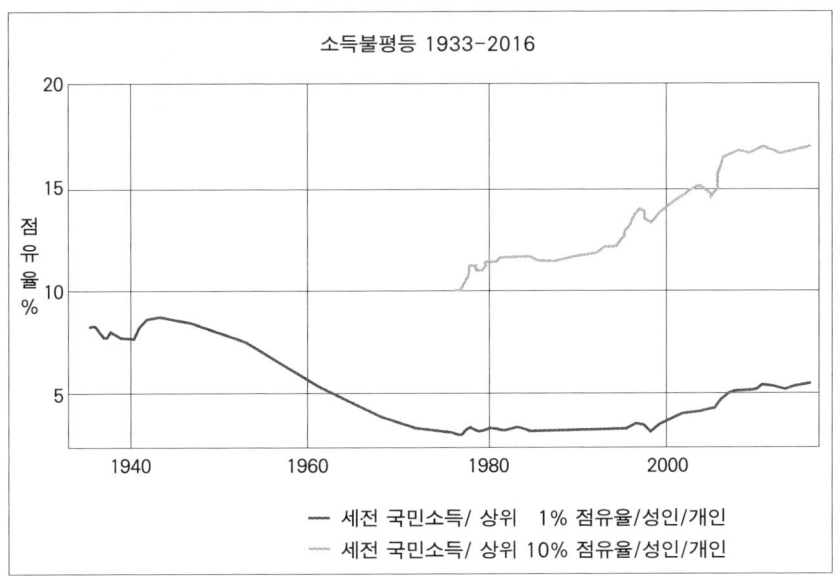

그림 1.1 우리나라 소득불평등 추이

자료: www.wid.world

확대되고 있다는 것을 알 수 있다.

이와 같이 수십년 동안 불평등이 확대되어 왔다고 할 때 이제는 어느 정도 불평등한 상태가 되었을까? 〈표 1.2〉는 국세청이 유승희 국회의원에게 제출한 자료로서, 2017년 통합소득의 개인별 분포를 나타낸다. 여기서 통합소득이란 연말정산을 하는 약 1,700만명의 근로소득과 종합소득 신고를 하는 약 500만명의 소득을 사람별로 합친 것을 의미한다. 통합소득에는 근로소득, 사업소득, 배당, 이자, 연금 및 기타소득이 포함된다. 여기에는 약 500만명의 일용근로자의 근로소득은 포함되어 있지 않다. 통합소득의 천분위 내지 백분위 자료는 우리나라에서 처음으로 공개된 것이다.

표 1.2 2017년 통합소득의 분포 (단위: 백만원)

구간	사람 수(명)	통합소득	1인당 통합소득	중위소득 배수
상위 0~0.1%	22,482	33,138,980	1,474.02	64.1년
상위 0.1~0.2%	22,482	10,970,411	487.96	21.2년
상위 0.2~0.3%	22,483	8,141,874	362.13	15.7년
상위 0.3~0.4%	22,482	6,733,107	299.49	13.0년
상위 0.4~0.5%	22,483	5,874,783	261.30	11.4년
상위 0.5~0.6%	22,482	5,283,099	234.99	10.2년
상위 0.6~0.7%	22,482	4,849,330	215.70	9.4년
상위 0.7~0.8%	22,483	4,514,623	200.80	8.7년
상위 0.8~0.9%	22,482	4,251,717	189.12	8.2년
상위 0.9~1.0%	22,483	4,037,543	179.58	7.8년
상위 0~1%	224,824	87,795,467	390.51	17.0년
상위 9~10%	224,824	16,727,389	74.40	3.2년
상위 32~33%	224,824	7,867,182	34.99	1.5년
상위 33~34%	224,824	7,663,461	34.09	1.5년
상위 49~50%	224,825	5,173,110	23.01	1.0년
상위 89~90%	224,824	862,947	3.84	0.2년
상위 99~100%	224,825	0	0.00	0.0년
합계	22,482,426	772,864,315	34.38	

자료: 2019년 국세청이 유승희 의원에게 제출한 자료.

2017년 중위 소득자(49~50%)의 1인당 소득은 2,300만원에 불과하였다. 비경제활동인구를 포함하여 5천만 국민 전체의 1인당 소득이 3,450만원(3만달러를 환율을 1,150원으로 가정하고 환산)인 나라에서 경제활동인구의 대부분이 포함된 2,200만명의 중위 소득이 2,300만원에 불과하다는 것은 충격적인 통계이다. 500만 일용직 근로자를 포함시켰다면 중위 소득자의 소득은 훨씬 더 작아졌을 것이다. 상위 0.1% 소득자의 1인당 소득은 14억7,400만원으로서 중위 소득의 64.1배나 되었다. 중위소득자가 64년 일을 해야 상위 0.1% 소득자가 1년에 번 돈을 벌 수 있다는 뜻이다. 상위 10%의 평균소득 7,440만원은 은 하위 10%의 평균소득 384만원의 19.4배였다. 어떤 기준으로 보더라도 포용적 경제라고 보기 힘든 상태이다.

〈표 1.3〉은 2016년과 2018년 사이 강남구 대치동 E 아파트의 연간 평균 실거래가를 나타내고 있다. 1단지 128형은 2016년 평균 18억9,595만원에 거래되었는데, 2018년에는 28억6,500만원에 거래되었다. 2년 동안의 상승폭은 9억6,905만원이었다. 이것은 중위 소득자가 42년 동안 한푼도 쓰지 않고 노동해서 저축해야 모을 수 있는 금액이다. 보통 사람들이 한 평생 노동을 통해서 벌 수 있는 것보다 훨씬 많은 돈을 아무런 노동을 하지 않고서 불과 2년만에 번 것이다.

표 1.3 강남구 대치동 E 아파트 실거래 가격 　　　　　　　　　　　　　　　(단위: 만원)

아파트 종류	2016	2017	2018	상승폭	중위소득 배수
1단지 128형	189,595	229,694	286,500	96,905	42년
1단지 159형	218,125	252,750	298,000	79,875	35년
2단지 128형	216,714	236,417	284,333	67,619	29년
2단지 160형	244,500	272,500	311,000	66,500	29년

자료: 국토부 실거래가 사이트에서 계산

민주주의에 대한 최초의 우려

대다수의 국민은 민주주의를 올바른 정치, 정의로운 정치와 동일시하고 있다. 특히 독재 정권을 여러 번 무너뜨리고 민주주의를 쟁취한 우리나라에서는 이런 생각이 더할 것이다. 민주주의는 과연 정의로운 것일까? 다음과 같이 생각해 보자. 민주주의는 인민(demos)의 힘(kratos)이다. 여기서 인민은 모든 집단을 포함한다는 의미이다. 그런데 어떤 일에 대해서 결정을 내릴 때에는 만장일치는 거의 불가능하므로, 다수의 뜻에 따를 수밖에 없다. 결국 인민의 지배는 다수의 지배가 될 수밖에 없다. 그렇다면 다수의 지배는 정의로운 것일까? 역사적으로 민주주의를 시작하게 될 때마다 다수의 지배가 부정의한 것이 될까봐 걱정을 하였다.

아테네 민주주의의 가장 큰 걱정은 다수 집단이 공동의 이익, 즉 공동선을 추구하지 않고 다수 집단의 이익을 추구하는 것이었다.

위에서 언급한 형태 중에서 타락한 형태는 다음과 같다: 왕정(royalty)은 독재정(tyranny)으로 타락하고, 귀족정(aristocracy)은 과두정(oligarchy)으로 타락한다. 민주정(constitutional government)은 민주주의(democracy)로 타락한다. 독재는 군주 한 사람이 군주만의 이익을 고려한다. 과두정은 부자의 이익만을 고려한다. 민주주의는 가난한 자의 이익만을 고려한다. 이들 중 어떤 것도 모두의 공동선(common good of all)을 고려하지 않는다(Aristotle, 1999, p. 61).

아리스토텔레스가 민주주의를 이처럼 폄하한 것은 스승의 스승인 소크라테스가 민주주의에 의해서 사형당했다는 것을 생각하면 그리 이상한 일이 아니다. 민주적으로 선출된 500명의 배심원들은 소크라테스에 대하여 1차로 280대 220으로 유죄판결을 내렸고, 2차로 360대 140으로 사형을 선고하였다.

19세기 중엽, 영국에서 보통선거권이 노동자 계급에게 확대되면서 민주주의가 본격적으로 논의될 때에도 다수에 의한 부정의한 지배가 걱정이 되었다.

다른 모든 정부 형태에서도 마찬가지이지만, 권력을 가진 자들이 사악한 이익에 몰두한다는 사실이 민주주의에 내재된 가장 큰 위험 중의 하나가 된다. 계급입법, 즉 정부가 일반 이익에 장기간 해를 끼치면서 지배계급의 눈앞의 이익을 충족시키려고 획책하는 것(실제로 그런 효과를 거둘 수 있을지는 두고 보아야 한다)이 가장 심각한 경계대상이 되는 것이다(Mill, 1861, p. 131).

존 스튜어트 밀(John Stuart Mill)은 민주주의가 확대되면 다수 계급이 일반 이익을 희생시켜 가면서 계급이익을 추구하는 것을 우려하고 있다. 그는 일반 이익에 어긋나는 계급이익을 사악한 이익이라고 규정하였다.

〈표 1.2〉에서 약 2,200만명의 1인당 평균소득은 3천4백만원이고, 중위소득은 2천3백만원이다. 평균소득 이하인 사람은 전체의 67%를 차지한다. 이 상태에서 소득의 일정한 비율에 비례세로 과세해서 2,200만명이 기본소득으로 균등하게 나누어 갖는 정책을 생각해 보자. 평균소득 이하인 67%의 사람은 순수혜자가 되고, 평균소득 이상인 33%의 사람은 순부담자가 될 것이다. 순수혜자가 찬성하고 순부담자가 반대한다면 이 정책은 다수결 원칙에 따라 통과될 것이다.

이와 같이 중위소득이 평균소득 이하인 상태에서는 1인1표 민주주의는 불평등을 감소시킬 잠재력을 가지고 있다. 이러한 잠재력에도 불구하고 민주주의가 확대되면서 불평등도 강화되었다면 새로운 설명이 필요하다. 존 스튜어트 밀이 걱정한 것과 달리 가난한 계급은 다수임에도 불구하고 왜 계급이익을 추구하지 못하였을까?

캔자스에서는 무슨 일이 일어났나

미국 캔자스 주는 민주당을 지지하던 파란색 주였는데, 공화당을 지지하는 빨간색 주가 되었다. 왜 가난한 캔자스 주 사람들이 부자들을 위한 정책을 펴는 공화당에 투표하게 되었을까? 토머스 프랭크(Frank, 2004)는 그 이유를 찾아내려고 노력하였다.

프랭크가 찾아낸 이유는 생각보다 단순하다. 공화당은 가난한 사람들이 경제적 이해에 따라 투표하지 않고, 도덕적, 종교적 가치에 따라 투표하도록 만드는 데 성공하였기 때문이었다. 가난한 사람들은 이제 낙태, 동성애, 진화론, 총기 소지 문제와 같이 도덕적이고 종교적인 가치에 따라 투표하게 되었다. 이러한 가치를 우선시 하는 유권자는 공화당에 투표하게 된다. 공화당은 가난한 사람의 투표를 얻어 집권하고 난 뒤에 부자 감세, 복지 축소 등으로 가난한 사람에게 불리한 정책을 실행하고 있다.

가난한 사람들이 경제적 이해에 따라 투표하지 않고 공화당이 옹호하는 가치에 따라 투표한 것은 비합리적인 선택이다. 민주주의 국가에서 불평등을 줄일 수 있는 유력한 장치의 하나가 정치이다. 그러나 가난한 사람들이 비합리적인 선택을 한다면 정치를 통해서 불평등을 줄일 가능성은 줄어드는 것이다.

다행스러운 것은 이와 같은 가난한 사람들의 비합리적인 투표 행태가 숙명적인 것이 아니라 만들어진 것이라는 점이다. 프랭크는 공화당의 면밀한 전략, 기업의 막대한 자금, 영향력 있는 언론 매체의 장악, 보수 기독교와의 연합이 이러한 정치 조작에 성공했다고 분석하고 있다. 즉, 정치 조작의 주체는 공화당, 부자 지배엘리트, 보수 종교, 보수 언론의 연합이다. 이에 반해서 민주당은 전통적 지지 기반인 노동자, 농민, 서민층 등을 버리고 중도 성향의 보수파를 포섭하려는 잘못된 전략을 선택하였다.

부자 지배엘리트와 보수 종교와 보수 언론의 연합이 가난한 사람이 도덕적, 종교적 가치에 따라 투표하게 만든 것이라면, 마찬가지로 가난한 사람들로 하여금 다시 경제적 이해에 따라 투표하도록게 만들 방법이 있다는 것을 의미한다. 보수 연합을 깨뜨리거나 그에 대항하는 진보 연합을 만들어내면 된다. 경제적 불평등을 줄이기 위한 과제는 어떻게 보수 연합을 깨뜨리고 진보 연합을 만들어낼 것인가로 집약된다고 할 수 있다.

브라만 좌파와 상인 우파

토마 피케티(Piketty, 2014)는 자본주의의 발전이, 2차 대전 이후 수십년 동안의 예외적인 기간을 제외하고, 장기적으로 불평등을 증가시켰다는 실증 연구로 명성을 날렸다. 그는 20세기 후반, 미국, 영국과 프랑스에서 불평등이 증가한 원인을 찾아 보았다(Piketty, 2018). 그가 찾은 것은 정당구조의 변화였다. 경제가 아니라 정치였다.

1950년대와 1960년대에서는 좌파정당(사회당, 노동당, 민주당)은 저소득층과 저학력층을 대변하였다. 그러나 2000년대 이후에는 좌파정당이 고학력층을 대변하고 있다. 〈그림 1.2〉에서 보면 연령, 성별, 소득, 인종을 통제한 뒤 1960에는 대졸과 고졸이하 민주당 지지율의 차이가 약 -8%였다(즉 고졸 이하 민주당 지지율이 약 8% 높았다.). 그러나 2015년에는 15%가 넘었다(즉, 대졸 민주당 지지율이 15% 이상 높았다.).

피케티는 이와 같이 고소득층이 우파 정당을 지지하고, 고학력층이 좌파 정당을 지지하는 구조를 엘리트 양당제(multiple-elite party system)라고 불렀다.

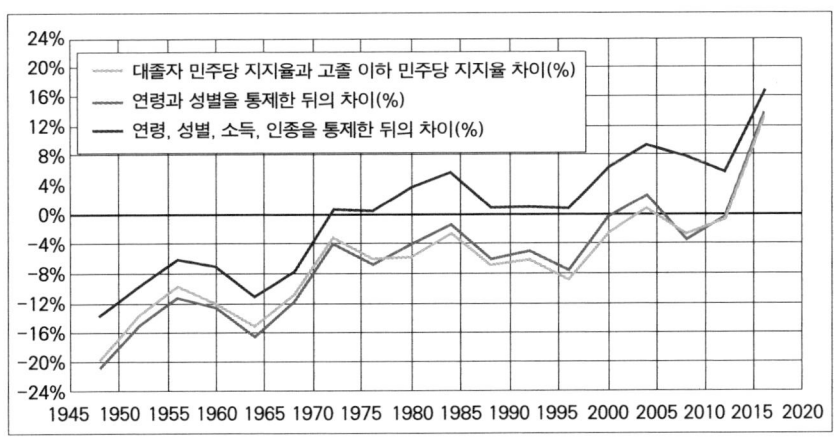

그림 1.2 미국 1948-2017 대졸자 민주당 지지율과 고졸 이하 민주당 지지율 차이

자료: Piketty (2018, Figure 3.3a)

저소득층 좌파와 고소득층 우파의 정치가 고학력 좌파(브라만 좌파, Brahmin left)와 부자 우파(상인 우파, Merchant Right)의 정치로 바뀐 것이다. 저소득층을 대변하는 정당이 사라졌다. 이것이 피케티가 찾아낸 불평등 증가의 원인이다.

좌파정당과 저소득층의 연합에 기초한 전통적인 재분배 연합은 약화되었다.

> "정치 자금, 언론 및 영향력에 대한 불평등한 접근이 선거구 정치를 엘리트의
> 통제 하에 유지하는 데 기여할 수 있다. 20세기 중반의 계급에 기초한 정당체
> 제는 특수한 역사적 상황에 기초한 것이었고, 사회 경제 구조가 진화함에 따
> 라서 취약한 것으로 드러났다."(Piketty, 2018, p.62).

피케티가 엘리트 양당제 정당 구조가 정착된 원인으로 정치 자금과 언론 불평등을 언급한 것은 매우 흥미롭다. 이 책의 제3장과 제4장에서 바로 정치 자금 불평등과 언론 불평등을 완화시키는 정책을 제안할 것이다.

그러나 전체적으로 보아서 엘리트 양당제에 대한 피케티의 대안은 다소 추상적이다.

> "강력하고 설득력 있는 국제적 공약(플랫폼)이 없이는, 여러 원천을 갖는 저
> 학력층과 저소득층을 동일한 정당 내에 연합시키는 것은 내재적으로 어렵
> 다."(Piketty, 2018, p.62).

피케티가 이렇게 추상적인 대안 제시에 머무른 것은 단순 다수제 선거제도를 가진 세 나라의 정당 구조만을 분석였기 때문이라고 판단된다. 비례대표제 선거제도를 가진 나라의 정당 구조는 양당제가 아니라 다당제이다. 엘리트 양당제를 극복하기 위해서는 비례대표제 도입이라는 구체적인 방법이 있다. 이 책의 제2장에서 비례대표제를 다룰 것이다.

포획된 민주주의와 실질적 민주주의

포획된 민주주의

애쓰모글루 등은 민주주의가 불평등을 줄이는 역할을 하는 경우와 불평등을 늘리는 역할을 하는 경우에 관하여 광범위한 문헌과 자료를 조사하였다. 그 결과 민주주의가 불평등을 늘릴 수 있는 세 가지 이유를 제시하였다(Acemoglu et al., 2014).

첫째는 포획된 민주주의(captured democracy)이다. 이것은 민주주의가 소수의 부자 시배엘리트에 의해서 포로로 사로잡힌 상태를 말한다. 민주주의가 법률상의 권력(de jure power)을 모든 사람에게 평등하게 분배한다고 할지라도 부자 지배엘리트는 값비싼 투자를 통해서 사실상의 권력(de facto power)을 장악할 수 있다. 로비를 통해서 정당의 정책에 영향을 미치거나 미디어를 통해서 아젠다를 통제하고 정치 이데올로기를 변화시키는 것, 현장에서 실제의 법 집행이 유리하게 이루어도록 통제하는 것 등이 포함된다. 부자 지배엘리트는 재분배가 확대되었을 때 늘어날 순부담액만큼을 민주주의를 포획하기 위한 비용으로 사용할 수 있다(Acemoglu et al., 2014, p.1895). 민주주의 포획은 사후적(ex-post capture) 포획과 사전적 포획(ex-ante capture)으로 나눌 수 있다. 사전적 포획이란 조세를 증가시키거나 재분배를 확대시키는 제도의 도입 자체를 막는 것이고, 사후적 포획이란 제도가 도입된 뒤 그 효과를 무력화시키는 것이다. 부자 지배엘리트가 민주주의 포획에 성공하면 민주주의가 확대되더라도 재분배는 확대되지 않는다.

둘째는 불평등을 확대시키는 시장의 확대이다. 국가사회주의에서 시장경제로 체제 전환을 하거나 인종 차별이 사라지고 시장이 확대될 때 민주주의의 진전과 함께 소득 격차가 늘어나는 현상이 발생할 수 있다.

셋째는 중산층 편향이다. 중산층이 가난한 사람보다 훨씬 부유할 때, 즉 중산층과 고소득층의 격차보다 중산층과 저소득층의 격차가 클 때, 중산층이 자신에게 유리한 정책을 선택하다보면 불평등이 확대될 수 있다.

애쓰모글루 등이 제시한 불평등 확대 요인 중에서 세번째 요인은 중산층 일자리가 줄어들고 중산층과 고소득층 사이의 격차가 확대되는 최근의 기술혁신 상황에는 잘 들어맞지 않는다. 두번째 요인은 동유럽 국가들의 체제 전환이나 남아프리카 공화국 등의 경험을 염두에 둔 것이다. 첫번째 요인, 즉 시장이 불평등을 확대시키는 경우는 상당히 일반적이므로 이 요인은 조금 더 세밀하게 분석할 필요가 있다.

불평등은 신분이나 억압 등 경제외적 강제로 인한 경제외적 불평등과 경제적 불평등으로 나눌 수 있다. 경제적 불평등은 다시 근로 불평등과 자산 불평등으로 나눌 수 있다. 시장경제가 전제하는 경제적 자유는 경제외적 강제의 축소를 의미하므로, 시장경제의 발전과 경제외적 불평등의 감소는 동전의 양면이라고 할 수 있다. 그러나 시장경제는 경제적 성공에 대해서는 큰 보상을 하고 실패에 대해서는 방치하므로 경제적 불평등은 확대시키는 경향이 있다. 민주주의는 경제외적 강제의 철폐에서 시작되었으므로 당연히 경제외적 불평등을 감소시킨다. 그러나 민주주의와 경제적 불평등 사이의 관계는 양면적이다. 한편으로 민주주의는 노동을 보호하고 재분배를 촉진하는 정책의 도입을 용이하게 함으로써 불평등을 감소시킬 가능성을 가지고 있다. 다른 한편으로 민주주의는 사유재산과 기업 활동을 보장함으로써 불평등을 증가시킬 가능성을 가지고 있다.

국가사회주의에서 자본주의 시장경제로 체제 전환을 할 때 공통적으로 실시한 정책은 공동부(국유재산)의 사유화였다. 이 과정에서 엄청난 공동부가 불평등하게 사유화되었다. 사유재산의 불평등은 소득 불평등을 증가시켰고, 소득 불평등은 다시 사유재산 불평등을 확대하였다. 사유화 이후, 사유재산을 보호하는 민주주의와 시장경제의 발전이 불평등을 강화시키는 방향으로 함께 작용한 것이다.

기본소득은 자산 불평등과 소득 불평등을 획기적으로 완화시키는 정책이다. 기본소득은 토지, 환경, 지식 등이 우리의 공동부이고, 모든 사람은 공동부로부터 나오는 수익에 대하여 배당받을 권리를 갖는다는 인식의 전환을 필요로 한다. 더불어서 대규모 증세에 대한 합의도 필요하다. 민주주의가 포획된 상태에서는 이러한 인식의 전환이나 증세에 대한 합의가 쉽지 않다. 부자 지배엘리트에 의해서 포로로 사로잡힌 민주주의를 어떻게 해방시킬 것인가? 기본소득의 정치적 가능성이란 바로 포획된 민주주의의 해방 가능성을 의미한다.

슘페터, 민주주의에 대한 절차적 정의

슘페터는 민주주의에 대한 고전적 정의와 형식적 정의를 구분하였다. 고전적 정의는 다음과 같다.

> "민주주의적 방법이란 정치적 결의에 도달하기 위한 제도적 장치이며, 이 장치는 인민의 의지를 실현하기 위해서 회의에 참가할 사람을 선출하는 것을 통해서 인민 자신이 이슈를 결정하게 함으로써 공동선을 실현한다는 것이 그것이다."(Schumpeter, 1942, p.449).[4]

슘페터는 이런 고전적 정의에 대하여 회의를 품었다. 고전적 정의의 가장 큰 문제는 공동선의 존재를 전제하고 있는 것이다. 공동선이 무엇이라고 누가 말할 수 있겠는가? 그래서 그는 민주주의를 정치적 리더십을 위한 경쟁이라고 절차적으로 정의하였다.

---

4 원문의 공동선(common good)을 번역본에서는 공공선이라고 번역하였지만, 여기서는 공동선이라고 수정하였다. 이 책에서는 공공(public)과 공동(공유, common)을 구분하려고 한다. 공공은 중앙정부나 지방정부에 속한 것이고, 공동은 모두에게 속한 것이다.

"민주주의적 방법은 정치적 결정들에 도달하기 위한 제도적 장치인데, 이 장
치 안에서 개인들은 인민의 투표를 획득하기 위해서 경쟁적으로 투쟁함으로
써 결정권을 획득한다."(Schumpeter, 1942, p.480).

슘페터의 이러한 정의는 로버트 달로 이어진다.

로버트 달, 다원 민주주의, 민주주의 포획

로버트 달(Robert Alan Dahl)은 이러한 슘페터의 생각을 구체화시켜서 이상적 민
주주의와 다원 민주주의(다두 민주주의, polyarchal democracy)를 구분하였다. 이
상적 민주주의는 5가지 조건이 충족되는 민주주의이다. 구성원의 ①효과적 참
여, ②투표의 평등, ③계몽적 이해, ④의제의 통제, ⑤모든 성인의 포용(Dahl,
2015, pp.66-68)이다. 다원 민주주의는 이상적 민주주의를 어느 정도 충족시키
는 현실적인 민주주의이다. 이것은 ①선출된 공직자, ②자유롭고 공정하며 빈
번한 선거, ③표현의 자유, ④선택의 여지가 있는 정보원, ⑤결사의 자율성, ⑥
포용적 시민권(Dahl, 2015, pp.132-133)이라는 6가지 제도를 갖고 있는 민주주의
를 말한다.

로버트 달은 시장경제가 민주주의에 우호적인 측면과 대립적인 측면을 가
지고 있다고 판단하였다. 우호적인 측면은 다음과 같다.

"다두 민주주의는 시장자본주의가 압도적으로 지배적인 국가에서만 지속되
어 왔다."(Dahl, 2015, p. 235).

대립적인 측면은 다음과 같다.

"민주주의와 시장자본주의는 각각 서로를 수정하고 제한하는 지속적인 갈등 관계에서 벗어날 수 없다."(Dahl, 2015, p.245).

"시장자본주의는 불가피하게 불평등을 야기하기 때문에, 정치적 자원을 배분하는 데 있어서 불평등을 발생시킴으로써 다두 민주주의의 민주적 잠재성을 제한하게 된다."(Dahl, 2015, p.250).

로버트 달은 시장에서의 경제적 불평등이 정치적 자원의 불평등한 분배를 낳고 이것이 민주주의를 제한하게 된다고 말함으로써 민주주의가 포획되는 경로를 설명하고 있다. 정치적 자원(political resources)이란 다른 사람의 태도에 영향력을 발휘하는 데 사용하기 위하여 접근할 수 있는 모든 것을 의미한다. 물리적 강제력, 무기, 돈, 자산, 재화와 용역, 생산적 자원, 소득, 지위, 명예, 존경, 애정, 카리스마, 위신, 정보, 지식, 교육, 의사소통, 매체, 조직, 위상, 법적 신분, 교리와 믿음에 대한 통제, 선거(Dahl, 2015, p.251). 시장자본주의는 이러한 정치적 자원들 중 상당 부분을 불평등하게 분배하는 경향이 있다.

실질적 민주주의

우리나라는 모든 성인에게 선거권이 부여되고(조건 ⑥), 주기적으로 공정한 선거가 실시되고(조건 ①, 조건 ②), 언론의 자유가 있고(조건 ③, 조건 ④), 정당 설립 자유(조건 ⑤)가 보장되므로 형식적으로는 민주주의를 실시하고 있는 나라라고 할 수 있다. 그러나 정치적 자원은 결코 평등하게 분배되어 있다고 말할 수 없다. 사람들이 사용하는 정치 자금에 큰 차이가 있다. 부자 지배엘리트들은 더 큰 언론 자원을 활용하고 있다. 진보 정당에 찍은 표는 사표가 될 가능성이 높다. 가난한 사람을 대변하는 정치인은 당선되기 힘들다.

이 책에서는 로버트 달이 말한 6가지 조건이 충족되는 민주주의를 형식적 민주주의라고 부르고, 중요한 정치적 자원까지 평등하게 분배된 민주주의를 실질적 민주주의라고 부르려고 한다. 정치적 자원의 불평등한 분배가 민주주의를 포획해서 경제적 불평등을 증가시키고 있다면, 정치적 자원을 평등하게 분배하는 것은 경제적 불평등을 감소시키는 효과적인 방법이 될 것이다.

로버트 달이 정의한 정치적 자원은 매우 넓은 범위의 것으로서, 모든 정치적 자원들을 평등하게 분배한다는 것은 불가능할뿐만 아니라 경제의 효율성까지 해칠 가능성이 높다. 예를 들어 명예와 존경은 평등하게 분배하는 것이 불가능한 정치적 자원이고, 소득은 완전히 평등하게 분배하면 아무도 일을 하려고 하지 않을 것이므로 경제 효율성을 상실하게 된다. 평등하게 분배해야 할 정치적 자원의 범위는 효율적이고 효과적인 것으로 한정될 필요가 있다.

규모가 큰 현대 국가에서는 대의민주주의가 불가피하다. 대의민주주의에서는 주권자가 뽑은 대리인이 입법, 행정, 사법을 담당하게 된다. 주권자는 대리인을 통해서 정치적 결정에 영향을 미치므로, 대리인을 정치적 자원으로 해석할 수 있다. 주권자의 수에 비해서 적은 수의 대리인을 배정받은 주권자 집단은 그만큼 정치적 영향력이 약해질 것이다. 그래서 대의민주주의에서는 대리인을 평등하게 분배하는 것이 무엇보다 중요하다. 어떤 주권자 집단에는 비례 이상의 대리인을 배정하고, 다른 주권자 집단에는 비례 이하의 대리인을 배정하는 민주주의는 형식적인 민주주의에 불과하다. 모든 주권자 집단에 대하여 수에 비례하는 대리인을 분배하는 민주주의가 실질적 민주주의이다.

3권 분립을 원칙으로 하는 현대 대의민주주의에서 정부에서 일하는 중요한 대리인은 입법 대리인(국회의원), 행정 대리인(대통령 및 관료) 및 사법 대리인(판사)이다. 현대 사회에서는 여기에 언론 대리인을 추가할 수 있다. 언론은 사실을 찾아내고, 중요한 것을 선별하고, 해석을 하고, 의제로 만드는 역할을 한다.

우리나라에서 입법 대리인은 300명을 뽑으므로 3,500만명의 성인 주권자 수에 완전히 비례하도록 배정할 방법이 있다. 주권자로 하여금 정당에 투표하게 하고 정당의 득표율에 비례해서 국회의원을 선출하면 된다. 현행 다수제 선거제도는 어떤 정당 지지자에게는 30만명당 1명의 국회의원을 배정하고, 다른 정당 지지자에게는 5만명당 1명의 국회의원을 배정하는 불평등한 선거제도이다. 주권자 수에 비례해서 입법 대리인이 선출되도록 선거제도를 개선해야 한다(제2장).

행정 대리인은 관료(공무원) 100만명과 관료를 통솔하는 1명의 대통령으로 구성되어 있다. 대통령은 1명을 뽑기 때문에 주권자(집단)에게 균등하게 배정하는 것은 수학적으로 불가능하다. 당선된 대통령에게 투표한 주권자들에게만 대리인이 배정되는 것이다. 87년 이후 실시된 7번의 대통령 선거에서 과반수의 득표로 대통령이 선출된 경우는 한 번뿐이었다. 6번은 소수의 주권자에게만 행정 대리인이 배정되었다.

그런데 과반수의 주권자를 대변하는 행정 대리인을 뽑는 것은 언제나 가능하다. 그렇게 할 수 있는데도 안 하는 것은 불공정한 일이다. 과반수의 주권자를 대변하는 행정 대리인을 뽑는 방법에는 두 가지가 있다. 첫째는 과반수의 입법대리인이 모여서 행정 대리인 1명을 뽑도록 하는 것이다. 소위 내각제이다. 내각제는 항상 과반수의 주권자에게 행정 대리인(수상)을 배정한다는 장점과 더불어서, 행정 대리인이 과반수의 입법 대리인과 협치를 하기 때문에, 법률안 통과가 안 되어서 할 일을 못하는 경우가 줄어든다는 장점이 있다. 둘째는, 만약 대통령제를 유지하기로 한다면, 대통령 결선투표제 내지 즉각결선투표제를 도입하면 된다(제2장 제6절).

주권자들은 무능한 행정 대리인을 바라지 않는다. 선출된 뒤 관료를 제대로 통솔해서 공약을 이행하기를 바란다. 그러나 정치를 주로 하던 행정 대리인이 관료 통솔에서도 실력을 발휘하는 경우는 아주 드물다. 관료들이 말을 안 들어서 못 해 먹겠다는 말은 정부가 바뀔 때마다 나온다. 행정 대리인의 특별한 실력에 의존할 것이 아니라 누구라도 행정 대리인이 되면 관료를 제대로 통솔할 수 있도록 제도적 장치를 마련해야 하다. 관료는 인사와 예산으로 통솔할 수 있다. 인사권은 행정 대리인이 제법 잘 행사하고 있다. 그러나 예산편성은 사실상 예산관료에게 맡겨 놓고 있다. 예산이라는 관료 통솔 수단을 사실상 관료에게 맡겨 놓은 꼴이다. 행정 대리인이 관료를 제대로 통솔할 수 있게 되려면 이 문제를 제도적으로 개선해야 한다(제5장).

사법 대리인은 입법 대리인과 행정 대리인이 임명하도록 되어 있어서 주권자들의 의지가 간접적으로 반영되고 있다고 볼 수 있다. 사법 대리인도 주권자들이 직접 선출하는 개혁안이 몇 가지 제시되어 있지만, 이 책에서는 다루지 않을 것이다.

언론 대리인을 주권자들이 선출하는 것은 언론의 자유 원칙에 비추어 바람직하지 않다. 최근 1인 미디어가 적지 않은 역할을 하는 것을 보더라도, 원하는 사람이면 누구나 언론인이 될 수 있도록 하는 것이 바람직하다. 주권자는 언론 대리인을 언론의 자유를 존중하는 방식으로 통제하여야 한다.

대리인을 주권자의 뜻에 따르게 만들기 위해서는 주권자가 대리인을 선출하는 것만으로는 부족하다. 주권자은 대리인이 먹고 살도록 임금을 주어야 한다. 대리인에게 임금을 주지 않은 채로 권한만 주고 일을 시키는 주인은 가장 어리석은 주인이다. 주권자가 임금을 주지 않으면, 상당한 권한을 가진 대리인은 어떤 방법을 써서라도 임금 이상으로 주권자의 재산을 축낼 것이다.

그런데 정치인은 당선된 기간 동안 지불되는 임금만으로는 부족하다. 대부분의 정치인은 상당한 기간 낙선되지 못한 상태에서 정치를 해야 한다. 정치에는 적지 않은 정치자금이 필요하다. 결국 정치인들에게 많은 정치자금을 제공하는 사람이 영향력을 가지게 된다. 부자 지배엘리트의 정치자금은 민주주의를 포획하는 가장 유력한 수단이다. 실질적 민주주의가 되기 위해서는 적절한 규모의 정치자금을 주권자들에게 균등하게 나눌 필요하다(제3장).

언론 대리인의 임금을 생각해 보자. 언론 대리인은 주권자들이 직접 선출하거나 임명하지 않았다. 따라서 주권자들이 임금을 직접 지불할 수는 없다. 주권자들은 일부 구독료를 내고 있지만, 그 비중은 점점 줄어들고 있다. 언론 대리인의 압도적인 소득원은 기업으로부터의 광고이다. 언론 대리인이 임금을 제대로 주지 않는 주권자의 이해보다 광고주(부자 지배엘리트)의 이해를 더 충실하게 반영하고 있는 것은 전혀 이상한 일이 아니다. 실질적 민주주의가 되기 위해서는 언론 대리인에게 주권자들이 간접적으로라도 임금을 지급하는 방안을 모색하여야 한다(제4장).

마지막으로 실질적 민주주의는 로버트 달이 말했듯이 주권자들의 계몽된 이해(enlightened understanding) 없이는 불가능하다. 계몽된 이해를 가진 주권자들로 만들기 위해서는 교육과 언론과 정당의 역할이 중요하다. 계몽된 이해는 저절로 주어지는 것이 아니라 정확한 정보가 제공된 상태에서 다른 사람과의 토론을 통해서 학습되는 것이다. 불평등을 축소하려면, 개인 정보가 보호되는 범위 내에서, 불평등한 상태를 정확하게 보여주는 국세청 정보가 공개되어야 한다(제6장).

요약하면, 실질적 민주주의의 조건은 세 가지이다. 첫째, 정치 대리인들을 주권자(집단)의 수에 비례해서 배정하여야 한다. 둘째, 정치 및 언론 대리인에게 영향력을 미치는 자금을 주권자들이 균등하게 가지고 있어야 한다. 셋째, 주권자에게 정확한 행정 정보가 공개되어 계몽된 이해를 가지고 정치에 참여할 수 있는 기회가 제공되어야 한다.

제3절 공동부 기본소득과 공동선 기본소득

공동부 기본소득(common wealth basic income)

전통적인 기본소득의 정당화는 전통적으로 크게 네 가지 방향에서 진행되어 왔다.

1) 생활권(인간다운 생활을 할 권리)

우리 헌법은 전문에서 "모든 국민은 인간으로서의 존엄과 가치를 가지는 것으로 규정하고 있고, 제34조 1항에서 "모든 국민은 인간다운 생활을 할 권리를 가진다."고 명시하고 있다. 생활권으로 기본소득을 정당화하면, 빈곤탈출이 기본소득의 가장 중요한 역할이 된다.

인간다운 생활을 할 권리만으로 기본소득을 정당화하는 데에는 여러 가지 어려움이 있다. 인간다운 생활을 이미 하고 있는 부자에게까지 기본소득을 주는 이유를 별도로 설명해야 한다. 그리고 가난한 사람에게만 소득을 보조해 주면 빈곤 탈출이 더 빠르지 않겠느냐는 질문에 대해서도 설명해야 한다. 무엇보다도 가난한 사람들도 인간다운 생활을 할 수 있도록 도와주자는 의미를 가지게 되어 기본소득을 권리가 아니라 시혜로 오인할 위험이 있다.

2) 자유권

기본소득은 자유권에 입각해서 정당화될 수 있다. 이것은 다시 두 가지로 나누어진다.

첫째는 실질적 자유. 실질적 자유의 관점에서 기본소득을 정당화한 대표적인 학자가 필립 판 빠레이스이다. 판 빠레이스에 의하면, 자유로운 사회는 다음의 세 가지 조건을 충족하는 사회이다.

① 권리보장. 권리를 잘 집행하는 구조가 존재한다.
② 자기 소유권. 이런 구조 하에서 개인은 자기 자신을 소유한다.
③ 기회의 최소극대화. 개인이 하고 싶어 할 수도 있는 것이라면 무엇이든 할 수 있는 최소극대화의 기회를 갖는 구조(Van Parijs, 1995, p. 62).

여기서 최소극대화란 존 롤스(John Rawls)가 정의론에서 제안한 것으로, 최소의 기회를 갖고 있는 사람의 기회를 최대한 늘리는 것, 즉 최소수혜자의 기회를 가능한 한 늘리는 것을 의미한다. 두 사회가 있을 때 어떤 사회가 더 자유로운 사회인지를 판단하기 위해서는 최소수혜자의 자유를 비교하면 된다. 최소수혜자의 자유가 더 많은 사회가 더 자유로운 사회이다. 만약 최소수혜자의 자유가 동일하다면 그 다음 최소수혜자의 자유를 비교하면 된다. 사전에서 낱말의 순서를 비교하는 방법과 동일하므로, 최소극대화를 사전식 극대화(lexicographic maximization)라고도 부른다.

정의로운 사회는 모든 사람에게 최소극대화된 자유를 보장하는 사회이다. 그런데 자유는 그것을 실현할 수 있는 수단(기회)이 있어야 실질적 자유가 된다. 시장 경제에서 자유를 실질적으로 보장하기 위하여 가장 필요한 것은 소득이다. 따라서 실질적 자유를 공정하게 보장하기 위해서는 소득의 최소극대화가 필요하다.

소득의 최소극대화가 모든 소득을 균등하게 만드는 것을 의미하지는 않는다. 소득을 균등하게 하면 노동 유인이 사라져 최소수혜자의 소득이 오히려 감소할 수 있기 때문이다. 예를 들어 10사람이 있고 각 사람의 소득이 1만원부터 10만원까지라고 가정해 보자. 소득의 합계는 55만원이다. 소득의 합계가 55만원으로 불변이라면 모든 사람의 소득을 5.5만원으로 균등하게 만드는 것이 최소수혜자의 소득을 극대화하는 방법이 될 것이다. 이것은 소득에 100% 과세를 해서 균등하게 기본소득으로 나누는 것과 동일하다. 그러나 소득에 100% 과세를 하면 열심히 일하려는 사람이 줄어들어 소득의 합계가 줄어들게 된다. 극단적인 경우에는 아무도 일을 안 해서 소득의 합계가 0이 될 수도 있다. 그러므로 모든 소득을 기본소득으로 분배하는 것보다 일부만의 소득을 기본소득으로 분배하는 것이 최소수혜자의 소득을 극대화하는 더 좋은 방법이다. 기본소득은 소득의 최소극대화를 달성하는 효율적인 방법이다.

둘째는 비지배 자유. 공화주의적 전통에서는 자유를 "생존을 위해 타인에게 의존하지 않는 것이며, 다른 집단의 임의적인 간섭에 영향을 받지 않는"(Raventos, 2007, p. 99) 상태로 규정한다. 여기서 임의적인 간섭이란 자의적인 간섭, 즉 간섭 받는 자의 동의 없이 행해지는 간섭을 의미한다. 이러한 간섭을 외부적 통제(alien control)라고도 부른다(Laborde and Maynor et al., 2008, p. 152). 자의적인 간섭, 즉 외부적 통제가 없는 자유를 비지배 자유(freedom as non-domination)라고 부른다. 기본적인 소득이 보장되지 않는 사람은 다른 사람의 지배를 받을 수밖에 없다. 기본소득은 비지배 자유를 보장하기 위한 수단이다. 공화주의자들은 실질적 자유보다 비지배 자유가 기본소득을 정당화하는 데 더 적합하다고 주장한다(Pettit, 2007).

3) 평등권(기회의 평등)

기본소득은 평등권에 입각해서 정당화할 수도 있다. 우리 헌법에는 전문 ("정치·경제·사회·문화의 모든 영역에 있어서 각인의 기회를 균등히 하고, 능력을 최고도로 발휘하게 하며 … 안으로는 국민생활의 균등한 향상을 기하고")과 제119조 2항("국가는 균형 있는 국민경제의 성장 및 안정과 적정한 소득의 분배를 유지하고")에서 평등권이 규정되어 있다. 헌법학계에서는 이러한 평등권은 결과의 평등이 아니라 기회의 평등을 규정한 것이라는 해석이 우세하다.

　　기회의 평등으로 기본소득을 정당화하려고 할 때 소득의 이중성에 주목해야 한다. 소득은 한편으로는 경제활동의 결과이지만, 다른 한편으로는 경제활동의 기회가 된다. 소득이 없는 사람은 교육을 제대로 받을 수 없고, 건강을 유지할 수 없어서 그 다음 경제활동의 출발이 달라진다. 소득의 얼마만큼이 기회(조건)이 되고, 얼마만큼이 결과가 되는지는 양적으로 명확하게 구분할 수는 없다. 그러나 적어도 최소한의 생활과 교육에 필요한 만큼은 기회(조건)라고 보는 것이 타당할 것이다. 그러므로 최소한의 소득과 그 이상의 소득을 구분하여 최소한의 소득은 기회의 평등을 위해서 모든 사람에게 보장할 필요가 있다. 이것이 바로 평등권에서 비롯되는 기본소득의 필요성이다.

4) 재산권

기본소득에 대한 가장 강력한 정당화는 재산권이다. 기본소득의 권리는 모든 사람이 공동부(공유부, 공동자산)의 공동소유자라는 것으로부터 도출된다. 실제로 기본소득의 최초의 제안은 토지 공동부 배당이었다. 토머스 페인은 토지는 인류의 공유자산이므로, 토지로부터 발생하는 지대를 환수하여 배당을 지급하자고 주장하였다(Paine, 1796).

공동부(common wealth) 또는 공동자산(common asset)란 인간의 노력과 관계없이 인간에게 주어졌거나, 인간이 만들었다고 할지라도 수많은 사람이 여러 세대에 걸쳐서, 연합지성을 모아서 공동으로 작업한 결과이기 때문에, 특정한 개인이나 집단에 속한다고 볼 수 없는 자산을 의미한다. 토지, 환경, 천연지원 등은 인간의 노력과 관계없이 주어진 공동부이다. 문화, 지식, 제도, 관습 등은 수많은 사람의 연합지성을 모아서 여러 세대에 걸쳐서 공동 작업한 결과로 만들어진 공동부이다.

공동부의 여러 가지 형태

첫째, 공유자산으로 남아서 누구나 무상으로 접근해서 이용할 수 있는 공유자산으로 남아 있는 경우이다. 국유림, 공유하천이라든지 특허가 없는 지식 같은 것들이다.

둘째, 공유자산이 분명함에도 불구하고 사유화되어서 공유자산으로부터 생기는 수익을 소유주가 독점하고 있는 경우이다. 토지가 대표적인 예이다.

셋째, 공동의 기여에 의해 만들어진 공유자산이지만 그로부터 생기는 수익을 소수의 사람만이 독점하고 있는 경우이다. 바람이 많은 지역에 민간이 풍력발전소를 세워서 큰 이윤을 얻고 있다면 공유자산을 소수가 독점하는 경우에 해당된다.

둘째의 경우는 보유세을 통해서 사적 수익의 일부 내지 전부를 적극적으로 환수해야 한다. 셋째의 경우는 공동소유권을 분명히 해서 적극적으로 사용료를 받아서 배당으로 나누어야 한다.

4차산업혁명이 진전되면서 인공지능이라는 공유자산이 등장하게 되었고, 기후와 환경이라는 공유자산의 중요성이 나날이 커지고 있다. 이 문제와 관련해서 허버트 사이먼(Herbert Simon)을 소개하는 것이 좋을 것이다. 사이먼은 제한적 합리성(bounded rationality)이라는 개념을 만들어 공헌한 덕택으로 노벨경제학상을 받았지만, 단순한 경제학자가 아니었다. 그는 1956년 다트머스 대학에서 두 달간 열린 인공지능 워크샵을 공동 주최하여, 인공지능 교과서에 인공지능의 아버지 중의 한 분으로 소개되어 있다(강남훈, 2019). 그는 지식을 공동부의 하나로 보아 다음과 같이 지식 기본소득을 주장하였다. 모든 소득의 90%는 다른 사람들의 지식을 활용한 것이다. 따라서 90%의 소득세율이 적절하다. 그러나 기업가에게 약간의 인센티브를 주기 위하여 70%의 세율로 비례적으로 과세하고, 그 조세 수입을 기본소득으로 나누어 가지자는 주장이다(Simon, 2000).

이상의 네 가지 기본소득의 정당화는 서로 대립하는 것이 아니라 긴밀하게 연관되어 있다. 공동부의 공동소유자에게 공동부로부터 나오는 수익을 균등하게 배당한다면, 어느 정도 인간다운 생활을 보장할 수 있고, 사람들의 실질적 자유를 보장할 수 있으며, 기회의 균등을 도모할 수 있기 때문이다. 실제로 판 빠레이스의 실질직 자유지상주의도 공유주의 분배정의론의 한 유형에 속한다(권정임, 곽노완, 2019). 그래서 이 책에서는 이와 같은 전통적인 기본소득의 정당화를 공동부 기본소득(common wealth basic income)으로 총괄하려고 한다.

공동선 기본소득(common good basic income)

기본소득의 또 하나의 정당화는 참정권이다. 우리 헌법에서는 간접참정권으로서의 선거권(헌법 제24,47,67,118조)과 공무담임권 (제25조)이 규정되어 있고, 직접 참정권으로서의 국민청원(제26조), 국민투표(제72조, 제130조) 등이 규정되어 있다. 기본소득은 참정권을 실질적으로 보장하기 위하여 필요하다. 여기서 참정권을 단순한 권리가 아니라 의무로 간주하면서 정치 참여를 보장하기 위하여 소득을 지급했던 아테네의 민주주의 전통을 살펴보는 것이 좋을 것이다.

아리스토텔레스는 인간은 정치적 동물(zoon politikon)이라고 말하였다.

"국가는 자연의 산물이며, 인간은 본성적으로 국가 공동체를 구성하는 동물임이 분명하다."(Aritotle, 1999, p.6). "국가가 없는 자는 나쁜 사람이거나 인간 이상의 존재이다."(Ibid.). "인간은 벌이나 다른 집단생활을 하는 동물보다도 훨씬 더 정치적 동물이다."(Ibid.). "인간은 언어(logos) 능력을 가진 유일한 동물이다…언어는 무엇이 유익하고 무엇이 유해한지, 그리고 무엇이 옳고 무엇이 그른지 밝히는 데 쓰인다. 인간과 다른 동물들의 차이점은 인간만이 선과 악, 옳고 그름 등등을 인식할 수 있다는 것이다. 그리고 이런 인식의 공유에서 가정과 국가가 생성되는 것이다."(Aristotle, 1999, pp.6-7).

정치적 동물이라는 말은 단순하게 국가를 형성하는 동물이라는 뜻을 넘어서, 정치에 참여할 때에 비로소 온전한 본성이 발휘되는 것이라고 적극적으로 해석하는 것이 바람직할 것이다. 아테네에서는 공동의 선을 논의할 때 참여하지 못한 시민은 시민으로서의 의무를 다하지 못한 것으로 간주하였다. 이것은 페리클레스(Pericles)의 연설에서 잘 드러난다.

이곳에서 정치가들은 가사도 돌보고 공적인 업무도 처리하며, 주로 생업에 종사하는 사람들도 정치에 무식하지 않습니다. 우리 아테나이인들만이 특이하게도 정치에 참여하지 않는 자를 비정치가가 아니라 무용지물로 간주합니다. 그리고 우리만이 직접 정책을 비준하거나 토의하는 데 그것은 우리가 말과 행동을 양립할 수 없는 것으로 보지 않고, 결과를 따져보기도 전에 행동부터 취하는 것을 최악으로 보기 때문입니다(Thucydides, 2011, pp. 170-171).

정치에 참여하는 것을 의무로 간주한다면, 경제적인 이유로 정치에 참여할 수 없는 사람이 없어야 한다.

소수자가 아니라 다수자의 이익을 위해 나라가 통치되기에 우리 정체를 민주정치라고 부릅니다. 시민들 사이에 사적 분쟁을 해결할 때는 법 앞에 만인이 평등합니다. 그러나 주요 공직 취임에는 개인의 탁월성이 우선시되며, 추첨이 아니라 개인적 능력이 중요합니다. 그럼에도 불구하고 누가 가난이라는 불리한 조건에도 불구하고 도시를 위해 좋은 일을 할 능력이 있다면 가난 때문에 공직에서 배제되는 일이 없습니다(Thucydides, 2011, pp. 168-169).

에피알테스(Ephialtes)와 페리클레스는 가난한 사람도 정치에 참여할 수 있게 만들기 위하여 참여하는 사람들에게 급여를 지급하는 제도를 도입하였다. 처음에는 배심원과 500인 평의회(Boule) 참석자들에게 지급되었고, 기원전 403년에는 민회(Ecclesia) 참가자들 6,000명에게도 지급되었다. 보수는 장인이 받는 급여보다는 적었지만, 가장 가난한 자들도 참석할 수 있는 수준이었다. 아테네는 가난한 사람들의 민주주의가 방해받지 않고 140년 동안 지속되었다(Raventos, 2007, p. 78).

가난한 사람이 공동선을 논의하는 정치에 참여할 권리를 보장하기 위하여 급여를 지급해야 한다는 생각은 대의민주주의가 불가피해진 오늘날에도 여전히 타당하다. 대리인을 제대로 선출하려면 대리인에 관한 정보를 수집하고 토론할 수 있는 여유가 필요하기 때문이다. 가난해서 다른 생각을 할 여유가 없는 사람에게는 이런 활동에 참여할 실질적 기회가 상실되는 것이다. 기본소득은 공동선 논의에 참여할 기회를 보장하는 수단이 될 수 있다.

그런데 대의민주주의에서는 또 하나의 과제가 생긴다. 대리인을 선출하는 것으로는 충분하지 않고, 대리인으로 하여금 주인의 뜻을 따라서 행동하게 만드는 것이 필요하다. 경제학에서는 흔히 말하는 주인-대리인(principal-agent) 문제이다. 대리인과 주인의 목표가 달라서 대리인이 주인의 뜻에 따르지 않는 문제를 말한다. 정치 대리인의 목표는 득표 극대화이고, 언론 대리인의 목표는 주목 극대화이고, 관료 대리인의 목표는 권한 극대화라고 말할 수 있다. 모든 대리인은 안정적인 소득이 필요하고, 정치 대리인은 정치자금까지 필요하다.

대의민주주의에서 대리인이 자신에게 투표한 주권자의 뜻에 따라서 행동하지 않는다면 주권자의 정치 참여는 사실상 봉쇄되는 셈이다. 대리인은 특히 가난한 주권자의 요구를 무시하는 경향이 강하다. 부자 주권자는 대리인이 필요로 하는 자금을 제공할 능력을 가지고 있으므로 대리인이 부자 주권자의 뜻에 더 잘 따른다. 노동자가 파업을 할 때 노동자 편을 드는 언론 대리인은 소수에 불과하고, 증세를 해서 복지를 늘리자는 정치 대리인은 아주 드물다. 주권자의 이익을 위해 노력하면 할수록 대리인에게도 이익이 되는 유인체계가 만들어지지 않았기 때문에 나타나는 현상이다.

대리인에 대한 주권자의 영향력을 평등하게 만들기 위해서는 주권자들에게 대리인을 후원하는 데 사용할 수 있는 일정액의 자금을 균등하게 분배할 필요가 있다. 이 책에서는 주권자들에게 일정한 금액을 균등하게 지급하여 정치인이나 정당의 후원에 사용하게 하는 것을 주권자 정치 배당(political dividend)이라고 부르고, 언론인이나 언론사의 후원에 사용하게 하는 것을 주권자 언론 배당(media divdidend)이라고 부르려고 한다. 그리고 이 두 가지 배당을 공동선 기본소득(common good basic income)이라고 부르려고 한다.[5] 공동선 기본소득

---

[5] 공동선은 원래는 정치의 목적(아리스토텔레스 - koinei sympheron, 마키아벨리 - bene commune, 루소 - bien commun)을 가리키는 말이지만, 공동선이 무엇인지 결정하기 위해서는 정

은 공동선 참여를 실질적으로 보장하기 위한 기본소득이다.

이 두 가지 기본소득은 통상적인 기본소득과 다르다. 통상적인 기본소득은 시민들에게 보편적이고 무조건적이고 개별적으로 지급되는 현금이다. 지급하는 근거는 공동부의 공동소유자이기 때문이다. 그래서 통상의 기본소득은 공동부 기본소득(common wealth basic income)이라고 부를 수 있다. 이에 비해서 공동선 기본소득은 주권자(성인 시민)에게 보편적이고 무조건적이고 개별적으로 균등하게 지급되는, 정치 대리인과 언론 대리인의 후원에만 사용할 수 있는 현금이다. 사용처가 제한된 현금이므로 바우처라고 부를 수도 있고, 현물 기본소득(basic income in kind)의 하나로 간주할 수도 있다. 지급하는 근거는 대의민주주의에서 주권자들의 공동선 참여를 평등하게 보장하기 위해서이다. 공동부 기본소득은 나이에 따른 금액의 차이를 두어도 무방하지만, 공동선 기본소득은 평등한 참여가 목표이므로 주권자들에게 균등하게 지급되어야 한다.

이제 앞 절에서 정의한 실질적 민주주의의 조건 세 가지를 다음과 같이 수정해서 표현할 수 있다. 첫째, 정치(입법, 행정, 사법) 대리인들을 주권자(집단)에 비례하도록 배정하여야 한다. 둘째, 주권자들의 공동선 참여를 평등하게 보장하기 위해서 정치 및 언론 대리인을 후원할 공동선 기본소득이 지급되어야 한다. 셋째, 주권자에게 정확한 행정 정보가 공개되어야 한다.

그런데 주권자의 입장에서는 대리인을 정치적 자원(인적 자원)의 하나로 볼 수 있다. 만약 공동선 기본소득을 주권자들의 공동선 참여를 보장하기 위하여 주권자에게 보편적이고 무조건적이고 개별적으로 균등하게 지급되어야 하는 정치적 자원으로 정의한다면, 첫째 조건과 둘째 조건을 모두 공동선 기본소득으로 총괄할 수 있게 된다. 이렇게 정의하면 균등하게 분배되어야 할 공동선 기본소득에 인적 자원(대리인)과 물적 자원(후원금)이 포함되게 된다.

치에 참여해야 하므로, 정치 (참여) 자체를 공동선으로 부르기도 한다. 이 책에서는 두 가지 의미를 섞어서 사용할 것이다.

제2장

비례대표제 – 정치 대리인을 비례적으로 배정하자

2019년 4월 30일, 국회 정개특위는 전체회의를 열고 국회의원 선거제도 개정안(공직선거법 개정안)의 패스트 트랙 지정을 의결했다. 이것은 1987년 현행 헌법 제정 이후 가장 중요한 정치개혁안이라고 할 수 있다. 평등한 선거제도는 실질적 민주주의의 관건이 되는 제도이므로, 이 장에서는 비교적 많은 내용을 다룰 것이다.

이 장의 구성은 다음과 같다. 제1절에서는 현행 선거제도의 문제점, 제2절에서는 비례대표제의 사상과 역사, 제3절에서는 비례대표제의 실증적 효과를 살펴본다. 제4절에서는 패스트 트랙에 상정된 개정안의 시뮬레이션을 해 본다. 제5절에서는 더욱 바람직한 국회의원 선거제도 개혁안을 제안하고, 제6절에서는 대통령 및 시도지사 선거제도 개혁안을 제안한다. 부록에서는 선거제도 개혁안의 배경이 되는 기술적이고 수학적인 내용을 설명한다.

제1절 불평등한 선거제도

선거제도의 분류

선거제도는 크게 정당의 득표율과 정당의 의석이 거의 비례하는 비례대표제

(proportional representation)와, 정당의 득표율과 정당의 의석이 비례에서 많이 어긋나는 다수제(plurality vote)로 구분한다.

다수제는 다시 선거구별로 1위 득표자를 당선시키는 단순다수제(상대다수제)와 과반수 득표자를 만들어내는 절대다수제로 나눌 수 있다. 절대다수제의 하나의 방법은 결선투표제이다. 1차투표에서 과반수 후보자가 나오지 않으면 상위 후보 2명만 놓고 결선투표를 실시하면 과반수 득표자가 나온다. 단순다수제는 상대다수제, 또는 영국에서는 '첫번째로 막대기 지나기(1위 대표제, first-past-the-post)'라고도 부르는데, 이것은 경마에서 결승점 막대기를 조금이라도 앞서서 지나면 승리한다는 의미를 담고 있다(Dahl, 2003, p.80). 우리나라 국회의원 선거는 국회의원 ⅔이상을 지역구에서 단순다수제로 뽑고, 소수의 비례대표를 뽑아서 추가하는 병립형 비례대표제이다. 병립형 비례대표제는 정당득표율과 정당 의석수에 큰 차이가 나므로 다수제에 속한다.

비례대표제는 단일이양투표제, 정당명부 비례대표제, 연동형 비례대표제 등이 있다. 이것들에 대해서는 제2절에서 하나씩 살펴볼 것이다. 이 책에서는 다수제와 비례대표제는 각각 장단점이 있다는 식의 절충적인 입장을 취하지 않는다. 불평등한 선거제도와 평등한 선거제도가 있다는 강한 입장을 취할 것이다. 이렇게 강하게 구분하는 이유는, 평등한 선거제도가 갖는 압도적으로 우월한 사회경제적 효과 때문이다(제3절). 이것은 레이프하트가 민주주의를 다수결 민주주의(majoritarian democracy)와 합의 민주주의(consensus democracy)로 구분하면서, 합의 민주주의로 가야 한다고 주장한 것과 같은 입장이다. 합의 민주주의의 가장 중요한 특징이 바로 비례대표제이다(Lijphart, 2012).

형식적 평등과 실질적 평등[6]

우리나라 헌법 제40조에는 다음과 같이 규정되어 있다. "국회는 국민의 보통·평등·직접·비밀선거에 의하여 선출된 국회의원으로 구성한다." 이 조항은 흔히 선거의 4대원칙이라고 불린다. 여기서 보통선거는 모든 사람에게 투표권을 준다는 의미이고 평등 선거는 1인당 1표를 준다는 의미이다.

그러나 단순히 1인당 한 표씩 투표할 권리를 부여하는 것은 형식적인 평등 선거에 불과하다. 선거제도는 투표를 의석으로 바꾸는 과정이다. 예를 들어 부자에게는 10만명에 대해서 국회의원 1명을 배정하는데, 가난한 자에게는 20만명에 대해서 국회의원 1명을 준다면, 그 선거제도는 평등한 선거제도가 아니다. 평등 선거는 형식적인 평등뿐만 아니라 실질적인 평등이 되어야 한다.

우리나라 헌법재판소도 평등 선거의 개념을 형식적인 1인1표 이상의 의미로 해석하고 있다. 헌재의 결정문 2개를 보자.

> 평등 선거의 원칙은 평등의 원칙이 선거제도에 적용된 것으로서 투표의 수적 평등, 즉 1인 1표의 원칙(one person, one vote)과 투표의 성과가치의 평등, 즉 1표의 투표가치가 대표자 선정이라는 선거의 결과에 대하여 기여한 정도에 있어서도 평등하여야 한다는 원칙(one vote, one value)을 그 내용으로 할 뿐만 아니라, 일정한 집단의 의사가 정치과정에서 반영될 수 없도록 차별적으로 선거구를 획정하는 이른바 '게리맨더링'에 대한 부정을 의미하기도 한다(헌재 2001. 10. 25, 2000헌마92 결정).

인구편차 상하 $33\frac{1}{3}$%를 넘어 인구편차를 완화하는 것은 지나친 투표가치의

---

6 제1절의 일부 내용은 강남훈(2015)의 내용을 수정, 보완한 것이다.

불평등을 야기하는 것으로, 이는 대의민주주의의 관점에서 바람직하지 아니하고, 국회를 구성함에 있어 국회의원의 지역대표성이 고려되어야 한다고 할지라도 이것이 국민주권주의의 출발점인 투표가치의 평등보다 우선시 될 수는 없다. 특히, 현재는 지방자치제도가 정착되어 지역대표성을 이유로 헌법상 원칙인 투표가치의 평등을 현저히 완화할 필요성이 예전에 비해 크지 아니하다(헌재 2014.10.30, 2012헌마192 결정).

헌법재판소는 때때로 성과가치 대신 투표가치라는 용어를 사용하기도 하였는데, 동일한 의미이다. 위의 결정에서 헌재는 평등 선거의 요건 세 가지를 열거하고 있다. 첫째, 1인 1표의 원칙. 둘째, 성과가치의 평등, 즉 1표 1가치의 원칙. 셋째, 게리멘더링(선거구를 특정인이나 특정 정당에게 유리하도록 자의적으로 정하는 것)이 없을 것. 그런데 1인 1표와 1표 1가치의 원칙이 지켜지면 당연하게 게리멘더링도 부정되므로, 결국 평등 선거의 요건은 1인 1표 요건과 1표 1가치 요건 두 가지라고 할 수 있다. 이 두 가지 요건을 하나로 합치면 1인 1가치의 원칙이 된다. 성과가치 평등이란 바로 1인 1가치의 원칙을 의미하는 것이다.

성과가치 평등

성과가치 평등(Erfolgwertgleichheit)이라는 개념은 독일의 헌재가 1952년부터 사용했던 개념이다.

"모든 투표자는 그들이 행한 투표를 가지고 선거 결과에 동등한 영향을 미쳐야 한다."(Pukelsheim, 2014, p.39).

여기에서 주어는 투표자(주권자)이다. 성과가치 평등이라는 것은 투표자가 선거 결과에 미치는 영향이 평등해야 한다는 것이다. 독일 헌재는 성과가치를 측정하는 기준을 다음과 같이 명확하게 제시하고 있다.

$$\text{A정당 투표자들의 성과가치} = \text{A정당의 의석비율} \ / \ \text{A정당의 득표율}$$

어떤 정당 투표자들의 성과가치가 1이면 그 정당의 지지자들은 비례적으로 대리인을 배정받은 것이다. 1 이상이면 비례 이상으로, 1 이하면 비례 이하로 배정받은 것이다. 평등 선거란 모든 정당 투표자들의 성과가치가 1이 되는 선거를 의미한다. 물론 현실적으로 완벽하게 1이 될 수는 없다.[7] 그래서 1에 상당히 가까우면 평등 선거라고 할 수 있다.

성과가치는 투표자의 관점에서 평등선거를 판단하는 기준이다. 성과가치가 투표자가 선거 결과에 미치는 영향을 측정하는 기준이 된다는 것을 이해하기 위해서는 숫자 예를 들어가면서 따져보는 것이 좋다. 예를 들어서, 투표자의 30%가 A정당을 투표했는데(득표율 30%), A정당이 전체 의석의 30%를 차지했다면(의석비율 30%), A정당 투표자들은 자신들의 숫자(세력)만큼의 의석을 차지한 것이다. A정당 투표자들은 의석을 비례적으로 배정받은 것이다. A정당 투표자들의 성과가치는 30/30 = 1(백분률로 표현하면 100%) 이 된다.

만약 투표의 30%가 B정당에 투표했는데(득표율 30%), B정당이 전체 의석의 20%를 차지했다면(의석비율 20%), B정당 투표자들의 성과가치는 20/30 = 0.67 이 된다. B정당 투표자들은 30%의 숫자(세력)을 가지고 20%의 의석밖에 차지하지 못했으므로, 비례 이하로(부당하게 열등한) 배정을 받은 것이다. 어떤 정당 투표자들이 비례 이하로 배정받았다는 것은 다른 정당 투표자들이 비례 이상으로 배정받았다는 것을 의미한다.

독일 헌재는 어떤 정당 투표자들의 성과가치가 1에서 상당히 벗어나면, 불

---

7 독일에서는 5% 진입장벽이 있다. 독일에서 이 진입장벽은 합헌이다.

평등 선거로 규정해서 위헌이라고 판단하고 있다. 독일 헌재가 2013년 이전의 선거법에 대하여 위헌 결정을 내릴 때 판단의 기준이 된 것이 바로 이 성과가치이다.

투표자의 관점이 아니라 국회의원이나 정당의 관점에서도 평등 선거를 정의할 수 있다. 국회의원의 관점에서는 다음과 같은 대표가중치(representative weight)가 적절하다.

A정당 국회의원의 대표가중치 = A정당의 득표수 / A정당의 의석수

대표가중치는 어떤 정당의 국회의원이 당선되기 위해서 몇 표가 필요했는지를 나타낸다. 대표가중치가 모든 정당의 국회의원들에 대해서 (거의) 동일하면 평등 선거이다.

정당의 관점에서는 다음과 같은 이상적 의석수(ideal share of seats)가 평등 선거의 기준이 될 수 있다.

A정당의 이상적 의석수 = A 정당의 득표율 × 전체 의석수

이상적 의석수는 한 정당이 이상적으로 주장할 수 있는 의석수를 의미한다. 모든 정당의 실제 의석수가 이상적 의석수와 (거의) 일치하면 평등 선거라고 할 수 있다.[8]

이 세 가지 지표는 동일한 판단을 낳게 한다. 예를 들어 어떤 정당 지지자들의 성과가치가 1보다 커서 비례 이상으로 배정을 받았다면, 그 정당 국회의원의 대표가중치는 다른 정당보다 작게 되고, 그 정당의 실제 의석수는 이상적

8　여기서 성과가치, 대표가중치, 이상적 의석수 등의 용어는 푸켈스하임의 용어를 그대로 사용하였다(Pukelsheim, 2014, p. 41).

의석수보다 많아진다. 그런데 선거의 가장 중요한 주체는 국회의원이나 정당이 아니라 투표자이다. 그래서 독일 헌재는 투표자의 관점에서 정의된 성과가치를 평등 선거의 기준으로 삼고 있다. 앞에서 살펴본 바와 같이 우리나라 헌재도, 비록 공식을 명시적으로 제시하고 있지는 않지만, 성과가치를 기준으로 판단하고 있다.

역대 선거의 성과가치

성과가치가 1에서 얼마나 벗어나면 불평등 선거라고 해야 할까? 〈표 2.1〉은 독일 헌재가 위헌이라고 결정한 2009년의 선거결과이다.

이 표에서 성과가치는 앞의 공식대로 의석률/득표율이다. CDU 지지자들의 성과가치는 1.118로서 기준(1.000)에서 11.8%만큼 어긋난다.[9] CSU 지지자들은 성과가치는 1.084로서 기준(1)에서 8.4%만큼 어긋난다. 독일 헌재는 어떤 정당 지지자들의 성과가치가 기준에서 11.8% 정도 어긋나는 경우를 불평등 선거라고 결정한 것이다. 독일 헌재의 결정 기준을 우리나라 선거에 적용하면 어

표 2.1 위헌으로 판정된 독일 2009년 선거 결과

정당	득표수	의석수	득표율	의석률	성과가치
CDU	11,828,277	194	29.0%	32.4%	1.118
SPD	9,990,488	146	24.5%	24.4%	0.996
FDP	6,316,080	93	15.5%	15.6%	1.004
Linke	5,155,933	76	12.6%	12.7%	1.005
Gruene	4,643,272	68	11.4%	11.4%	0.998
CSU	2,830,238	45	6.9%	7.5%	1.084
합계	40,764,288	622			

9 이와 같이 성과가치가 10% 이상 어긋난 것은 당시 선거법에 따라 CDU가 21석의 초과의석을 받았고, CSU는 3석의 초과의석을 받았기 때문이다. 위헌 결과 이후 독일은 비례성이 더욱 엄밀하게 충족되는 방식으로 선거법을 개정하였다. 초과의석에 대해서는 제5절에서 설명할 것이다.

떻게 될까?

다음의 표들은 우리나라 제17대~제20대 국회의원 선거 결과로부터 계산한 성과가치와 대표가중치이다.[10]

표 2.2 17대 국회의원 선거의 성과가치와 대표가중치

17대선거	정당득표	비율	비례	지역	의석계	의석률	성과가치	대표가중치
한나라당	7,613,660	35.80%	21	100	121	40.47%	1.1304	62,923
새천년민주당	1,510,178	7.10%	4	5	9	3.01%	0.4239	167,798
열린우리당	8,145,814	38.30%	23	129	152	50.84%	1.3273	53,591
자유민주연합	600,462	2.80%		4	4	1.34%	0.4778	150,116
국민통합21	119,746	0.60%		1	1	0.33%	0.5574	119,746
민주노동당	2,774,061	13.00%	8	2	10	3.34%	0.2573	277,406
무소속				2	2	0.67%		
전체	21,285,974		56	243	299			

표 2.3 18대 국회의원 선거의 성과가치와 대표가중치

18대 선거	정당득표	비율	비례	지역	의석계	의석률	성과가치	대표가중치
통합민주당	4,313,645	25.17%	15	66	81	27.09%	1.0763	53,255
한나라당	6,421,727	37.48%	22	131	153	51.17%	1.3653	41,972
자유선진당	1,173,463	6.84%	4	14	18	6.02%	0.8801	65,192
민주노동당	973,445	5.68%	3	2	5	1.67%	0.2944	194,689
창조한국당	651,993	3.80%	2	1	3	1.00%	0.2640	217,331
친박연대	2,258,750	13.18%	8	6	14	4.68%	0.3553	161,339
무소속				25	25			
전체	17,415,920		54	245	299			

표 2.4 19대 국회의원 선거의 성과가치와 대표가중치

19대 선거	정당득표	비율	비례	지역	의석계	의석률	성과가치	대표가중치
새누리당	9,130,651	42.80%	25	127	152	50.67%	1.1838	60,070
민주통합당	7,777,123	36.45%	21	106	127	42.33%	1.1614	61,237

---

10 우리나라에서는 국회의원선거에서 정당투표가 17대 국회의원선거부터 실시되었다.

19대 선거	정당득표	비율	비례	지역	의석계	의석률	성과가치	대표가중치
자유선진당	690,754	3.23%	2	3	5	1.67%	0.5160	138,151
통합진보당	2,198,405	10.30%	6	7	13	4.33%	0.4207	169,108
무소속				3	3	1.00%		
전체	21,332,061		54	246	300			

표 2.5 20대 국회의원 선거의 성과가치와 대표가중치

20대 선거	정당득표	비율	비례	지역	의석계	의석률	성과가치	대표가중치
새누리당	7,960,272	33.50%	17	105	122	40.67%	1.2139	65,248
더불어민주당	6,069,744	25.54%	13	110	123	41.00%	1.6053	49,348
국민의당	6,355,572	26.74%	13	25	38	12.67%	0.4737	167,252
정의당	1,719,891	7.23%	4	2	6	2.00%	0.2766	286,649
무소속				11	11	3.67%		
전체	23,760,977		47	253	300			

성과가치는 투표자 입장에서 자신의 투표가 상대적으로 얼마의 가치로 평가받았는가를 나타낸다. 성과가치가 1이면 비례적으로 평가받은 것이고, 1보다 크면 비례 이상, 1보다 작으면 비례 이하로 평가받은 것이다. 〈표 2.5〉의 20대 국회의원 선거 결과를 보면, 성과가치를 기준으로 보면 민주당 투표자의 1표는 1.6053표로 평가받은 반면, 국민의당 투표자의 1표는 0.4737표로 평가받았다.

대표가중치는 국회의원 1명을 배정받기 위해서 필요한 투표자의 수를 의미한다. 〈표 2.5〉의 20대 국회의원 선거 결과를 보면, 새누리당 투표자들에게는 투표자 6만5,248명당 국회의원 1명을 배정해 준 반면, 정의당 투표자들에게는 투표자 28만6,649명당 국회의원 1명을 배정해 주었다. 성과가치로 보든 대표가중치로 보든 어마어마한 불평등 선거이다.

계급 배반 투표가 아니라 불평등한 선거제도가 문제

앞의 표들에서 보면, 우리나라에서는 항상 두 거대 정당만 성과가치가 1이 넘어

서 비례 이상으로 특혜적인 취급을 받고 있다는 것을 알 수 있다. 이것은 "단순다수제는 양당제를 낳는 경향이 있고, 비례대표제는 다당제를 낳는 경향이 있다"는 뒤베르제 법칙(Duverger's law)이 성립하게 되는 이유를 설명해 준다. 즉, 단순다수제에서 양당제의 정착은 두 당에만 특혜를 주는 불평등한 선거제도가 원인이다.

두 거대 정당을 제외하고 성과가치가 낮은 나머지 정당들 중에서 부자나 중산층을 대표하는 소수정당은 큰 문제가 되지 않는다. 부자를 대표하는 소수정당은 거대 보수 정당과의 이념의 차이도 크지 않았고, 선거가 끝나면 얼마 안가 거대 보수 정당과 합당을 해서 불리한 점이 사라졌기 때문이다. 그러나 가난한 사람들을 대표하는 정당이라고 볼 수 있는 민주노동당, 통합진보당, 정의당은 사정이 달랐다. 이들은 거대 중도(진보) 정당이라고 할 수 있는 민주통합당이나 열린우리당과 이념 차이도 컸고 실제로 합당하지도 않았다. 결국 가난한 사람을 대표하는 정당의 투표자들에게만 불평등하게 적은 수의 국회의원이 배정되어 온 것이다. 가난한 사람에게 불리하게 국회의원을 배정하면, 경제적 불평등을 정치를 통해서 억제하는 것이 어려워진다.

흔히 가난한 사람들이 계급 배반 투표 경향이 있다고 말한다. 가난한 사람들이 자기에게 불리한 선택을 한다는 것이다. 그래서 가난 문제가 해결되기 힘들다고 말한다. 그러나 실증연구 중에는 계급배반 투표를 부정하는 것도 상당히 있다. 전병유와 신진욱은 연령이나 지역을 통제힐 경우 저소득층이 보수정당에 투표하는 경향은 나타나지 않는다고 결론을 내렸다(전병유, 신진욱, 2014).

여기서는 가난한 사람의 투표행태를 더 자세히 다루지는 않는다. 가난한 사람들이 부자를 대표하는 정당에 투표하거나 말거나 그것은 그 사람들 선택이고, 그로부터 생겨나는 불리함은 일부 가난한 사람들 책임이라고 할 수도 있다. 더 크게 문제되는 것은 가난한 사람들의 투표를 불평등하게 취급하는 선거제도이다. 이것은 가난한 사람들 책임이 아니라, 선거제도의 잘못이고, 사회 전체의 책임이다. 가난한 사람의 투표를 불평등하게 취급하고 있으면서, 가난한 사람이 투표를 잘못하고 있다고 말하는 것은 책임을 전가하는 것이다.

제2절 비례대표제의 사상과 역사

전체 인민의 정확한 초상화

1776년 미국혁명이 시작될 때 존 애덤스(John Adams)는 의회를 전체 인구에 정확하게 비례하도록 의회를 구성할 것을 제안하였다.

> 좋은 정부는 법의 제국이므로, 당신은 어떻게 법을 제정할 것인가? 방대한 영토에 살고 있는 큰 사회에서는 모두가 모여서 법을 만드는 것이 불가능하다. 따라서 첫번째로 필요한 단계는 다수로부터 가장 현명하고 선량한 소수에게 권한을 위임하는 것이다. 그러나 어떤 원칙으로 당신의 대표자를 뽑을 것인가? … 의회는 축소된 크기로 전체 인민의 정확한 초상화(in miniature an exact portrait of the people at large)이어야 한다. 의회는 인민들과 같이 생각하고, 느끼고, 추론하고 행동해야 한다. … 의회는 동등한 대표이어야 한다. 즉, 인민들 사이에 동등한 이해는 의회 안에서 동등한 이해를 가져야 한다(equal interests among the people should have equal interests in it).(Adams, 1776).

민주주의를 평가할 때 애덤스의 기준보다 더 간명한 기준은 없는 듯하다. 우리 의회는 전체 인민의 정확한 초상화인가? 우리 의회에서는 가난한 사람과 중산층과 부자의 이해를 비례적으로 대표하고 있는가? 국회의원의 재산 분포는 전체 주권자의 재산 분포와 일치하는가? 전체 성인의 ⅓이 노동자인데, 국회의원의 ⅓이 노동자 출신인가?

1789년 프랑스 혁명 직전에 미라보(comte de Mirabeau)도 애덤스와 거의 동일한 주장을 하였다.

> "의회와 국가의 관계는 지도와 땅의 관계이다. 전체를 보든 부분을 보든 복사
> 본은 원본과 동일한 비율을 가져야 한다."(McLean, 1996, p.3).

미국의 헌법 입안자들은 1787년 헌법을 제정할 때에는 비례대표제를 구체적인 제도로서 상상하지 못했고, 영국의 단순다수제를 당연한 것으로 받아들였다.

> "헌법 입안자들은 선거제도와 관련된 전반적인 문제를 주와 연방 의회에 위
> 임했고, 주와 연방 의회는 그들이 알고 있던 유일한 제도이자 당시 영국과
> 그 식민지, 그리고 신생독립국가들에서 널리 시행되고 있었던 제도를 따랐
> 다."(Dahl, 2003, pp.79-80).

이 상황은 200년 뒤 우리나라에서 6월 항쟁 이후 새로운 헌법을 만들 때 선거제도의 중요성을 의식하지 못한 채로 대통령 직선제만 목표로 했던 것과 비슷하다. 문제를 제기하고 토론하지 않으면 200년의 시간도 지성의 발전에 아무런 도움을 주지 못한다.

단일이양투표(Single Transferable Vote)

제도로서 구체적으로 구상된 최초의 비례대표제는 단일이양투표(STV)였다. 1819년 영국의 힐(Thomas Wright Hill)이 처음으로 구상하였고, 1839년 호주의 아들레이드 주 선거에 활용되었다. 1855년에는 덴마크에서 안드레(Carl Andræ)에 의해서, 1859년에는 영국에서 토머스 헤어(Thomas Hare)에 의해서 각각 독

립적으로 다시 제안되었다(Hare, 1859).

존 스튜어트 밀은 헤어 투표(STV)를 가장 바람직한 선거제도로 평가하였다.

"헤어의 구상은 지금까지 제시된 그 숱한 정치개혁안의 이론과 실제 중에서
가장 위대한 것이라는 확신을 지울 수 없다. … 첫째, 헤어의 제안은 모든 유
권자 집단이 그 수에 비례해서 대표를 낼 수 있도록 보장하고 있다. … 둘째
지금처럼 유권자들이 투표도 하지 않는 후보에 의해서 명목상으로만 대표되
는 일을 막을 수 있다."(Mill, 1861, p.144).

"대표를 선정하는 모든 방법과 제도를 종합해 볼 때 헤어의 구상이 대의제에
가장 바람직한 지적 수준을 담보해줄 수 있는 가장 좋은 제안이다"(Mill, 1861,
p.145).

단일이양투표(STV)는 잘 알려져 있지 않은 제도이므로 일단 그 내용부터
살펴보기로 하자. 어떤 선거구에서 20명의 유권자가 5명의 시의원을 뽑는 경우
를 생각해 보자. 갑, 을 , 병 3개의 정당이 있고, 각 정당의 지지자는 8명, 8명, 4
명이라고 가정한다. 갑 정당은 갑1부터 갑3까지 세 명의 후보를 내고, 을 정당
은 을1부터 을3까지 세 명, 병 정당은 병1과 병2 두 명의 후보를 냈다고 가정한
다. 유권자 20명의 5순위까지의 선호는 다음과 같이 모두 다섯 가지 투표 유형
([유형 1]~[유형 5])이 있다고 가정한다.

표 2.6 단순다수제

투표 유형	[유형 1] 8명	[유형 2] 5명	[유형 3] 3명	[유형 4] 3명	[유형 5] 1명
1순위	갑1(8표)	을1(5표)	을2(3표)	병1(3표)	병2(1표)
2순위	갑2	을2	을1	병2	병1
3순위	갑3	을3	을3	을1	을1
4순위	병1	병1	병1	을2	을2
5순위	병2	병2	병2	을3	을3

이 상태에서 단순다수제로 투표하면 투표결과는 다음과 같다.[11] 갑1 8표, 갑2 0표, 갑3 0표, 을1 5표, 을2 3표, 을3 0표, 병1 3표, 병2 1표. 상위 득표자 5 명이 시의원으로 뽑히므로 갑1, 을1, 을2, 병1, 병2가 뽑히게 된다. 이 투표 결과는 불공정한 결과이다. 갑 정당은 유권자의 40% 지지를 받고 있지만 시의원 1명밖에 당선시키지 못했다. 유권자의 분포를 보면, 갑 정당 2명, 을 정당 2명, 병 정당 1명이 당선되는 것이 비례적이고 공평한 결과이다.

단일이양투표는 다음과 같이 한다. 투표할 때에는 모두 5명까지 좋아하는 순서대로 적어내게 한다. 집계에 앞서서 당선 기준이 되는 기준치는 투표수/(의석수 + 1) 보다 같거나 큰 정수로 한다. 위의 예에서는 20명/(5석+1) = 3.3명 이므로, 4명을 기준치로 한다.[12]

표 2.7 STV 개표 ① 단계

투표 유형	[유형 1] 8명	[유형 2] 5명	[유형 3] 3명	[유형 4] 3명	[유형 5] 1명
1순위	갑1(8표)	을1(5표)	을2(3표)	병1(3표)	병2(1표)
2순위	갑2	을2	을1	병2	병1
3순위	갑3	을3	을3	을1	을1
4순위	병1	병1	병1	을2	을2
5순위	병2	병2	병2	을3	을3

개표 절차는 다음과 같다.

① 〈표 2.7〉과 같이, 제1순위만(밑줄 친 부분)을 집계해서 기준치 이상인 후보 갑1과 을1을 당선시킨다.

---

11 유권자가 후보 한 사람에게만 투표하고 한 선거구에서 후보 여러명을 뽑는 방식의 다수제 선거제도를 단일비이양투표(single non-transferable vote)라고 부르기도 한다.

12 이 기준치를 드룹(Droop) 기준치라고 부른다. 드룹 기준치 이상을 득표한 후보는 다른 후보의 득표에 상관없이 당선이 확정된다. 드룹 기준치는 단일이양투표에서 널리 쓰이는 기준이다.

표 2.8 STV 개표 ② 단계

투표 유형	[유형 1] 8명	[유형 2] 5명	[유형 3] 3명	[유형 4] 3명	[유형 5] 1명
1순위	갑1(4표)	을1(4표)	을2(3표)	병1(3표)	병2(1표)
2순위	갑2(4표)	을2(1표)	을1	병2	병1
3순위	갑3	을3	을3	을1	을1
4순위	병1	병1	병1	을2	을2
5순위	병2	병2	병2	을3	을3

② 당선된 후보 갑1과 을1을 제외시키고, 당선된 후보의 기준치를 넘는 잉여득표가 있으면 제2순위로 이양한다. 갑1의 잉여득표 8표 - 4표 = 4표를 [유형 1]의 그 다음 순위인 갑2에게 이양시킨다. 을1의 잉여득표 5표 - 4표 - 1표를 [유형 2]의 그 다음 순위인 을2에게 이양시킨다. 당선이 확정된 후보를 제외하고 제일 앞 순위의 후보(밑줄 친 후보)의 득표를 집계한다. 갑2는 4표, 을2는 1표 + 3표 = 4표, 병1은 3표, 병2는 1표이다. 기준치 이상인 갑2와 을2를 추가로 당선시킨다.

표 2.9 STV 개표 ③ 단계

투표 유형	[유형 1] 8명	[유형 2] 5명	[유형 3] 3명	[유형 4] 3명	[유형 5] 1명
1순위	갑1(4표)	을1(4표)	을2(3표)	병1(3표)	병2(0표)
2순위	갑2(4표)	을2(1표)	을1	병2	병1(1표)
3순위	갑3	을3	을3	을1	을1
4순위	병1	병1	병1	을2	을2
5순위	병2	병2	병2	을3	을3

③ 추가로 당선된 갑2와 을2는 잉여득표가 없으므로 이양할 표가 없다. 이제 남은 투표는 병1 3표와 병2 1표뿐이다. 어떤 후보도 기준치 미만이다. 이 경우에는 최소득표자 한 사람을 탈락시킨다. 〈표 2.9〉에서는 병2가 최소득표자이다. 병2를 탈락시키고, 병2의 1표를 그 다음 순위인 병1에게 이양한다.

표 2.10 STV 개표 ④ 단계

투표 유형	[유형 1] 8명	[유형 2] 5명	[유형 3] 3명	[유형 4] 3명	[유형 5] 1명
1순위	갑1(4표)	을1(4표)	을2(3표)	병1(3표)	병2(0표)
2순위	갑2(4표)	을2(1표)	을1	병2	병1(1표)
3순위	갑3	을3	을3	을1	을1
4순위	병1	병1	병1	을2	을2
5순위	병2	병2	병2	을3	을3

④ 남아 있는 표 중에서 가장 앞선 순위의 표(밑줄 친 부분)를 집계한다. 병1
만 남아있고 3표 + 1표 = 4표로 기준치 이상이다. 이렇게 해서 5명이 모
두 선출되었다. 당선자는 갑1, 갑2, 을1, 을2, 병1이다. 주권자의 지지
에 정확하게 비례하도록 시의원 5명이 뽑혔다. 이것이 비례대표제의 장
점이다. 헤어 투표의 바로 이러한 특징이 대의민주주의의 근본 원리를
고민하고 있었던 존 스튜어트 밀을 사로잡았던 것이다.

존 스튜어트 밀 – 민주주의의 제1원리

존 스튜어트 밀은 대의민주주의를 인민 전체를 대표하는 참된 민주주의와 다
수파만을 대표하는 거짓 민주주의로 구분하였다. 민주주의에는 두 가지 위험이
있는데 첫째는 국민 여론이 조야한 지적 수준을 벗어나지 못할 때 생기는 위협
이고, 둘째는 다수파 사람들이 자기 당파적 이익에 따라 계급입법을 시도할 때
생기는 위험이다. 밀은 사회 전체의 진정한 이익이 아닌 특정 계급의 이익을 사
악한 이익(sinister interests)이라고 불렀다.

정치적으로 보자면 계급이라는 것을 사악한 이익을 똑같이 추구하는, 다시
말해 좋지 못한 것에 똑같이 직접적이고 명백한 이해관계를 가진 사람들의
집단이라고 정의할 수 있을 것이다. 따라서 어떤 계급이나 계급 연합도 정

부 안에서 압도적인 영향력을 행사하지 못하도록 하는 것이 바람직하다(Mill, 1861, p.131).

사회가 다수 계급과 소수 계급으로 나뉜다면 다수 계급이 모든 것을 마음대로 결정하지 못하도록 소수 계급도 대등한 영향력을 가져야 할 것이다. 민주주의는 다수 인민의 정부가 아니라 전체 인민의 정부가 되어야 한다.

민주주의라는 말 속에는 두 가지 완전히 상반된 개념이 통용되고 있음을 알아야 한다. 순수한 의미의 민주주의는 평등하게 대표되는 전체 인민에 의한 전체 인민의 정부를 지칭한다. 반면 사람들이 보통 생각하는 민주주의 그리고 지금까지 존재했던 민주주의는 특정 집단만을 대표하는 그저 다수파 인민에 의한 전체 인민의 정부에 지나지 않는다. 전자는 모든 시민이 평등하다는 전제 위에 서 있다. 반면 후자는 앞의 것과 묘하게 뒤섞여 있지만 사실은 다수파를 이롭게 하는 특권정부이다(Mill, 1861, p.136).

밀이 여기서 다수결 원리를 부정하는 것은 아니다. 어떤 사안에 대해서 결정을 내리려면 다수결(과반수) 의결에 따르지 않을 수 없다. 그러나 의회에 소수를 대표하는 대리인이 있는 것과 없는 것은 하늘과 땅 차이이다. 비록 소수라고 할지라도 그 수에 비례해서 의회에 대표를 보내고, 그들이 토론 과정에서 충분한 목소리를 낸다면 다수파의 독재는 일어나지 않을 것이다.

진정한 의미의 평등 민주주의에서는 모든 구성원 또는 그 어떤 구성원이라도 반드시 그 수에 비례해서 대표자를 내야 한다. 유권자의 다수파가 대표도 가장 많이 낸다는 것은 당연하다. 그러나 소수파도 그에 비례해서 적으나마 대표를 낼 수 있어야 한다. 개인 대 개인이라는 측면에서는 그들 역시 다수파 못지않게 대표를 낼 권리가 있는 것이다. 그렇지 않다면 평등한 정부가 아니라 불평등과 특권이 지배하는 정부만 존재할 뿐이다(Mill, 1861, p.137.)

앞에서 살펴보았듯이 우리나라의 현행 선거제도는 가난한 사람의 투표를 불평등하게 낮게 취급하고 있다. 이것은 모든 사회 구성원이 다수파이든 소수파이든 "사람들의 수에 비례해서 대표자를 내야 한다는 민주주의의 제1원리에 정면으로 배치"(Mill, 1861, p.140)되는 것이다. 대리인의 수와 주권자의 수가 비례하지 않는 민주주의는 "거짓 민주주의"(Mill, 1861, p.133)이다. 부자들에는 비례 이상의 정치 대리인을 주고 가난한 사람에게는 비례 이하의 정치 대리인을 주는 거짓 민주주의는 불평등 확대를 막을 수 없다.

정당명부 비례대표제

앞에서의 설명에서 확인할 수 있듯이 단일이양투표제는 단순다수제를 수정한 비례대표제이어서 고안해 내기는 쉽지만, 개표하기는 쉽지 않다. 선거 결과를 컴퓨터 없이 손으로 개표한다면 몇 주일씩 걸릴 수도 있다. 몇몇 나라를 제외하고는 이 제도를 도입하지 않게 된 가장 큰 이유가 개표의 어려움일지 모른다. 개표하기 훨씬 쉬운 비례대표제가 바로 정당명부 비례대표제이다.

정당명부제는 미국 헌법이 제정된지 약 100년 뒤, 단일이양투표제가 제안된지 약 50년 뒤, 1878년 벨기에의 빅터 동트(Victor D'Hondt, 1882), 1888년 스위스인 에드워드 하겐바흐-비숍(Eduard Hagenbach-Bischoff, 1888), 1910년 프랑스의 앙드레 상트-라귀(André Sainte-Laguë, 1910) 등에 의해서 제안되었다. 정당은 국회의원 후보의 명단을 제시하고, 유권자는 정당에 투표하며, 정당의 득표에 비례해서 의석을 배정하는 아주 간단하고 이해하기 쉬운 비례대표제이다.

영국은 민주주의 초창기 단순다수제를 채택하였지만, 유럽 대륙국가들은 결선투표제 같은 절대다수제를 채택하였다. 그러나 결선투표제도가 만족스러울 만큼 비례적인 선거결과를 가져오지 않는다는 것이 분명해지면서 대륙국가들에서 비례대표제로의 개혁이 추진되었다. 1865년 스위스의 제네바 개혁주의자 협회, 빅터 동트가 주도적 역할을 하였던 1881년 벨기에의 비례대표제 채택을 위한 개혁주의자협회 등이 대표적인 예이다. 벨기에는 1899년 세계 최초로 동트가 제안한 정당명부 비례대표제를 채택하였다. 핀란드는 1906년 두 번째로 채택하였고, 그 다음으로 스웨덴이 1907년 채택하였다. 1920년까지 유럽 대륙 민주주의 국가들은 선거제도를 정당명부 비례대표제로 변경하였다(Farrell, 2011, pp.114-115).

OECD 국가들의 하원 선거제도 분류

〈표 2.11〉은 2019년 현재 OECD 국가들의 국회(하원) 선거제도를 분류한 표이다. 이 표에서 연동형 비례제란 지역구 단위의 소선거구제와 전국 단위의 비례대표제가 결합되어 있는 제도로서, 정당별 의석과 정당별 득표를 연동시켜 놓은 제도를 의미한다. 병립형이란 지역구 단위의 소선거구제와 전국 단위의 비례대표제가 결합되어 있는 제도로서, 정당별 의석을 정당별 득표와 연동시키지 않고 단순히 합산(병립)하는 제도를 말한다.[13] 2019년 현재 우리나라 국회의원 선거는 병립형이다.

결선투표제에는 두 종류가 있다. 프랑스는 1차투표에서 과반수 득표자가 없으면 추가적으로 별도의 결선투표를 실시한다. 즉각결선투표(instant runoff vote)은 나라에 따라 대안투표제(alternative vote) 또는 선호투표제(preferential voting)라고도 불리는데, 한번 투표할 때 결선투표까지 한꺼번에 하는 제도이다.

---

13 연동형 비례대표제를 혼합비례제(mixed member proportional)라고 부르고, 병립형 비례대표제를 혼합다수제(mixed member majoritarian)라고도 부른다.

표 2.11 OECD 국가들의 국회(하원) 선거제도 분류

비례대표제 26개국	정당명부비례 23개국	오스트리아, 벨기에, 캐나다, 칠레, 체코, 덴마크, 에스토니아, 핀란드, 그리스, 아이슬란드, 이스라엘, 이탈리아, 라트비아, 룩셈부르크, 노르웨이, 폴란드, 포르투갈, 슬로바키아, 슬로베니아, 스페인, 스웨덴, 스위스 , 터키
	연동형비례 2개국	독일, 뉴질랜드
	STV 1개국	아일랜드
다수제 10개국	단순다수 3개국	캐나다, 미국, 영국
	병립형 5개국	헝가리, 일본, 한국, 멕시코, 리투아니아 5개국
	즉각결선 1개국	호주(상원은 STV)
	결선투표 1개국	프랑스

자료: Wikipedia로부터 작성(검색일: 2019. 5. 24)

1명을 뽑는다는 것을 제외하고 투표와 개표 방법은 앞에서 설명한 STV와 동일하다. 투표할 때 선호하는 순위(2순위 내지 그 다음 순위)를 표시하도록 하고 1순위 후보만 집계해서 과반수가 나오면 당선을 확정하고, 그렇지 않으면 최소득표후보를 탈락시키면서 그 후보를 1순위로 투표한 투표자의 표를 제2순위 후보에 이양시켜(제2순위를 제1순위로 올려서) 다시 집계한다(더 자세한 내용은 제5절에서 대통령 선거 개혁안을 제안할 때 설명한다.).

OECD 36개국에서 비례대표제가 26개국이고 다수제가 10개국으로 비례대제가 과반수이다. 비례대표제의 대부분은 정당명부 비례대표제이다. 국가별 하원의원 선거제도의 조금 더 자세한 표는 이 장의 부록 B에 첨부하였다. 대체적으로 복지지출이 높은 국가일수록 비례대표제를 채택하고 있다는 것을 알 수 있다. 비례대표제와 복지국가가 어떤 관련이 있을까? 이것이 바로 다음 절에서 확인해 볼 내용이다.

표 2.13 합의 민주주의가 미치는 영향

종속변수	회귀계수	종속변수	회귀계수
정부 효과성(1996-2009)	0.123**	대외원조(2005)	0.085*
규제의 질(1996-2009)	0.066	여성의 의회 대표(1990)	4.764***
법치(1996-2009)	0.152**	여성의 의회 대표(2010)	4.459***
부패통제(1996-2009)	0.182**	여성의 내각 대표(1995)	3.398***
부패 인식지수(2010)	0.477**	성 불평등 지수(2008)	-0.038***
EU 민주주의지수(2006-2010)	0.262***	투옥(2010)	-29.566***
투표율(1981-2000)	3.185*	사형(2010)	-0.231**
민주주의 만족(1995-1996)	6.537*	환경성과지수(2010)	3.147**
민주주의 만족(2005-2007)	3.888*	1인당 GDP(1981-2009) 성장률	0.074
정치안정폭력없음(1985-2000)	0.189*	1인당 GDP(1991-2009) 성장률	-0.151
GDP 디플레이터(1991-2009)	-1.401***	소비자물가지수 (1981-2009)	-1.477**
실업(1981-2009)	-1.792**	GDP 디플레이터 (1981-2009)	-1.497**
실업(1991-2009)	-0.802	소비자물가지수 (1991-2009)	-1.483***
예산균형(2000-2009)	0.351	상위10%/하위10%(2000)	-2.598***
해리티지 자유지수(2009-2010)	0.418	상위20%/하위20%(2000)	-1.230***
내부갈등위험(1990-2004)	0.346*	지니 불평등지수(2000)	-3.445***
국내테러리즘 사망(1985-2010)	-2.357**	순공공사회지출(2005)	2.372***

자료: Lijphart(2012, p.305, 317, 333)

3% 더 낮다.

　　표에서 확인할 수 있듯이, 합의 민주주의는 다수결 민주주의에 비해서 정부 부문의 성과가 두드러진다. 더 효과적인 정부를 만들고, 법을 더 잘 지키고, 부패에 더 민감하고 부패를 더 잘 통제한다. 합의 민주주의는 내부 갈등 위험이 더 작고, 국내 테러리즘으로 인한 사망이 더 작다. 정치적으로 더 안정이 되고 폭력이 더 작다. 자유가 더 잘 보장된다. 투표율이 더 높고, 민주주의에 대한 만족도가 더 높으며, 대외원조도 더 많다.

합의 민주주의는 경제에서도 훨씬 더 좋은 성과를 보인다. 물가가 더 안정되고, 실업률이 더 낮다. 경제 성장률은 기간에 따라서 약간 높기도 하고 낮기도 하지만 통계적으로 의미가 있는 차이는 아니다. 예산균형이나 자유 지수도 합의 민주주의가 더 높지만 통계적으로 의미 있는 차이는 아니다. 합의 민주주의가 경제에서 가장 뚜렷한 성과를 내는 분야는 불평등이다. 불평등의 세 가지 척도 모두 합의민주주의가 다수결 민주주의보다 더 평등하다는 것을 보여준다. 정부의 복지 지출(순공공사회지출)도 합의 민주주의가 더 높다.

사회분야에서도 합의 민주주의의 성과가 두드러진다. 감옥 가는 사람이 줄어들고 사형선고도 더 작게 내려진다. 합의 민주주의는 특히 성 평등에 기여한다. 여성 국회의원과 장관이 더 많고 사회전체적으로 성 불평등 지수가 더 낮다.

앞에서도 설명하였듯이, 위의 분석의 독립변수는 행정부-정당 차원의 합의 민주주의 지수이다. 이 지수는 내각의 구성, 입법부-행정부 관계, 정당 체제, 선거 제도, 이익집단이라는 다섯 가지 지수를 종합한 것이다. 그런데 이 다섯 가지 지수는 밀접한 상관관계가 있어서 그 중에 어느 하나를 대표지수로 사용하더라도 분석 결과는 거의 변하지 않는다(Lijphart, 2012, p.280). 레이프하트는 내각의 구성(1개의 정당이 과반수 의석을 차지해서 내각 전체를 임명하는 경우의 비율)을 대표 변수로 보았지만, 선서제노(비례대표제)를 대표 변수로 보아도 무방하다. 비례대표제는 1개의 정당이 내각 전체를 임명하는 것을 힘들게 하고, 다당제를 정착시키며, 이익집단을 집중화시키고, 입법부-행정부를 대등하게 만드는 경향이 있다. 지금까지 설명한 합의 민주주의의 성과는 바로 비례대표제의 성과라고 해석할 수 있다.

비례대표제에서는 여성 국회의원이 많아진다: 호주의 자연실험

비례대표제에서 여성 국회의원 비율이 높다는 것은 레이프하트의 실증 분석으로 확인한 바 있다. 그러나 레이프하트의 실증 연구에 대해서 얼마든지 반론이 있을 수 있다. 레이프하트는 인구와 경제 발전을 통제변수로 사용하였다. 통제변수로 사용하였다는 것은, 인구 규모와 경제 발전 수준이 동일하다고 할 때 비례대표제를 하는 나라에서 여성 국회의원이 더 많다는 것을 확인하였다는 뜻이다. 그러나 통제해야 할 변수는 끝없이 많다. 비례대표제 때문이 아니라 문화, 관습, 법, 교육, 임금구조 등의 차이 때문에 여성 국회의원이 많을 수 있기 때문이다. 실증적 분석에서 이런 요소들을 완벽하게 통제하는 것은 쉽지 않은 일이다.

그런데 같은 나라에서 하나의 의회는 단순다수제를 택하고 다른 의회는 비례대표제를 채택하고 있다면, 다른 여러 변수들이 모두 통제되는 셈이다. 이 나라에서 비례대표제를 채택하는 의회에서 여성 국회의원이 더 많다면, 다른 모든 요인이 동일하므로, 여성 국회의원이 많은 것은 확실하게 비례대표제 때문이라고 할 수 있다. 이런 나라가 있다. 〈표 2.11〉에 보면 호주 하원은 다수제(결선투표제)를 채택하고 있고,[16] 상원은 비례대표제(STV)를 채택하고 있다.

카민스키와 화이트는 호주에서 여성 의원이 최초로 당선된 1943년 이후 61년 동안 하원과 상원에서 여성 의원 당선 비율을 분석하였다(Kaminsky and White, 2007). 1943년에서 상원에서의 여성 비율은 2.8%였고, 하원에서는 2.7%였다. 그 이후 2004년까지 상원에서 여성 비율은 평균 13%였고, 하원에서 여성 비율은 평균 5%였다. 이 기간 동안 상원에서의 여성 비율은 하원에서의 여성 비율보다 2.5배 높았다(Kaminsky and White, 2007, p.192).

최근의 선거를 자세히 분석해 보아도 상원에서 여성이 더 많이 당선되는

---

16 호주 하원은 즉각결선투표를 채택하고 있는데 호주에서는 이것을 대안투표(Alternative Vote)라고 부른다.

경향은 뚜렷이 나타난다. 2002년 상원 선거에서 22명(약 30%)의 여성 의원이 당선되었다. 초선은 8명이 있었는데 그 중 6명이 여성이었다. 즉 초선 의원의 75%가 여성이었다. 2004년 하원 선거에서 여성은 37명 당선(약 25%)되었다. 초선은 20명이었는데, 그 중에 여성은 4명이었다. 즉 초선의원의 20%가 여성이었다(Kaminsky and White, 2007, p.195).

비례대표제에서 여성 의원이 더 많이 등장하는 데에는 몇 가지 설명이 있다. 비례대표제에서는 선거구의 규모가 커진다는 점, 현역 의원의 교체가 용이하다는 점, 정당이 공천에서 더 큰 영향력을 갖게 된다는 점, 감염이론(비례대표제는 다당제를 낳기 때문에 여러 당에서 여성 공천 비율이 비슷하게 올라가게 된다), 여성의 위험 부담 감소 등이다(Kaminsky and White, 2007, pp.186-189). 어떤 이유에서건 비례대표제 하에서 여성 의원이 더 많이 당선된다는 것은 명백한 사실이다.

경제성장과 불평등

〈표 2.13〉에 나타나 있듯이, 레이프하트의 선구적인 실증분석에서는 비례대표제가 경제성장에 더 좋은 영향을 미친다는 것이 통계적으로 의미 있게 나오지 않았다. 그러나 크누센은 107개 국가의 1820년부터 2002년까지 걸친 방대한 패널 데이터를 자료로 해서, 종교, 지역, 인구, 1인당 GDP 등 적절한 변수들을 통제하고, 비례대표제, 대통령제, 연방제 등의 설명변수가 경제성장에 미치는 영향을 분석하였다(Knutsen, 2011). 그 결과 대통령제는 경제성장에 의미 있는 영향을 미치지 않는 반면, 비례대표제는 경제성장률을 높인다는 것을 발견하였다.

> "비례대표제는 광범위한 이해를 증진시키고 신뢰할만한 경제정책을 촉진하기 때문에 더 높은 경제 성장을 가져온다. 이 결과는 놀라울 정도로 강건하며, 점 추정치를 보면 비례대표제는 다수-과반수제에 비해서 1%포인트 경제성

장률을 높인다. 비례대표제와 준비례대표제는 정치에서 다양한 집단의 대표
에만 도움을 주는 것이 아니라, 중위투표자와 중위 국회의원 사이의 거리를
감소시킨다. 비례대표제와 준비례대표제는 다수-과반수 체제보다 더 많은
번영을 가져온다."(Knutsen, 2011, p.89).

　　〈표 2.13〉에서 확인할 수 있듯이, 레이프하트의 실증분석에서는 비례대
표제가 불평등을 감소시킨다는 사실이 강한(1% 유의수준) 의미를 갖고 있었다.
이와 같이 비례대표제가 불평등을 감소시키는 효과는 수많은 실증분석에서도
계속 확인되고 있다.

　　버치필드와 크레파스(Birchfield and Crepaz,1998)는 18개국의 두 시점을 비
교 분석하였다. 불평등을 종속변수로 하였고, 합의 민주주의 지수를 독립변수
로 하고, 여러 가지 변수들을 통제하여 회귀분석을 하였다. 그 결과, 합의 민주
주의(비례대표제)는 불평등을 줄이고 다수결 민주주의는 불평등을 늘리는 효과
가 있다는 것을 발견하였다.

　　〈그림 2.1〉에서 확인할 수 있듯이 합의 민주주의 지수가 높을수록(비례성

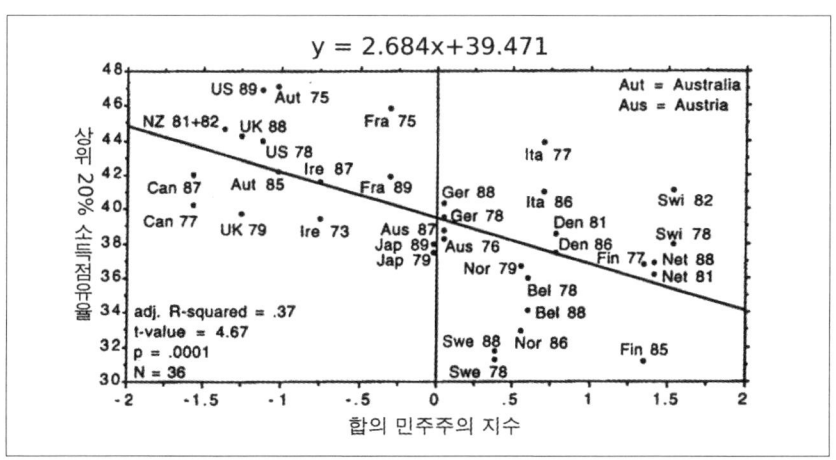

그림 2.1 합의 민주주의 지수와 불평등

자료: Birchfield and Crepaz,1998, p.186

높은 선거제도를 채택하는 나라일수록) 상위 20%의 소득점유율이 줄어든다. 그들은 비례대표제에서 불평등이 줄어드는 원인을 비례대표제에서는 더 많은 사람들이 정치력을 갖게 되기 때문이라고 설명하였다.

정치 제도에 대한 접근이 널리 확산될수록, 그리고 정치 체제가 더 잘 대표할수록, 더 많은 시민들이 정치 과정에 참여하여 자신에게 유리하게 정치를 바꾸려고 하기 때문에 무엇보다도 더 낮은 소득 불평등으로 귀결된다. 이러한 합의 정치 제도는 정부로 하여금 광범위한 시민들의 요구에 더 잘 반응하게 한다(Birchfield and Crepaz,1998, p.191).

베라디(Verardi, 2005)는 28개 민주주의를 실증분석해서 비례성 지수가 높아질수록 불평등이 감소한다는 것을 확인하였다. 버나우어 등은(Bernauer, Giger and Rosset, 2015), 24개 민주주의를 분석해서 비례대표제에서는 저소득층과 여성의 이해가 더 잘 대표되고, 승자독식 다수제에서는 부자들의 정치적 선호가 더 잘 대표된다는 것을 실증적으로 확인하였다.

선거제도와 고등교육의 공적부담

선거제도에 따라 고등교육을 바라보는 시각이 달라질까? 〈그림 2.2〉는 선거제도에 따라 고등교육의 사적부담과 공적부담이 어떻게 달라지는지를 비교한 그래프이다. 1997년부터 2011년 사이에 고등교육의 경우 비례대표제 국가들에서는 GDP의 0.6%를 공적 부담하고 있는 반면, 다수제 국가들은 0.4%를 공적부담하고 있었다.

강명세(2014)는 OECD의 1990년부터 2010년까지의 자료를 활용하여 선거제가 고등교육 사적 부담에 미치는 영향을 분석하였다. 그는 고등교육에 영향을 미칠 수 있는 요인을 권력자원과 정치제도로 구분하였다. 권력자원은 한 계급이 자신의 의지를 관철하기 위하여 사용할 수 있는 자원을 말하며, 노동자

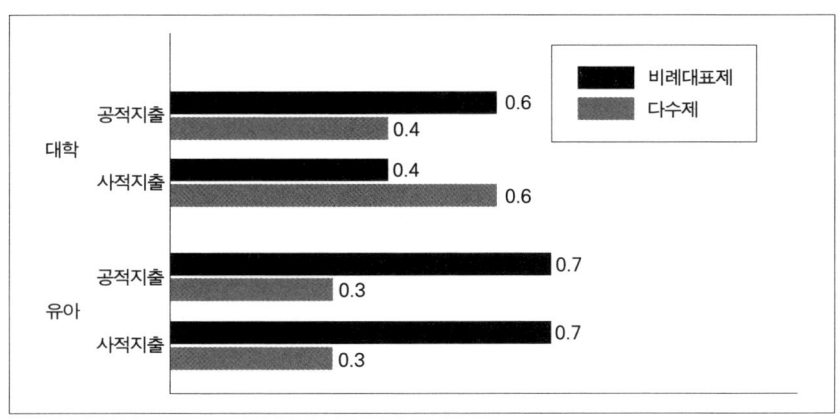

그림 2.2 선거제도와 교육비 지출 (%GDP 1997~2011)

자료: 강명세(2014, p.216)

계급의 경우 노동조합, 노동당 등을 의미한다. 상대적으로 권력자원이 더 많은 계급의 이해가 관철될 것이다. 정치 제도는 선거제도(다수제/비례대표제), 정부형 태(대통령제/내각제) 등을 의미한다.

　　그는 정부 이념, 좌파 정부 내각 지분 등을 권력자원 설명변수로 하고, 선거제도, 대통령제 등을 정치제도 설명변수로 하고, 사회지출, 15-29세 인구 등을 통제변수로 해서 회귀분석을 하였다. 그 결과, 정부의 이념, 좌파 정부 내각 지분 등의 권력자원은 의미 있는 영향을 미치지 않은 반면, 선거제도와 대통령 제 등의 정치 제도는 강한 영향을 미쳤다는 것을 발견하였다. 구체적으로, 다수 제는 비례대표제에 비하여 0.3-0.4% 정도로 고등교육 사적 부담을 늘렸다. 대통령제는 의회제(내각제)에 비하여 고등교육 사적 부담을 1% 정도 늘렸다(강명세, 2014, pp.220-221).

선거제도에 따라서 중산층의 정당 선호가 달라진다

아이버슨과 소스키스는(Iversen and Soskice, 2006) 왜 비례대표제가 재분배를 촉진하는지를 이론적으로 밝히려고 시도하였다. 결론은 다소 충격적이다. 중산층은 다수제에서는 더 적은 재분배를 원하지만, 비례대표제에서는 더 많은 재분배를 원한다.

그들은 선진 민주주의 17개국 1945-98년까지의 정부의 당파성을 조사해서 〈표 2.14〉와 같은 결과를 얻었다. 순수 중도 정부를 제외하고 볼 때, 비례대표제 하에서는 우파 정부가 30%를 차지하였는데 단순다수제 하에서는 75%를 차지하였다.[17] 중산층을 중위투표자라고 볼 때 비례대표제에서는 중산층이 좌파 정당과 연합을 선호하고, 다수제에서는 중산층이 우파 정당과 연합을 선호한다고 볼 수밖에 없다. 이와 같이 선거제도에 따라서 중산층의 투표 행태가 달라지는 현상을 어떻게 설명할 것인가?

표 2.14 선진민주주의 국가 정부 당파성 1945-98 (단위: 국가수×년)

		정부 당파성(중도 정부 제외)		우파 정부 비율
		좌파	우파	
선거제도	비례대표제	266	116	0.3
	다수제	86	256	0.75

자료: Iversen and Soskice(2006, p.166)

그들은 이러한 중산층의 투표 행태를 설명하는 모델을 만들었다. 이들의 모델에는 저소득층, 중산층, 고소득층 3계층이 있다. 정부의 정책은 조세를 걷어서 재분배하는 정책 한 가지인데, 무복지, 선별복지, 기본소득의 3종류가 있다. 선별복지는 저소득층에게만 재분배하므로 중산층과 고소득층이 순부담자가 된다. 기본소득은 모두에게 세금을 걷어서 모두에게 똑같이 재분배하므로 저소득층과 중산층이 순수혜자가 되고, 고소득층이 순부담자가 된다.

---

17 표에는 순수 중도 정부가 제외되어 있기 때문에, 좌파 정당이나 우파 정당만 집권했다고 해석하면 안 된다. 대략 절반 정도는 순수 중도 정당이 집권한 것으로 보인다.

비례대표제에서는 중도정당, 좌파정당, 우파정당 3개의 정당이 존재하게 되고, 다수제에서는 중도좌파 정당과 중도우파 정당 2개의 정당이 존재하게 된다.[18] 비례대표제에서는 정당이 3개이므로 저소득층, 중산층, 고소득층은 각각 자신을 대표하는 정당에 투표하게 된다. 이 때에는 중도정당이 어떤 정당하고 연합을 하는가가 문제가 된다.

다수제에서는 중도좌파 정당과 중도우파 정당 2개가 있다. 저소득층은 중도좌파 정당에 투표하고, 고소득층은 중도우파 정당에 투표한다. 중산층의 투표는 복잡하다. 중도좌파 정당은 중산층 분파와 저소득층 분파가 섞여 있고, 중도우파 정당은 중산층 분파와 고소득층 분파가 섞여 있다. 중산층의 입장에서 볼 때 중도우파 정당이나 중도좌파 정당은 모두 정당 내에 두 가지 분파가 섞여 있으므로, 집권 후 공약을 이행하지 않거나 중산층을 배신할 가능성이 있다.

중산층의 입장에서 중도좌파 정당의 배신은 저소득층만을 위한 선별 복지 정책을 시행하는 것이고, 중도우파 정당의 배신은 고소득층의 부담을 덜어주기 위해서 무복지를 실행하는 것, 즉 재분배를 하지 않고 세금도 걷지 않는 것이다. 중도좌파 정당이 배신하면 중산층은 순부담자가 되지만, 중도우파 정당이 배신하면 중산층은 무부담자가 된다. 순부담자보다는 무부담자가 좋으므로, 중산층은 배신 가능성을 고려하여 중도우파 정당을 상대적으로 더 선호하게 된다.

비례대표제에서는 두 정당이 연합할 때 집권할 수 있다. 중산층이 지지한 중도 정당은 두 가지 가능성이 있다. 중도 정당이 좌파 정당과 연합하면 저소득층과 중산층을 위한 기본소득을 시행하게 된다. 이 경우 중산층은 순수혜자가 된다. 중도 정당이 우파 정당과 연합하면 무복지를 실시하게 된다. 중산층은 무부담자가 된다. 순수혜자가 무부담자보다 좋으므로 중산층은 중도 정당이 좌파 정당과 연합하는 것을 선호하게 된다. 이렇게 해서 비례대표제와 다수제에서 중산층의 선호가 달라지게 되는 것이다. 중도 정당이 중산층을 배신할 가능성

---

18 뒤베르제 법칙(제2장 제1절) 참조

은 낮다. 다수제에서 중도좌파 정당처럼 저소득층과 중산층을 대표하는 분파가 섞여 있는 것이 아니기 때문이다. 좌파정당이 중도 정당과 연합을 해 놓고 배신할 가능성도 낮다. 배신을 하면 집권 연합이 해체되기 때문이다.

복지 정책과 경제 정책을 모두 고려할 때

아이버슨과 소스키스의 모형은 재분배 정책만 고려하였으므로 재분배 정책과 토건(사회간접자본, SOC)정책을 함께 고려한 모형을 생각해 보자. 다음과 같이 가정한다. 재분배 정책에는 기본소득, 무복지, 선별복지 세 가지 정책이 있고, 토건정책에는 저토건, 중토건, 고토건 세 가지가 있다고 가정한다. 기본소득은 저토건과 같이 실행할 수 있고, 선별복지는 중토건, 무복지는 고토건과 함께 실시할 수 있다. 토건정책과 재분배 정책에서 각 계층의 보수는 다음과 같다.

표 2.15 재분배 정책과 토건 정책에서 계층별 보수

재분배	저소득층	중산층	고소득층	토건	저소득층	중산층	고소득층
기본소득	9	4	-4	저토건	1	2	3
선별	7	-2	-3	중토건	2	3	4
무복지	0	0	0	고토건	3	4	5

　　토건정책의 보수를 고소득층에 대하여 더 크게 설정한 것은, 토건 정책이 고소득층 지역 부동산 가격을 상승시키는 경향을 반영한 것이다. 저소득층은 일자리가 늘어 약간의 보수를 얻지만, 임대료 상승, 젠트리피케이션 등으로 보수의 일부가 상쇄된다.
　　비례대표제에서는 세 정당이 정치적 영향력을 가지게 되고, 두 정당의 연합으로 집권하게 된다고 가정한다. 세 가지 가능한 정당연합이 채택할 수 있는 정책결합에 따른 세 계층의 보수는 〈표 2.16〉과 같다. 중산층의 입장에서 보면

표 2.16 비례대표제에서 계층별 보수

정당연합	정책 결합	저소득층	중산층	고소득층
좌파정당+중도정당	기본소득+저토건	10	6	-1
좌파정당+우파정당	선별복지+중토건	9	1	1
중도정당+우파정당	무복지+고토건	3	4	5

표 2.17 다수제에서 계층별 기대보수

정당연합	정책 결합	확률	저소득층	중산층	고소득층
중도좌파정당	기본소득+저토건	0.2	10	6	-1
	선별복지+중토건	0.8	9	1	1
	무복지+고토건	0	3	4	5
	기대보수		9.2	2	0.6
중도우파정당	기본소득+저토건	0	10	6	-1
	선별복지+중토건	0.2	9	1	1
	무복지+고토건	0.8	3	4	5
	기대보수		4.2	3.4	4.2

중도정당이 좌파정당과 연합하면 보수가 6이 되지만 중도정당이 우파정당과 연합하면 보수가 4가 된다. 따라서 중도정당은 좌파정당과 연합해서 기본소득과 저토건 정책을 선택하게 된다.

다수제에서는 중도좌파 정당과 중도우파 정당이 등장하게 된다. 아이버슨과 소스키스의 모형과 마찬가지로 중산층의 입장에서는 중도좌파 정책이나 중도우파 정당 모두 중산층이 가장 좋아하는 정책을 실행하지 않을 가능성이 있다고 가정한다. 구체적으로, 중도좌파 정당이 기본소득과 저토건 정책을 실행할 확률이 0.2, 선별복지와 중토건을 실행할 확률이 0.8, 무복지와 고토건 정책을 실행할 확률이 0이라고 한다. 중도우파 정당은 기본소득과 저토건 정책을 실행할 확률이 0, 선별복지와 중토건을 실행할 확률이 0.2, 선별복지와 중토건을 실행할 확률이 0.8이라고 한다.

〈표 2.17〉에는 다수제에서 정당으로부터 얻을 수 있는 계층별 기대보수가 나와 있다. 정책 결합을 실행할 확률은 표의 3번째 열에 표시되어 있다. 중산

층이 중도우파 정당에게 기대할 수 있는 기대보수는 2이지만, 중도우파 정당에게 기대할 수 있는 기대보수는 3.4가 된다. 이와 같이 다수제에서 중산층은 중도우파 정당을 더 선호하게 된다.

흔히 우리나라의 중산층은 반공 이데올로기와 지역 감정 때문에 유럽에 비해서 매우 보수적이라고 말한다. 그런데 위의 모델에서처럼 중산층이 다수제에서는 중도우파 정당으로부터 얻는 기대보수가 더 크고, 비례대표제에서는 중도정당과 좌파정당과의 연합으로부터 얻는 보수가 더 크다고 한다면, 중산층이 보수적인 것은 선거제도가 다수제이기 때문이라고 할 수 있다. 다수제인 선거제도를 비례대표제로 바꾸면 중산층의 보수성은 상당히 약화될 것으로 기대할 수 있다. 바로 그렇게 될 것이라는 실증연구 하나를 더 살펴보자.

다수제와 우파정부, 비례제와 좌파 정부: 세 가지 가설

다수제에서 우파 정부가 상대적으로 더 많이 집권하고, 비례제에서 좌파 정부가 상대적으로 더 많이 집권한다는 것은 널리 알려진 사실이다(Döring and Manow, 2015, p.150). 되링과 마노우는 세 가지 가설을 소개하고 실증분석을 통하여 가설을 검증해 보았다.

① 가설 1
아이버슨과 소스키스는 중산층의 투표 행태라는 가설을 제시하였다. 아이버슨과 소스키스의 가설이 올바르다면 비례제에서는 좌파 정당이 우파 정당에 비해서 체계적으로 더 많이 득표할 것이다.

② 가설 2
다수제에서 우파 정당이 더 많이 집권하는 것은 선거제도 때문일 수 있다. 다수

제에서 우파정당이 득표율보다 더 많은 의석을 차지하는 경향이 있다면 우파 정부가 더 많이 등장할 것이다. 다수제에서 우파 정당이 의석을 더 많이 차지하는 이유의 하나는 정치 지리적 분포이다. 노동자들은 인구는 많지만 산업화된 지역에 집중해서 살기 때문에, 산업화된 지역에서는 다수가 되지만, 그렇지 못한 대부분의 지역에서는 소수이다. 다수제는 대부분 지역별로 1명씩 선출하므로 노동자의 표는 산업화된 지역 이외에서는 낭비되어 버리고 만다.

③ 가설 3

비례제에서는 우파 정당이 더 분열적이라면 좌파 정당이 내각을 형성하는 데 유리하므로 더 자주 집권할 수 있을 것이다. 이것은 사회적 갈등으로 인해서 우파가 분열적인 나라에서 비례제가 도입되었다는 로칸(Stein Rokkan)의 가설까지 거슬러 간다. 분열된 지배계급(우파 정당)이 다수제에서 비례 이하의 의석을 얻게 되는 것을 우려해서 비례대표제를 받아들였다는 가설이다(Rokkan, 1970). 우파 정당이 분열되어 있다면 의석을 가지고 집권 내각을 만드는 데 불리할 것이다.

가설 1은 비례제에서 좌파 정당들이 더 많은 득표를 얻게 되는지를 실증분석해 보면 된다. 가설 2는 선거 득표율과 의석 점유율의 차이를 실증해 보면 된다. 가설 3은 의석 점유율과 내각 점유율의 차이를 실증해 보면 된다. 되링과 마노우는 OECD 국가 중 내각제를 채택한 36개국의 1945년부터 2013년 사이의 421번의 선거와 675개의 내각을 자료로 사용하였다.

〈그림 2.3〉에는 선거, 의회, 내각이 좌파-우파 스펙트럼에서 차지하는 위치가 나와 있다. 세로축에서 값이 0이면 중도이고, 음수로 갈수록 좌파 성격이고 양수로 갈수록 우파 성격이다. 그림에서 가운데 점은 평균값을 의미하고, 아래 위 막대기는 95% 신뢰구간을 의미한다. 그림으로부터 다수제의 경우가 비례대표제의 경우보다 선거의 위치, 의석의 위치, 정부 내각의 위치 모든 차원에서 더 우파적 성격이 강하다는 것을 확인할 수 있다. 선거 결과를 보면 다수제 국가에서 투표자들의 우파적 성격이 강하다. 의회의 구성은 선거 결과보다 더 우파

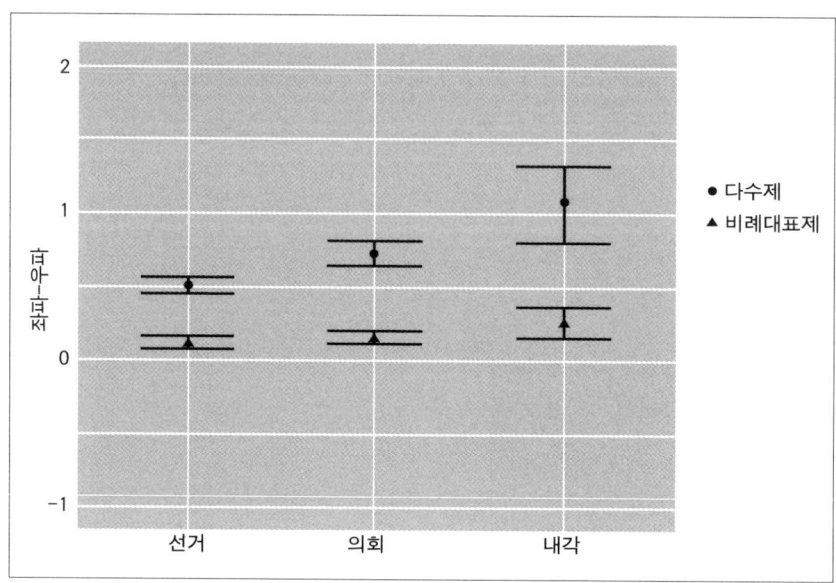

그림 2.3 다수제와 비례제에서 선거, 의회, 내각의 구성

자료: Döring and Manow(2015, p.157)

적 이다. 내각의 구성은 의회의 구성보다 더 우파적이다.

되링과 마노우는 적절한 변수를 통제하고 회귀분석을 한 결과, 가설 1과 가설 2는 성립이 되지만, 가설 3은 성립되지 않는다는 것을 발견하였다. 다수제는 중산층의 투표 행태를 보수적인 것으로 만들어서 우파 정당의 득표율을 더 높이고(가설1), 동일한 득표율 하에서도 우파 정당에 더 많은 의석을 배정한다(가설 2). 그러나 동일한 의석 하에서 우파 정부를 더 많이 집권하도록 하는 것은 아니다.

미국은 왜 복지국가가 되지 못 하였을까

어떤 지표로 보든지 미국은 유럽에 비해서 복지수준이 낮다. 미국의 정부 지출은 GDP의 30% 수준인데 반해서 유럽 대륙은 45%이고, 스칸디나비아는 50%

가 넘는다. 이 차이의 ⅔는 복지지출이다. 미국은 왜 복지국가가 되지 못하였을까? 알레시나와 글레이저는 미국과 유럽의 차이를 설명하는 10가지 가설을 검증하였다. 그 결과 단 두 가지 가설만 설명력을 가지고 있었다(Alesina and Glaeser, 2004). 검정색으로 표시한 가설이 설명력이 확인된 가설이다.

① 시장 소득분배가 불평등할수록 더 많은 재분배를 요구한다. → 미국의 시장 소득이 더 불평등하다.

② 미국은 소득 이동성이 큰 나라이므로 생애 주기 전체를 보면 불평등이 더 작다. → 미국의 가난한 사람은 상방으로 이동하기 훨씬 힘들다.

③ 미국의 가난한 사람은 유럽보다 게으르다. → 미국의 가난한 사람은 유럽만큼 성실하게 일한다.

④ 유럽의 조세 징수가 효율적이어서 정부 규모가 크다. → 정부의 규모가 커서 조세 징수가 효율적인 측면도 있다. 조세 회피가 유럽에서 훨씬 더 많다.

⑤ 유럽 국가들은 개방되어 있어서 외부 충격에 취약하므로 재분배가 많다. → 미국은 실업률과 GDP 변동률이 유럽에 비해서 훨씬 크다. 미국 경제도 개방적이다.

⑥ 미국인들은 덜 이타적이다. → 미국인들은 기부를 많이 한다.

❼ 미국은 선거제도가 다수제이고 유럽은 비례대표제이다. → 비례대표제가 사회민주당 등 복지에 적극적인 좌파 정당을 더 많이 집권하게 만들었다. 이 요인은 미국과 유럽의 복지지출 차이의 절반 정도를 설명해준다. 선거제도가 왜 달라졌는지에 대해서는 별도로 설명해야 한다.

⑧ 미국은 삼권분립이 더 엄격하고, 사법부의 정치 개입이 많다. → 약간의 설명력이 있지만, 차이의 원인이라기 보다는 결과이다.

⑨ 미국은 연방제 국가이다. → 분권화가 될수록 재분배가 촉진되는 경향도 있으므로, 가설을 입증하기 힘들다.

❿ 미국은 인종적으로 다양하다. → 사회 운동의 파편화로 인해서 재분배 요구

가 집결되지 못한다. 이 요인이 미국과 유럽의 복지 지출 차이의 나머지 절반을 설명해 준다.

⑪ 미국 사람은 가난이 노력 부족이라고 생각하고, 유럽 사람들은 운이 나쁘다고 생각한다. → 여러 설문을 통해서 이러한 문화적 태도가 확인된다. 그러나 이것은 원인이라기보다는 결과이다.

위에서 ⑪번에서 문화적 태도와 선거제도의 관계는 매우 흥미롭다. 〈그림 2.4〉에서 세로축은 가난한 사람은 게으르다고 믿는 사람의 비율이다. 가로축은 비례대표제 지수로서 지수가 높을수록 비례성이 높은 선거제도를 가지고 있는 나라이다. 선거제도가 경제와 가난을 바라보는 시각까지 바꾼다는 점에서 흥미롭다. 그들은 이러한 문화적 태도의 차이를 교육(education)과 교화(indoctrination)의 결과로 해석한다. 즉, 오랜 기간에 걸쳐서 선거제도에 따라 집권당이 달라지고 집권당에 따라 교육 제도와 교육 내용이 달라진 결과이다(Alesina and Glaeser, 2004, 제7장 소득재분배의 이데올로기).

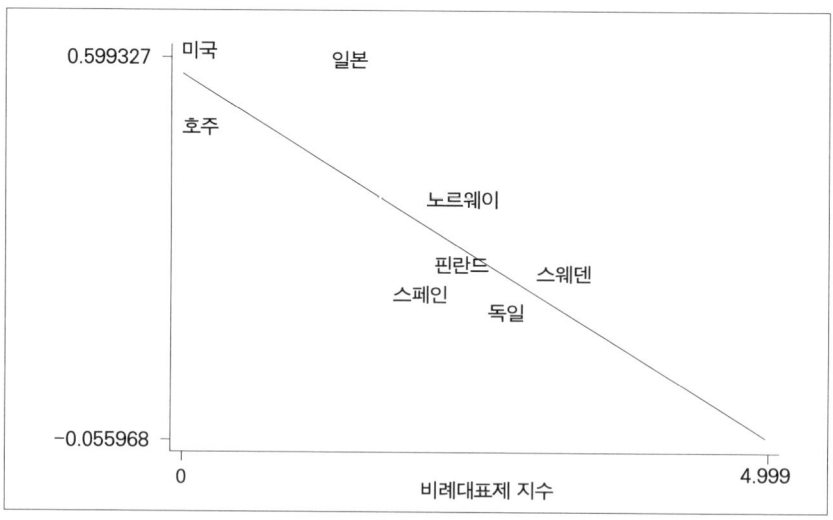

그림 2.4 가난한 사람은 게으르다고 믿는 사람의 비율

자료: Alesina and Glaeser(2004, p348)

비례대표제는 혁명과 총파업으로 쟁취한 것

알레시나와 글레이저의 책 제5장에는 유럽에서 비례대표제가 채택되는 과정에 대한 간략한 역사가 나와 있다. 몇몇 나라의 경우를 살펴보자(Alesina and Glaeser, 2004, pp.165-180).

미국에서 비례대표제가 채택되지 못한 데에는 두 가지 이유가 있다. 첫째로 이민자와 흑인들의 존재로 인해서 다수를 차지하고 있었던 백인들은 사람의 수에 비례해서 대표를 선출하게 하는 제도를 좋아하지 않았다. 둘째로 미국의 보수적인 힘들이 너무 강력해서 일단 확립된 제도를 바꾸는 것을 어렵게 만들었다. 보수세력들은 비례대표제를 나찌 및 공산주의와 연결시켜 공격하였다 (Alesina and Glaeser, 2004, p.170).

유럽에서는 비례대표제가 대륙을 휩쓸었다. 벨기에에서는 1866년 노동자 봉기와 1893년 총파업이 일어났다. 총파업의 결과 선거권이 확대되었고, 사회민주당의 권한이 강화되었다. 5년 동안의 개혁과 논의를 거치면서 사회주의자들과 카톨릭당은 비례대표제에 합의하게 되었다. 벨기에는 1899년 전국 단위 선거에 비례대표제를 채택한 첫번째 나라가 되었다.

두 번째로 핀란드는 1906년에 비례대표제를 채택하였다. 당시 핀란드는 러시아 자치령이었는데 사회민주당이 1905년 총파업을 주도하여 짜르로부터 양보를 받아낸 것이다. 세번째로 스웨덴은 1907년에 비례대표제를 채택하였다. 벨기에나 핀란드와 달리 스웨덴은 우파들이 비례대표제를 주장하였다. 선거권이 확대되어 나가는 과정에서 보수 엘리트가 비례대표제를 통해서 일부의 대표라도 유지하게 되기를 바랐던 것이다. 포르투갈은 1910년 혁명을 통하여 비례대표제가 포함된 헌법을 제정하였다.

1차 세계대전이 끝나자 1917년과 1920년 사이에 오스트리아, 덴마크, 프랑스, 독일, 이탈리아, 노르웨이, 네덜란드에서 비례대표제를 채택하였다. 스위스는 1차 세계대전 중 좌파 사상가들의 영향력이 컸었는데 1918년 총파업을 통하여 비례대표제 선거제도를 쟁취하였다. 덴마크와 네덜란드는 비례대표제를 평화적으로 채택하였다. 오스트리아, 이탈리아, 독일은 제1차 세계대전으로 우파와 군대가 약해진 상태에서 혁명과 총파업을 통하여 비례대표제를 쟁취하였다. 패전 후 독일의 바이마르 공화국은 오랫동안 사회주의 아젠다였던 비례대표제를 채택하였다. 오스트리아도 전쟁에 패배한 뒤 혁명을 통하여 공화국을 선포하고, 바이마르 공화국과 유사한 선거제도를 채택하였다.

그들은 비례대표제의 역사로부터 세 가지 의미를 찾았다. 첫째, 비례대표제는 일반적으로 사회주의자들의 정책이었고, 특히 그들이 소수정당일 때 형성된 신념이었다. 둘째, 비례대표제는 일반적으로 혁명과 총파업에 의해서 쟁취되었다. 셋째, 시간이 지나감에 따라 유럽에서는 비례대표제가 널리 채택되어 유럽국가들에서 일종의 규범으로 되었다(Alesina and Glaeser, 2004, pp.179-180).

로버트 달, 미국 선거제도 개혁안

미국 정치학회 회장을 역임하였고, 다원주의 민주주의 연구에 평생을 바친 로버트 달은 미국 헌법의 비민주적 특성을 비판하면서 여러 가지 대안을 제시하였다. 우리의 관심은 선거제도의 개혁에 있으므로, 그가 제안하는 미국의 선거제도 개혁안을 살펴보자(Dahl, 2003). 로버트 달의 입장에 대한 해석 논란을 피하기 위하여 직접 인용을 하자.

1) 국회의원 선거제도 개혁안

1787년 당시에는 1위 대표제가 유일한 게임의 규칙이었으며,[19] 이런 생각은

---

19 1787년은 미국 헌법이 채택된 때를 말한다. 1위 대표제는 지역구에서 1위 득표자가 당선되는 상대다수제 (단순다수제)를 의미한다.

이후 수 세대에 걸쳐 계속되었다. 당시까지 비례대표제는 발명되지 않았다. 19세기 중반 덴마크인 한 명과 존 스튜어트 밀을 포함한 영국인 두 명이 이를 체계적으로 정식화한 후에야 비례대표제가 이해되기 시작했다. 그 후 비례대표제는 오래된 민주주의 국가들이 압도적으로 선호하는 선거제도가 되었다. 이처럼 한 세기 이상 동안 다른 대안적 선거제도가 실천되고 있는 것을 지켜보았으니, 이제 1위 대표제는 경마에나 적합하지 미국처럼 거대하고 다양한 특징을 갖는 민주주의 국가에서는 최선이 아닐 수 있다는 생각이 들 때도 되지 않았을까? 또한 다당제가 가진 여러 이점을 고려할 때도 되지 않았을까?(Dahl, 2003, p. 84)

2) 대통령 선거제도 개혁안

민주주의 관점에서 가장 바람직한 변화는 헌법을 개정해 선거인단 제도를 대중 직접 투표를 통해 대통령을 선출하는 제도로 바꾸는 것이라고 할 수 있다. 그리고 만약 대중투표에서 50% 이상 득표한 후보가 없다면, 상위 두 후보 간 결선투표를 곧바로 실시하는 방안도 고려할 수 있다(Dahl, 2003, pp. 115-116). 2차 선거에 대한 요구는 즉각적인 결선투표제, 대안투표제, 또는 선호투표제라고 불리는 다양한 선거제도를 통해서 충족될 수도 있다(Dahl, 2003, p. 116).

이 책에서 제안하는 선거제도 개혁안은 로버트 달의 개혁안과 동일한 것이다. 즉, 국회의원 선거에서 비례대표제이고, 대통령 선거에서 즉각결선투표제이다(이 장의 제6절 참조).

노무현의 뜻, 정권을 내놓더라도 선거제도 개혁을

연정, 대연정 하니까. 대연정 이것만 사람들이 받아들이는데

제가 원하는 것은 대연정보다는 선거제도 개혁입니다.

선거제도 개혁을 아무리 하려고 해도 안 되니까.

정권을 내놓는 한이 있더라도

꼭 이 선거제도는 고치고 싶다.

나를 위해서가 아니고 우리 국가의 장래를 위해서, 이건 꼭 하고 싶다.

그런 뜻을 말씀드린 것입니다.

그래서 이 제안은, 대연정의 제안은

소위 말하는 반대급부의 내용이고

진정으로 제안한 것은

선거제도 고치자는 것입니다.

지역주의 해소할 수 있는 선거제도 만들자.

이 제안입니다.

(노무현 대통령 기자 간담회, 2005. 7. 29.)[20]

1987년 6월 혁명 때에는 주도하던 사람들이 선거제도의 중요성을 깨닫지 못했다. 6월 혁명 약 20년 뒤 노무현 대통령은 선거제도 개혁을 정권과 맞바꾸어도 좋을 만큼 국가 장래를 위하여 중요한 사항으로 인식하고 통큰 제안을 했다. 그 후 약 10년 뒤 촛불 혁명 때 비례대표제는 비로소 대중적인 요구의 하나로 등장하게 되었다. 1899년 벨기에가 세계 최초로 비례대표제를 채택한 지 약 100년 뒤 동방의 주권자들도 선거제도의 중요성을 깨닫게 된 것이다.

어느 하나의 제도만 고치면 모든 문제가 해결된다는 주장은 언제나 틀린 주장이다. 그러나 제도 중에는 좁은 분야에 영향을 끼치는 제도와 광범위한 분야에 영향을 끼치는 제도가 있는 것도 분명한 사실이다. 비례대표제는 정치, 경제, 사회, 교육 등 매우 광범위한 분야에 좋은 영향을 끼치는 제도이다.

---

20 https://www.youtube.com/watch? v=DjKMCGEqcmo)

예를 들어, 사립대학을 공영화 하려면 사립학교법을 개정해야 한다. 사립학교법 개정을 위하여 현직에 있는 국회의원들을 설득하는 것도 하나의 방법이다. 더 좋은 방법은 사립학교법 개정에 찬성하는 국회의원을 많이 뽑는 것이다. 그 방법은 간단하다. 사립학교 재단보다는 대학생과 대학 직원과 대학교수의 수가 많으므로 주권자들의 수에 비례해서 국회의원을 선출하도록 선거법을 고치면 된다.

또 하나의 예를 들자면, 제대로 된 ILO 조약 비준을 위해서 총파업을 하는 것도 하나의 방법이다. 더 좋은 방법은 ILO 조약 비준에 찬성하는 국회의원을 많이 뽑는 것이다. 그 방법은 간단하다. 자본가보다는 노동자의 수가 많으므로 주권자들의 수에 비례해서 국회의원을 선출하도록 선거법을 고치면 된다. 그래서 ILO 조약 비준을 하라고 총파업하는 것보다 완전한 비례대표제를 도입하라고 총파업을 하는 것이 장기적으로 우월한 전략이다. 벨기에, 핀란드 등 유럽 대륙 복지국가의 노동조합들은 바로 이렇게 먼저 선거제도를 바꾸는 전략을 통해서 노동권과 복지권을 함께 쟁취하는 데 성공하였다.

우리나라는 미국처럼 복지 지출이 낮은 나라이지만, 인종적으로 다양한 나라가 아니다. 만약 알레시나와 글레이저의 분석이 옳바르고 우리나라에 적용 가능하다면, 우리나라가 복지국가가 되지 못하고 헬 조선이 된 이유는 하나만 남는다. 우리나라는 비례대표제 아니라 다수제 선거제도를 채택했기 때문에 헬 조선이 된 것이다.

헬 조선이라고 절망할 필요가 없다. 벗어날 방법이 있다. 선거제도를 바꾸면 절반은 성공이다. 로버트 달의 표현대로 "경마에나 적합한 다수제"를 가지고는 헬 조선을 고칠 수 없다. 존 스튜어트 밀이 말하였듯이, 주권자의 수에 비례해서 정치 대리인을 분배하는 대의 민주주의의 제1원리에 충실할 때에만 우리의 후세들에게 더 좋은 세상을 물려줄 수 있다.

(이 절과 다음 두 절은 의석수 계산 과정을 다루고 있으므로 다소 수학적이다. 구체적인 계산 방법에 관심이 없는 분은 수식이 나오는 부분을 뛰어넘고 전체적인 맥락만 이해해도 무방하다. 그러나 해당분야에 종사하거나 선거제도 개혁 운동을 하시는 분은 숙지해야 할 것이다.)

2019년 12월 27일, 공직선거법 개정안이 국회 본회의를 통과했다. 정당득표율과 의석비율이 비례하지 않는 불평등한 선거제도를 고치려는 노력이 작은 결실을 맺게 된 것이다. 1987년 민주화 이후 32년만에 처음으로 이루어진 일이다.

그러나 역사는 앞으로만 나아가지 않았다. 2020년 4월 15일 실시된 국회의원선거에서 미래통합당이 먼저 위성정당을 만들고 뒤이어 더불어민주당도 위성정당을 만들어서 선거를 혼탁하게 만들었다. 비례대표 의석을 75석으로 했다가 47석으로 줄였으며, 그중에서 겨우 30석만 연동형 배분을 하기로 함으로써 계속 뒷걸음쳤다. 결과적으로 보면, 정당 득표율과 의석 비율을 일치시키자는 목표는 달성되지 못하였다. 이제 21대 국회에서 위성정당을 금지하고 비례성을 확실하게 높일 수 있도록 다시 선거법을 개정하는 것이 필수적인 과제가 되었다.

이 절에서는 먼저 연동의석의 100%를 연동 배분하는 연동형 비례대표제와 50%만 연동 배분하고 나머지는 잔여배분하는 준연동형 비례대표제에 대해서 살펴보자.

연동형 비례대표제

여기서는 다음과 같은 가상적인 결과를 가지고 (100%) 연동형 비례대표제의 특징을 설명할 것이다. A, B, C 세 개의 정당이 있고, 의석 정수는 지역구 의석 250석과 비례대표 의석 250석, 합계 500석으로 한다. 각 정당의 득표비율과 지역구 의석수는 〈표 2.18〉과 같다. 여기서 득표비율은 각 정당이 정당 투표(비례대표선거)에서 획득한 비율을 의미한다.

표 2.18 연동형 비례대표제(지역구 250석 + 비례대표 250석)

정당	득표비율	지역구 의석	연동배분	총 의석	의석비율
A	50.00%	130	120	250	50.00%
B	40.00%	110	90	200	40.00%
C	10.00%	10	40	50	10.00%
계	1	250	250	500	1

정당 A는 50%의 득표비율을 얻었으므로 전체 의석 500석 중에서 250석이 배분되면 의석비율과 득표비율이 정확하게 일치하게 된다. 그런데 지역구에서 130석을 얻었으므로, 비례대표의석으로 120석이 배분되면 정확하게 일치한다. 이와 같이 정당별로 득표비율에 완전히 일치하는 의석비율을 만들기 위해서 배분되어야 할 연동의석수(실수)를 구해보자. 이것은 정당별로 다음과 같이 계산한다.

연동의석수(실수) = 대상의석정수 × 득표비율 − 지역구 의석수 (식 2.1)

여기서 대상의석정수란 의석정수에서 의석할당정당이 추천하지 않은 지역구 당선자수를 뺀 값을 의미한다.[21] 의석할당정당이란 지역구에서 5석 또는 정당투표에서 3% 이상을 획득한 정당을 의미한다. 위의 표에서는 세 정당 모두

---

21 공직선거법에서는 대상의석정수라는 용어를 사용하지 않고 그냥 [의석정수−의석할당정당이 추천하지 않은 지역구 국회의원 당선인 수]라고 공식으로 표현하고 있다(공직선거법 제189조 ② 의 1).

의석할당정당이고, 세 정당이 추천하지 않은 지역구 당선자는 없는 것으로 가정한다. 따라서 대상의석정수는 500석이다.

현실에서는 연동의석수(실수)를 그대로 배분할 수 없다. ① 의석정수(500석)에 득표비율을 곱하면 대개는 소수점 이하 자리가 있는 실수가 되는데 의석수는 정수가 되어야 한다. ② 어떤 정당이 지역구에서 너무 많은 의석을 획득한 경우에는 (식 2.1)에 따라 계산한 연동의석수가 음수가 될 수 있는데 실제의 의석수는 음수가 될 수 없다.

이 두 가지 문제를 처리하면서 가능한 한 연동의석수에 가깝게 비례대표 의석을 배정하는 과정을 연동배분이라고 부른다. 우리나라 선거법은 위의 두 가지 문제를 다음과 같이 처리한다. ① 연동의석수에 소수점 이하 자리가 생기면 반올림한다. ② 연동의석수가 음수가 나오거나 1 미만이면 연동배분을 하지 않는다(즉, 연동배분 의석수를 0으로 한다).[22]

이와 같은 원칙에 따라 배분한 연동배분 의석수를 합치면 비례대표 의석정수를 넘는 경우가 생긴다. 반올림하는 과정이나, 음수를 0으로 처리하는 과정에서 의석수가 늘어날 수 있기 때문이다. 이 문제를 해결하는 두 가지 방법이 있다. 하나는 연동의석수가 음수가 되지 않도록 비례대표의석 정수를 늘리는 방법이다. 이렇게 하는 방법을 초과의석 배정 방법이라고 부른다. 독일에서는 이 방법을 사용한다. 다른 하나는 각 정당의 연동배분의석수를 비례적으로 줄여서 비례대표 의석 정수에 맞추는 방법이다. 이 방법을 조정배분 방법이라고 부른다. 우리나라 선거법은 조정배분 방법을 채택하였다.

조정배분을 설명하기 위하여 지역구 의석수가 250석이고, 비례대표 의석

---

22 의석정수(定數)라고 할 때 정수와 정수 의석수라고 할 때 정수를 구별하여야 한다. 의석정수(定數)는 법에서 정한 의석수를 의미한다. 정수(整數) 의석수는 소수점 이하를 포함하는 실수(實數, real number)로 표현된 의석수를, 규정에 따라서 정수(整數, integer)로 만든 의석수를 의미한다. 일반적으로 선거제도에서 득표에 따라 계산된 실수 의석수를 정수 의석수로 변환하는 과정을 의석배정(apportionment)이라고 부른다. 이 책에서는 배분과 배정을 같은 뜻으로 사용한다.

수가 50석(전체 의석수를 300석으로)인 경우를 살펴보자. A, B, C 세 정당이 지역구에서 획득한 의석수는 각각 160석, 80석, 10석이고, 정당 득표비율은 각각 50%, 40%, 10%라고 가정한다. 무소속 당선자는 없다고 가정한다.

표 2.19 연동형 비례대표제(지역구 250석 + 비례대표 50석)

정당	득표비율	지역	연동의석 (실수)	연동배분	조정의석 (실수)	조정배분	의석수	의석비율
A	50.00%	160	-10	0	0.00	0	160	53.33%
B	40.00%	80	40	40	33.33	33	113	37.67%
C	10.00%	10	20	20	16.67	17	27	9.00%
계	1	250	50	60	50.00	50	300	1

각 정당의 연동의석수(실수)를 (식 2.1)에 따라 계산하면 A 정당의 경우는 300×0.5-160=-10석이 된다. 연동배분 원칙에 따르면 음수는 0이 되므로 A 정당의 연동배분 의석수는 0석이 된다.

모든 정당의 연동배분 의석수를 구해서 합치면 60석으로 비례대표 정수 50석을 넘는다. 이 경우에는 조정배분 절차로 넘어간다. 각 정당의 연동배분 의석수를 50/60만큼 줄여주어야 한다.

> 조정의석수(실수) = 연동배분 의석수 × 비례대표정수/연동배분 의석
> 수 합계   **(식 2.2)**

(식 2.2)에 따라 조정의석(실수)를 구하면 위의 표의 조정의석(실수) 열이 된다. 의석은 정수가 되어야 하므로 소수점 이하를 정수로 만드는 규칙이 있어야 한다. 우리 선거법은 정수부분을 먼저 배정하고, 배정된 의석이 의석 정수에 미달하면 소수점 이하 값이 큰 정당 순서대로 1석씩 추가하는 방법을 채택한다.[23]

---

23 이 방법을 해밀턴(Hamilton) 방법, 또는 최대나머지법(largest remainder method)이라고 부른다. 이것은 실수 의석을 정수 의석으로 바꾸는 여러 가지 의석배정(apportionment) 방법의

이 과정을 〈표 2.19〉의 예를 가지고 설명하면, 조정의석(실수)의 정수부분만큼 각 정당에 먼저 배정하면, A 정당은 0석, B 정당은 33석, C 정당은 16석이 된다. 배정된 의석수를 합치면 49석으로 비례대표 의석 정수 50석에 1석 모자란다. 그러면 소수점 이하 값이 가장 큰 C 정당에 1석을 더 배정해서 합계 50석이 되도록 한다.

〈표 2.18〉과 〈표 2.19〉를 비교해 보면 연동형 비례대표제는 비례대표 의석 정수가 충분히 클 때에는, 조정배분을 할 필요가 없고, 의석비율과 득표비율이 거의 일치하는 결과가 나온다는 것을 알 수 있다. 이에 반해서 비례대표 의석 정수가 지역구 의석 정수에 비해서 너무 작을 때에는 조정배분이 필요하게 되고 의석비율과 득표비율 사이에 약간의 괴리가 발생한다는 것을 확인할 수 있다.

준연동형 비례대표제

우리나라의 현행 선거법은 연동의석의 ½만을 연동배분하는 준연동형 비례대표제이다. 〈표 2.19〉와 동일한 선거결과를 가지고 준연동형 비례대표제에 따라 의석을 배정해 보자.

표 2.20 준연동형 비례대표제(지역구 250석 + 비례대표 50석)

정당	득표비율	지역	연동의석 (실수)	연동배분	잔여의석 (실수)	잔여배분	의석수	의석비율
A	50.00%	160	-10	0	10.00	10	170	56.67%
B	40.00%	80	40	20	8.00	8	88	29.33%
C	10.00%	10	20	10	2.00	2	12	4.00%
계	1	250	50	30	20.00	20	270	1

하나이다. 해밀턴 방법은 몇 가지 바람직하지 못한 특성을 가지고 있는데, 이것에 대해서는 제5절에서 설명하기로 한다.

준연동형 비례대표제에서는 연동의석(실수)의 50%만을 연동배분한다. 계산하는 공식은 (식 2.1)을 ½로 나누면 된다.

연동의석수(실수) = (대상의석정수 × 득표비율 - 지역구 의석수)÷2 **(식 2.3)**

연동배분 의석수(정수)는 위의 연동의석수(실수)를 반올림해서 구한다.

〈표 2.20〉의 경우 연동배분의석의 합계는 30석으로 비례대표 50석보다 작다. 이 경우에는 미배정된 20석을 다시 배정하여야 한다. 이 절차를 잔여배분이라고 부른다.

잔여의석수(실수) = (비례대표 의석정수 - 연동배분 의석수의 합) ×득표비율

(식 2.4)

잔여배분은 (식 2.3)에 따라서 잔여배분할 의석수 20석에 득표비율을 곱해서 잔여의석(실수)를 구하고, 해밀턴 방법(정수부분 먼저 배정하고 의석이 남으면 소수점 이하 값이 큰 순서래도 1석씩 추가 배정)에 의하여 잔여배분을 구한다. 〈표 2.20〉에서는 우연히 잔여의석이 모두 정수로 나와서 그대로 잔여배분하면 된다.

연동배분 의석수만으로 비례대표 의석 정수를 초과하게 될 경우에는 잔여배분 절차를 할 수 없다. 이 때에는 연동배분 의석수를 의석 정수에 맞게 축소시키는 조정배분을 하여야 한다. 조정배분 절차는 전체 연동형 비례대표제에서 설명한 것과 동일하다(식 2.2).

〈표 2.19〉와 〈표 2.20〉을 비교해 보면 준연동형 비례대표제는 지역구에서 많은 당선자를 낸 정당에 유리하다. 그리고 준연동형 비례대표제는 연동형 비례대표제보다 의석비율과 득표비율 사이의 차이가 커진다는 것을 확인할 수 있다.

21대 국회의원 선거 결과

21대 국회의원 선거는 준연동형 비례대표제이지만, 연동의석을 30석으로 상한을 씌우고, 위성정당까지 출현하여 세상에서 가장 복잡한 선거가 되었다. 선거 결과는 〈표 2.21〉에 나와있다.

〈표 2.21〉에서 득표비율은 의석할당정당 내에서의 득표비율이다. 지역구에서 5석을 얻거나 정당투표(비례대표선거)에서 3% 이상을 얻어야 비례대표 의석을 배분받는 의석할당정당이 된다. 〈지역〉 열은 지역구 당선자 수를 의미한다. 〈연동(반올림)〉 열은 (식 2.3)에 의해서 구한 연동의석수(실수)를 반올림해서 구한 연동배분 의석수이다. 무소속이 5석 있으므로 대상의석수는 295석이 된다.

21대 국회의원 선거에서는 연동배분 의석수를 30석으로 제한하고 있다. 연동배분 의석수의 합계가 147석으로 30석을 넘으므로 147석을 30석으로 줄이는 조정배분 절차로 들어간다. 조정(실수)는 (식 2.2)에 의해서 구한 조정의석수(실수)이다. 조정(정수)는 이것을 해밀턴 방법에 따라 정수 의석으로 전환한 것

표 2.21 21대 국회의원 선거 결과(준연동제, 30석, 위성정당 허용)

정당	득표비율	지역	연동(반올림)	조정(실수)	조정(정수)	병립(실수)	병립(정수)	비례	의석계	의석비율
더불어시민당	37.44%	0	55	11.22	11	6.37	6	17	17	5.67%
더불어민주당		163	0			0.00		0	163	54.33%
미래한국당	37.98%	0	56	11.43	12	6.46	7	19	19	6.33%
미래통합당		84	0			0.00		0	84	28.00%
정의당	10.85%	1	16	3.27	3	1.85	2	5	6	2.00%
국민의당	7.63%	0	11	2.24	2	1.30	1	3	3	1.00%
열린민주당	6.09%	0	9	1.84	2	1.03	1	3	3	1.00%
무소속		5	0						5	1.67%
계		253	147	30.00	30	17.00	17	47	300	100.00%

이다. 이렇게 해서 30석을 연동배분하고 나면 비례대표 17석이 남는다. 17석의 배정은 잔여의석을 배정하는 절차와 동일하게, (식 2.4)를 가지고 계산한다. 이 값이 병립(실수) 열에 표시되어 있다. 병립(정수)는 이것을 해밀턴 방법에 따라 정수 의석으로 바꾼 것이다.

더불어민주당과 그 위성정당은 정당득표비율 37.44%를 획득하였고 의석 수 180석(= 163 + 7)을 배정받아 전체 의석의 60.00%를 차지하였다. 미래통합 당과 그 위성정당은 정당득표비율 37.89%를 획득하였고, 의석수 103석(= 84 + 19)을 배정받아서 전체 의석의 34.33%를 차지하였다. 정의당은 정당득표비율 10.85%를 획득하였지만 의석비율은 2.00%에 불과하였고, 열린민주당은 정당 득표비율 6.09%를 얻었지만 의석비율은 1.00%에 불과하였다.

전체적으로 보아서 정당 득표비율과 의석비율을 가능한 한 일치시키자는 (준)연동형 비례대표제의 목표는 달성되지 못하였다. 이와 같이 연동형 비례대 표제의 목표를 달성하지 못한 이유로서 거대 양당이 위성정당을 만들었기 때문 이라고 생각하지만, 위성정당이 비례성에 미친 영향은 그다지 크지 않다. 다음 과 같은 여러 가지 경우에 대한 시뮬레이션을 살펴보자.

21대 국회의원 선거 시뮬레이션

1) 시뮬레이션 1: 준연동제, 30석, 위성정당 금지

만약 거대 양당이 위성정당을 만들지 않았다면 선거 결과가 어떻게 되었을까? 더불어시민당이 얻은 정당득표를 더불어민주당이 얻은 것으로 간주하고, 미래 한국당이 얻은 정당득표를 미래통합당이 얻은 것으로 간주해서 의석수를 계산 하면 〈표 2.22〉와 같이 된다.

더불어민주당의 의석비율은 위성정당이 있었을 때 60.00%에서 56.33%로 3.65%p 줄어들지만 득표비율에 비교하여 여전히 과도한 결과이다. 위성정당을

표 2.22 21대 국회의원 선거 시뮬레이션(준연동제, 30석, 위성정당 금지)

정당	득표 비율	지역	연동 (반올림)	조정 (실수)	조정 (정수)	병립 (실수)	병립 (정수)	비례	의석계	의석비율
더불어 민주당	37.44%	163	0.00	0.00	0	6.37	6	6	169	56.33%
미래 통합당	37.98%	84	14.00	8.40	8	6.46	7	15	99	33.00%
정의당	10.85%	1	16.00	9.60	10	1.85	2	12	13	4.33%
국민의당	7.63%	0	11.00	6.60	7	1.30	1	8	8	2.67%
열린 민주당	6.09%	0	9.00	5.40	5	1.03	1	6	6	2.00%
무소속		5	0.00						5	1.67%
계	1	253	50.00	30.00	30	17.00	17	47	300	100.00%

만듦으로써 더불어민주당은 11석을 더 차지하였고, 미래통합당은 4석을 더 차지하였다. 미래통합당의 입장에서는 위성정당을 만든 것이 상대적으로 손해보는 장사였다고 할 수 있다. 그러나 그 효과는 생각했던 것만큼 크지는 않았다.

2) 시뮬레이션 2: 준연동제(50% 연동)과 연동제(100% 연동)

준연동제(50% 연동)와 연동제(100% 연동)의 차이는 어떠했을까? 〈표 2.23〉과 〈표 2.24〉는 30석 상한제 없이 47석을 비례대표 의석정수로 하고 위성정당을 만들지 않았을 때, 준연동제와 연동제의 배정 결과를 보여준다.

우연하게도 준연동제나 연동제는 더불어민주당과 미래통합당이나 정의당의 의석수에 변화를 가져오지 않는다. 국민의당 의석이 1석 늘어나고 열린민주당 의석이 1석 줄어들 뿐이다. 두 제도 하에서 더불어민주당의 의석비율을 54.33%로 30석 상한제가 있는 〈표 2.22〉의 경우보다 약간 줄어들지만, 그 효과는 크지 않다.

표 2.23 21대 국회의원 선거 시뮬레이션(준연동제, 47석, 위성정당 금지)

정당	득표비율	지역	연동(반올림)	조정(실수)	조정(정수)	비례	의석계	의석비율
더불어민주당	37.44%	163	0.00	0.00	0	0	163	54.33%
미래통합당	37.98%	84	14.00	13.16	13	13	97	32.33%
정의당	10.85%	1	16.00	15.04	15	15	16	5.33%
국민의당	7.63%	0	11.00	10.34	10	10	10	3.33%
열린민주당	6.09%	0	9.00	8.46	9	9	9	3.00%
무소속		5	0.00				5	1.67%
계	1	253	50.00	47.00	47	47	300	100.00%

표 2.24 21대 국회의원 선거 시뮬레이션(연동제, 47석, 위성정당 금지)

정당	득표비율	지역	연동(반올림)	조정(실수)	조정(정수)	비례	의석계	의석비율
더불어민주당	37.44%	163	0.00	0.00	0	0	163	54.33%
미래통합당	37.98%	84	28.00	13.16	13	13	97	32.33%
정의당	10.85%	1	31.00	14.57	15	15	16	5.33%
국민의당	7.63%	0	23.00	10.81	11	11	11	3.67%
열린민주당	6.09%	0	18.00	8.46	8	8	8	2.67%
무소속		5	0.00				5	1.67%
계	1	253	100.00	47.00	47	47	300	100.00%

3) 시뮬레이션 3: 비례대표의석 확대

새로운 선거제도가 정당의 득표비율과 의석비율 사이의 괴리를 좁히지 못한 가장 큰 이유는 비례대표의석 정수가 너무 작았기 때문이다. 이것은 비례대표 의석을 늘려가는 시뮬레이션을 통하여 확인할 수 있다.

〈표 2.25〉는 비례대표 의석을 107석(전체 의석 360석)으로 하고 전체 연동제를 실시할 때의 결과이다. 더불어민주당의 의석비율은 45.28%가 되고 미래

통합당의 의석비율은 34.44%가 된다. 비례대표 의석이 107석 정도로 늘어나더라도 비례성은 획기적으로 높아진다는 것을 알 수 있다.

〈표 2.26〉은 비례대표 의석을 247석으로 지역구 의석과 비슷한 규모로 하고 전체 연동제를 실시하였을 때의 결과이다.[24] 더불어민주당과 미래통합당

표 2.25 21대 국회의원 선거 시뮬레이션(연동제, 비례 107석, 전체 360석)

정당	득표 비율	지역	연동 (반올림)	조정 (실수)	조정 (정수)	비례	의석계	의석비율
더불어 민주당	37.44%	163	0.00	0.00	0	0	163	45.28%
미래 통합당	37.98%	84	51.00	39.54	40	40	124	34.44%
정의당	10.85%	1	38.00	29.46	29	29	30	8.33%
국민의당	7.63%	0	27.00	20.93	21	21	21	5.83%
열린 민주당	6.09%	0	22.00	17.06	17	17	17	4.72%
무소속		5	0.00	0.00			5	1.39%
계	1	253	138.00	107.00	107	107	360	1

표 2.26 21대 국회의원 선거 시뮬레이션(연동제, 비례 247석, 전체 500석)

정당	득표 비율	지역	연동 (반올림)	비례	의석계	의석비율
더불어민주당	37.44%	163	22.00	22	185	37.00%
미래통합당	37.98%	84	104.00	104	188	37.60%
정의당	10.85%	1	53.00	53	54	10.80%
국민의당	7.63%	0	38.00	38	38	7.60%
열린민주당	6.09%	0	30.00	30	30	6.00%
무소속		5	0.00	0	5	1.00%
계	1	253	247.00	247	500	1

---

24 이 책에서 연동제라고 서술한 것은 전체 연동제를 의미한다. 맥락에 따라서 강조해야 할 필요가 있는 경우에는 전체 연동제라고도 서술하였다.

의 의석비율은 득표비율과 거의 일치하게 된다. 연동배분만으로 전체의석이 다 배분되어 조정 절차에 들어갈 필요도 없어진다.

이와 같이 연동형 비례대표제에서는 비례대표 의석을 충분히 늘리는 것이 득표비율과 의석비율 사이의 비례성을 높이는 데 가장 중요하다는 것을 알 수 있다. 현행 선거법은 비례대표의석을 47석으로 정하고 있는데, 이것은 비례성을 확보하기에는 불충분한 규모이다.

4) 시뮬레이션 4: 의석수 확대와 위성정당 허용

현행 선거제도 하에서 위성정당이 비례성에 미치는 영향은 크지 않았다. 그러나 위성정당을 허용하는 것은 잘못이다. 다음의 시뮬레이션에서 확인할 수 있듯이, 비례대표 의석의 크기가 늘어나면 위성정당이 비례성에 미치는 영향이 매우 커지기 때문이다.

전체 의석수를 500석으로 하고 전체 연동제를 실시한다고 할지라도 위성정당을 허용하면 득표비율과 의석비율 사이에 괴리가 상당히 커지게 된다. 〈표 2.26〉에서 위성정당을 금지할 때에는 더불어민주당의 의석비율이 37.00%였는데, 아래의 표에서 더불어민주당과 더불어시민당을 합친 의석비율은 51.20%

표 2.27 21대 국회의원 선거 시뮬레이션(연동제, 500석, 위성정당 허용)

정당	득표비율	지역	연동(반올림)	비례	의석계	의석비율
더불어시민당	37.44%	0	93	93	93	18.60%
더불어민주당		163	0	0	163	32.60%
미래한국당	37.98%	0	94	94	94	18.80%
미래통합당		84	0	0	84	16.80%
정의당	10.85%	1	26	26	27	5.40%
국민의당	7.63%	0	19	19	19	3.80%
열린민주당	6.09%	0	15	15	15	3.00%
무소속		5	0	0	5	1.00%
계		253	247	247	500	1

가 된다. 비례대표 의석수가 작을 때에는 위성정당이 미치는 효과가 작지만, 비례대표 의석수가 클 때에는 효과가 크다는 것을 확인할 수 있다.

21대 국회의원 선거 시뮬레이션 결과 종합

1) 21대 국회의원 선거법은 준연동형 비례대표제를 채택하였다. 그러나 연동의석수를 30석으로 제한하고 위성정당을 허용함으로써 정당의 득표비율과 의석비율 사이의 괴리를 줄이는 데에는 실패하였다.

2) 위성정당의 허용이 득표비율과 의석비율 사이의 괴리에 미친 영향은 크지 않았다.

3) 준연동제와 연동제의 차이도 거의 없다. 우연하게도, 둘 중에 어떤 것을 채택하든 거대 양당의 의석수에 변화가 없었다. 연동시키는 의석의 비율(비례대표 의석의 50%를 연동시키냐 100%를 연동시키냐)이 중요한 것이 아니라 연동시키는 의석의 수(몇 석을 연동시키냐)가 중요하다.

4) 득표비율과 의석비율 사이의 괴리를 일으킨 가장 큰 요인은 비례대표 의석수를 47석으로 너무 작게 잡은 것이었다.[25] 비례대표 의석수를

25　관찰자의 평가이지만, 20대 국회에서의 선거법 협상에서 가장 안타까운 점은 총의석수를 300 석으로 하자고 협상 초기에 합의한 것이다. 사실상 이것으로 선거법 협상은 끝났다고 해도 과 언이 아니다. 300석으로 하면서 지역구를 225석으로 줄여서 비례대표를 75석으로 늘리겠다는 약속은 신뢰성 없는 약속이었다. 총선이 임박해서 거대 정당이 지역구 의원들의 압력으로 지역 구 의석을 225석에서 253석으로 늘릴 수밖에 없다고 했을 때, 다른 정당들은 거대 정당의 입장 을 그대로 수용하였다. 이것도 매우 아쉬운 점이다. 그 때 다른 정당들은 지역구를 253석으로 늘리는 대신에 전체 의석도 330석으로 늘리자고 다시 제안했어야 했다. 애초에 합의할 때 "비 례 75석을 전제로 해서 300석으로 합의하는 것이며 만약 지역구 의원들의 압력으로 지역구 의 석을 늘리게 되면 전체 의석도 함께 늘린다"라고 명확하게 합의했어야 한다. 의석수 늘리는 것 에 반대하는 여론이 많다는 것은 의석수를 늘리지 않으려는 구실에 불과하다. 국민 여론을 핑 계로 대는 것은 협상의 기술의 하나이다. 국민 여론을 핑계로 대면 공론조사로 맞대응할 수 있

107석으로 늘리면 득표비율과 의석비율 사이의 괴리는 상당히 개선된
다. 비례대표 의석수를 지역구 의석수와 비슷한 규모(147석)으로 늘리
면 득표비율과 의석비율은 거의 일치한다.

5) 비례대표 의석수를 늘리면 위성정당이 선거결과에 미치는 영향이 커
진다.

6) 이상을 종합하면, 향후 연동형 비례제 선거법 개정의 방향은 비례대표
의석을 대폭 늘리면서 위성정당을 금지하는 것이 되어야 한다.

제5절 샤플리-슈빅 지수, 정당의 정치력

샤플리-슈빅 지수

선거 결과 의석이 정해졌을 때, 각 정당이 갖는 정치력을 하나의 지수로 표현할
수 있을까? 샤플리와 슈빅은 의회에서 법률을 통과시킬 수 있는 능력에 기초해
서 정치력 지수를 만들었다(Shapley and Shubik, 1954).[26]

협조게임이론(cooperative game theory)의 개념 몇 가지를 소개하자. 어
떤 정당연합의 보수를 입법이 가능하면 1, 입법이 불가능하면 0이라고 정의한
다. 연합(coalition)의 보수(payoff)가 0 아니면 1인 협조게임을 투표 게임(voting
game), 또는 단순게임(simple game)이라고 부른다.

투표게임에서 보수가 1인 연합을 승리연합(winning coalititon)이라고 부르
고, 보수가 0인 연합을 패배연합(losing coalition)이라고 부른다. 최소승리연합

다. 충분한 정보가 주어진 공론 조사를 실시했다면 의석수를 늘리자는 의견이 훨씬 많았을 것
이다.

26 샤플리(Lloyd Shapley)는 2012년 노벨 경제학상을 받았다.

(minimal winning coalition)이란 연합의 구성원 중에서 어떤 하나(이상)의 정당이라도 탈퇴하면 패배연합이 되는 승리연합을 말한다.

어떤 정당이 존재해서, 그 정당이 포함된 모든 연합이 승리연합이 되고, 그 정당이 배제된 모든 연합이 패배연합이 된다면, 그 정당을 독재자(dictator)라고 정의한다. 독재자는 단독으로도 승리연합이 된다. 모든 승리연합에 포함되는 정당을 거부권 경기자(veto player)라고 정의한다. 독재자는 거부권 경기자이지만, 거부권 경기자가 반드시 독재자인 것은 아니다.

어떤 정당이 포함된 승리연합에서 그 정당이 탈퇴하면 패배연합이 될 때 그 정당을 그 연합에서 기축 경기자(pivot player)라고 정의한다. 어떤 연합에서도 승리에 기여하지 못하는 정당(기축 경기자가 되지 못하는 정당)을 무능 경기자(null player)라고 정의한다.[27]

섀플리-슈빅 지수(Shapley-Shubik index)는 정당들이 무작위로 순서 연합(sequential coalition)을 만든다고 가정한다. 순서 연합이란 각 정당들이 하나씩 순서대로 참여하는 연합을 의미한다. 예를 들어 ⟨1, 2, 3⟩ 연합에서는 먼저 정당 1이 참여하고, 두번째로 정당 2가 참여하고, 세번째로 정당 3이 참여한다. 순서 연합에서 기축 경기자란 자기가 참여하기 전에는 패배연합이었다가 자기가 참여함으로써 비로소 승리연합이 되는 경기자를 말한다. 섀플리-슈빅 지수는 어떤 정당이 기축경기자가 되는 순서연합의 수를 모든 순서연합의 수로 나눈 값을 의미한다. 즉, 어떤 경기자가 기축 경기자가 될 확률을 의미한다.

가장 간단한 경우의 예로서 세 개의 정당의 의석수가 다음과 같고, 입법을 위해서는 151석이 필요하다고 가정한다. 과반수가 넘어서 입법할 수 있는 연합을 승리연합이라고 정의한다.

---

27 여기서 독재라는 용어는 도덕적으로 중립적인 게임이론의 용어로서, 혼자서도 입법할 수 있으면서 그 경기자 없이는 입법할 수 없다는 의미이지 민주주의를 탄압하는 사람이라는 의미는 아니다.

표 2.28 섀플리-슈빅 지수의 계산

정당	의석	섀플리 지수
새누리당	122	0.33
더불어민주당	123	0.33
국민의당	38	0.33

무작위 순서로 연합을 만든다고 할 때 가능한 모든 순서 연합의 수는 다음의 6가지(3! = 6)이다.

〈새누리당, 더불어민주당, 국민의당〉
〈새누리당, 국민의당, 더불어민주당〉
〈더불어민주당, 새누리당, 국민의당〉
〈더불어민주당, 국민의당, 새누리당〉
〈국민의당, 새누리당, 더불어민주당〉
〈국민의당, 더불어민주당, 새누리당〉

모든 순서 연합에서 첫번째 당만으로는 승리연합(과반수)이 될 수 없고, 두번째 당이 참가할 때 승리연합이 된다. 항상 두번째 정당이 기축경기자가 된다. 6개의 순서연합 중에서 새누리당, 국민의당, 더불어민주당 모두 2번씩 기축경기자가 된다. 세 정당의 섀플리-슈빅 지수는 모두 $\frac{2}{6}$ = $\frac{1}{3}$ 이다.

〈**표 2.29**〉에서 확인할 수 있듯이, 19대 국회의원 선거에서 새누리당은 42.80%의 정당 득표율로 152석의 의석을 차지하였다.[28] 입법이 과반수의 찬성(151석)으로 이루어진다고 가정할 때, 새누리당은 단독으로 입법할 수 있고, 새누리당이 빠지면 입법할 수 없는 독재자의 지위를 갖게 되었다. 이 경우 새누리

28　여기서 정당 득표율은 해당 정당의 득표수를 전체 정당의 득표수로 나눈 비율을 의미한다. 앞에서 설명한 선거법에서 연동배분 의석을 정할 때에는 해당 정당의 득표수를 전체 의석할당정당 득표수로 나눈 비율을 사용한다는 데 의해야 한다.

당의 섀플리-슈빅 지수는 1이 되고 나머지 정당들의 섀플리-슈빅 지수는 모두 0이 된다. 일반적으로 독재자의 섀플리-슈빅 지수는 1이고 무능 경기자의 섀플리-슈빅 지수는 0이다.

표 2.29 19대 국회의원 선거 결과

정당	득표율	의석계	의석비율	섀플리 지수
새누리당	42.80%	152	50.67%	1
민주통합당	36.45%	127	42.33%	0
자유선진당	3.23%	5	1.67%	0
통합진보당	10.30%	13	4.33%	0
무소속		3	1.00%	0
전체		300		

〈표 2.30〉을 보면, 새누리당은 33.50%의 정당 득표율(전체 유효투표에 대한 비율)을 가지고 122석을 얻었고, 더불어민주당은 25.54%의 득표율을 가지고 123석을 얻었으며, 국민의당은 26.74%의 득표율을 가지고 36석을 얻었다. 정의당은 6석, 무소속은 11석이다. 다음과 같은 사실들을 확인하여 보자.

표 2.30 20대 국회의원 선거 결과

정당	득표율	의석계	의석비율	섀플리 지수
새누리당	33.50%	122	40.67%	0.33
더불어민주당	25.54%	123	41.00%	0.33
국민의당	26.74%	38	12.67%	0.33
정의당	7.23%	6	2.00%	0
무소속		11	3.67%	0
전체		300		

① 새누리당, 더불어민주당, 국민의당 중 어떤 당도 단독으로 법안을 통과시킬 수 없다.

② 새누리당, 더불어민주당, 국민의당 중 어떤 2당이 연합하면 법안을 통

과시킬 수 있다.

③ 새누리당, 더불어민주당, 국민의당 중 어떤 한 당이 정의당 및 무소속과 합의하더라도 법안을 통과시킬 수 없다.

④ 정의당과 무소속 11명은 한 번도 기축 경기자가 되지 못한다.

정의당과 무소속의 섀플리-슈빅 지수는 0이 되어야 한다. 새누리당, 더불어민주당, 국민의당 세 당이 기축 경기자가 될 확률은 동일하므로, 세 당의 섀플리-슈빅 지수는 동일해야 한다. 결국 새누리당, 더불어민주당, 국민의당 세 당의 섀플리-슈빅 지수는 각각 $\frac{1}{3}$이 되어야 한다. 123석의 더불어민주당이나 38석의 국민의당이나 섀플리-슈빅 지수는 동일하다. 20대 국회의원 선거 결과는 세 당의 정치력이 동일한 상태이다.

섀플리-슈빅 지수 시뮬레이션: 17대~21대 국회의원 선거

여기서는 정당투표가 실시된 17대 국회의원 선거부터 21대 국회의원 선거까지 300석 준연동제, 360석 연동제, 500석 연동제를 적용했을 때의 섀플리-슈빅 지수의 변화를 살펴보려고 한다.

300석 준연동제는 현행 선거법에 규정된 제도이다. 500석 연동제는 지역구 253석과 비례대표 247석으로 거의 1대1로 구성되어 득표비율과 의석비율을 거의 일치시킬 수 있는 가장 이상적인 제도이다. 360석 연동제는 전체 의석을 60석만 증가시키므로 현실적인 목표로 삼을 수 있는 제도라고 생각한다. 준연동제와 전체연동제의 차이보다 연동의석 수의 차이가 중요하므로 360석과 500석인 경우에 대해서는 전체 연동제만 시뮬레이션하였다.

선거 때마다 지역구 의석이 조금씩 달라져 왔는데, 시뮬레이션에서는 비교를 쉽게 하기 위하여 지역구 의석을 253석으로 통일하였다. 300석 준연동제는 비례의석이 47석이고, 연동의석의 50%만 연동배분한다. 360석 연동제와 500석 연동제는 비례의석이 각각 107석, 247석이고 연동의석 전체를 연동배분한다. 지역구 당선자수의 합계가 253석에 미달하는 경우에는 당선자수를 비례적으로 늘려서 당선자수의 합계가 253석이 되도록 하였다. 현행 선거법대로 연동배분은 반올림하여 정수로 만들었고, 잔여배분과 조정배분은 해밀턴 방법으로 정수로 만들었다.

〈표 2.31〉에는 21대 국회의원 선거에 세 가지 선거제도를 적용했을 때 나온 의석수를 가지고 섀플리-슈빅 지수를 계산한 결과가 나와 있다.[29]

표 2.31 21대 국회의원 선거에 여러 가지 선거제도를 적용한 결과

21대 선거 결과			300석 준연동제		360석 연동제		500석 연동제	
정당	의석계	섀플리	의석계	섀플리	의석계	섀플리	의석계	섀플리
더불어민주당	180	1.00	163	1.000	163	0.589	185	0.300
미래통합당	103	0.00	97	0.000	124	0.103	188	0.300
정의당	6	0.00	16	0.000	30	0.103	54	0.133
국민의당	3	0.00	10	0.000	21	0.103	38	0.133
열린민주당	3	0.00	9	0.000	17	0.089	30	0.133
무소속	5	0.00	5	0.000	5	0.003	5	0.000
계	300		300		360		500	

21대 선거 결과 더불어민주당(더불어시민당 포함)은 180석으로 제1당이 되었다. 과반수를 승리연합으로 보고 섀플리-슈빅 지수를 계산해 보면 더불어민주당의 지수는 1이되고 나머지 정당들은 모두 0이 된다. 300석 준연동제(30석 상한 없음)를 적용하면 더불어민주당의 의석이 17석 줄어들지만 섀플리-슈빅 지

---

29 섀플리-슈빅 지수의 계산은 R의 "GameTheory" 패키지를 활용할 수 있다. 그러나 이 패키지는 18대 선거와 같이 무소속이 너무 많은 경우에는 한정된 시간 내에 해를 산출하지 못하였으므로 필자가 직접 프로그램을 작성하였다.(시뮬레이션에 사용된 R 코드는 요청하면 제공해 드릴 것이다.) 표에서 무소속의 섀플리-슈빅 지수는 무소속 1인의 섀플리-슈빅 지수를 나타낸다.

수는 변하지 않는다. 360석 연동제를 적용하면 미래통합당의 섀플리-슈빅 지수가 0.103으로 증가한다. 500석 연동제를 적용하면 미래통합당이 제1당이 되고, 섀플리-슈빅 지수는 더불어민주당과 동등하게 0.300으로 된다.

표 2.32 20대 국회의원 선거에 여러 가지 선거제도를 적용한 결과

20대 선거 결과			300석 준연동제		360석 연동제		500석 연동제	
정당	의석계	섀플리	의석계	섀플리	의석계	섀플리	의석계	섀플리
새누리당	122	0.33	108.00	0.33	124	0.33	176	0.33
더불어민주당	123	0.33	112.00	0.33	110	0.33	134	0.33
국민의당	38	0.33	56.00	0.33	91	0.33	141	0.33
정의당	6	0.00	13.00	0.00	24	0.00	38	0.00
무소속	11	0.00	11.00	0.00	11	0.00	11	0.00
전체	300		300		360		500	

20대 선거는 독특하다. 더불어민주당은 세 당 중에 가장 작은 득표율(25.54%, 〈표 2.30〉 참조)로 가장 많은 의석(123석)을 얻었으므로, 비례성이 높은 선거제도를 적용할수록 의석이 상대적으로 줄어들게 되어있다. 구체적으로 300석 준연동제를 적용하면 123석에서 112석으로 줄어든다. 360석 연동제를 적용했는데도 110석으로 줄어든다.

그러나 더불어민주당은 의석이 줄어들더라도 의회 정치력에서는 아무런 변동이 없다. 4가지 제도 하에서 섀플리-슈빅 지수는 신기하게 모두 동일하다. 더불어민주당 의석도 상대적으로 줄어들지만 새누리당도 마찬가지이다. 국민의당 의석이 늘지만 힘의 관계가 변할 정도는 아니다. 어떤 제도를 적용하더라도 균형은 그대로 유지된다. 20대 국회의원 선거에 새로운 선거제도를 적용하더라도 더불어민주당은 의회 정치력에서 아무런 손해를 보지 않는다.

19대 국회의원 선거는 새누리당이 과반수 의석을 차지한 선거이다. 새누리당은 42.80%의 득표율로 153석을 차지하였다. 여기에 여러 가지 선거제도를 적용한 결과는 다음과 같다.

표 2.33 19대 국회의원 선거에 여러 가지 선거제도를 적용한 결과

19대 선거 결과			300석 준연동제		360석 연동제		500석 전체연동제	
정당	의석계	섀플리	의석계	섀플리	의석계	섀플리	의석계	섀플리
새누리당	152	1.00	145	0.50	165	0.343	230	0.343
민주통합당	127	0.00	122	0.17	140	0.310	195	0.310
자유선진당	5	0.00	8	0.17	12	0.010	17	0.010
통합진보당	13	0.00	22	0.17	40	0.310	55	0.310
무소속	3	0.00	3	0.00	3	0.010	3	0.010
전체	300		300		360		500	

19대 선거에서 새누리당은 42.80%의 득표율로 152석의 과반수 의석을 차지하여 섀플리-슈빅 지수는 1이었다. 300석 준연동제를 적용하면 새누리당의 의석은 145석으로 줄어들고 독재자의 지위를 상실하고, 섀플리-슈빅 지수는 0.50이다. 360석 전체연동제를 적용하면 섀플리-슈빅 지수는 0.343으로 더욱 하락한다. 500석 전체 연동제를 적용하더라도 섀플리-슈빅 지수에는 변화가 없다.

민주통합당의 경우는 [기존의 제도 ⇒ 300석 준연동제 ⇒ 360석 전체연동제 ⇒ 500석 전체연동제]로 변함에 따라 의석 수는 [127석 ⇒ 122석 ⇒ 140석 ⇒ 195석]으로 변하면서 섀플리-슈빅 지수는 [0.00 ⇒ 0.17 ⇒ 0.31 ⇒ 0.31]로 변한다. 300석 준영동제의 경우에도 민주통합당 의석 수가 줄어드는 것 이상으로 새누리당의 의석 수가 줄어들기 때문에 의회에서의 정치력은 더 커진다. 통합진보당은 13석에 불과하지만 섀플리-슈빅 지수는 [0 ⇒ 0.17 ⇒ 0.31 ⇒ 0.31]로 민주당과 동일하게 증가한다.

민주통합당과 통합진보당이 범진보연합을 만들고 새누리당과 자유선진당이 범보수연합을 만든다고 생각해 보자. 여러 정당의 정치 이념을 고려해 보면 이 두 가지가 가능한 2개의 연합일 것이다. 범진보 연합은 기존 선거법을 적용하면 섀플리-슈빅 지수가 0이 된다. 아무런 정치력을 가질 수 없다. 범보수연합은 독재자의 지위를 가진다. 300석 준연동제를 적용하면 범진보연합은 144

석이 되고, 범보수연합은 153석이 된다. 새누리당 하나의 정당으로서는 독재자의 지위를 잃지만 범보수연합은 여전히 독재자의 지위를 가진다. 360석 전체연동제를 적용하면 범진보연합은 180석이 되고, 범보수연합은 177석이 된다. 범진보연합의 동의를 받지 않고서는 입법이 불가능해진다. 이러한 경우를 거부권경기자라고 부른다.

새누리당 1당에게 독재자 지위를 부여했던 선거에 360석 연동제를 적용하면 범진보연합이 거부권 경기자의 지위를 얻게 되는 것이다. 상전벽해라고 하지 않을 수 없다. 아니 반대로 말해야 한다. 비례적인 선거제도였다면 범진보연합이 거부권 경기자의 지위를 획득할 수 있었던 선거에서, 불평등한 선거제도 때문에 새누리당 1당에게 독재자의 지위를 부여한 것이다.

18대 국회의원 선거는 한나라당이 37.48%의 득표율로 153석 과반수 의석을 차지한 선거이다. 여기에 여러 가지 선거제도를 적용한 결과는 다음과 같다.

표 2.34 18대 국회의원 선거에 여러 가지 선거제도를 적용한 결과

18대 선거 결과			300석 준연동제		360석 전체연동제		500석 전체연동제	
정당	의석계	섀플리	의석계	섀플리	의석계	섀플리	의석계	섀플리
통합민주당	81	0.00	74	0.051	91	0.173	129	0.170
한나라당	153	1.00	140	0.671	135	0.447	193	0.456
자유선진당	18	0.00	19	0.051	25	0.068	35	0.070
민주노동당	5	0.00	10	0.050	21	0.052	29	0.056
창조한국당	3	0.00	6	0.030	14	0.045	20	0.055
친박연대	14	0.00	25	0.051	48	0.173	68	0.170
무소속	25	0.00	26	0.004	26	0.002	26	0.001
전체	299		300	1.00	360	1.00	500	

한나라당 하나의 정당이 독재자의 지위를 차지하였다. 300석 준연동제를 적용하면 한나라당은 독재자의 지위를 상실하면서 섀플리-슈빅 지수는 0.671로 하락한다. 360석 연동제를 적용하면 섀플리-슈빅 지수는 0.447로 더욱 하락한다. 한나라당과 친박연대가 범보수연합을 만든다고 가정하면, 범보수연합은

네 가지 선거제도 아래에서 모두 독재자의 지위를 유지한다.

18대 선거 결과 통합민주당의 섀플리-슈빅 지수는 0이었다. 300석 준연동제와 360석 연동제, 500석 연동제를 적용하면 통합민주당의 섀플리-슈빅 지수는 [0.00 ⇒ 0.051 ⇒ 0.173 ⇒ 0.170]으로 변한다.

17대 국회의원 선거는 열린우리당이 38.30%, 152석으로 과반수 의석을 차지한 선거이다. 여기에 3가지 선거제도를 적용한 결과는 다음과 같다.

[기존 선거제도 ⇒ 300석 준연동제 ⇒ 360석 연동제 ⇒ 500석 전체연동제]로 바뀜에 따라 열린우리당의 의석은 [152석 ⇒ 141석 ⇒ 141석 ⇒ 195석]으로 바뀐다. 의회 정치력(섀플리-슈빅 지수)은 [1.00 ⇒ 0.504 ⇒ 0.352 ⇒ 0.339]로 낮아진다. 열린우리당은 기존의 선거제도에서는 독재자의 지위를 얻었지만 새로운 선거제도를 적용하면 독재자의 지위를 상실한다. 그 대신, 열린우리당과 민주노동당의 연합을 범진보연합이라고 볼 때, 범진보연합은 위에 나온 모든 선거제도 하에서 독재자 지위를 얻는다.

표 2.35 17대 국회의원 선거에 여러 가지 선거제도를 적용한 결과

17대 선거 결과			300석 준연동제		360석 연동제		500석 연동제	
정당	의석계	섀플리	의석계	섀플리	의석계	섀플리	의석계	섀플리
한나라당	121	0.00	113	0.161	131	0.286	183	0.315
새천년민주당	9	0.00	14	0.161	26	0.019	36	0.006
열린우리당	152	1.00	141	0.504	141	0.352	195	0.339
자유민수연합	4	0.00	6	0.004	10	0.019	14	0.006
국민통합21	1	0.00	1	0.004	2	0.019	3	0.006
민주노동당	10	0.00	23	0.161	48	0.286	67	0.315
무소속	2	0.00	2	0.004	2	0.010	2	0.006
전체	299		300		360		500	

시뮬레이션 종합

선거제도에 따른 여기서는 두 개의 큰 정당과 그 연합의 정치력의 변화를 살펴보려고 한다. 21대 더불어민주당과 그 전신에 해당되는 정당을 민주당이라고 부르고, 21대 미래통합당과 그 전신에 해당되는 정당들을 통합당이라고 부른다. 범진보연합과 범보수연합을 다음과 같이 정의한다.

> **범진보연합**: 21대에서 더불어민주당과 정의당과 열린민주당의 연합, 20대에서 더불어민주당과 정의당의 연합, 19대에서 민주통합당과 통합진보당의 연합, 18대에서 통합민주당과 민주노동당의 연합, 17대에서 열린우리당과 민주노동당의 연합
>
> **범보수연합**: 21대에서 미래통합당과 국민의당의 연합, 20대에서 새누리당(단독),[30] 19대에서 새누리당과 자유선진당, 18대에서 한나라당과 친박연대, 17대에서 한나라당과 자민련의 연합

정당의 섀플리-슈빅 지수(또는 정당연합의 섀플리-슈빅 지수의 합)가 1일 때를 독재라고 부르고 0일 때를 무능이라고 한다. 섀플리-슈빅 지수가 상대 정당(정당연합)보다 클 때는 우월, 작을 때는 열등, 같을 때는 대등이라고 한다, 거부권 경기자는 강우월이라고 하고, 상대방이 거부권 경기자이면 강열등이라고 한다. 정치력의 순서는 독재 〉강우월 〉우월 〉대등 〉열등 〉강열등 〉무능 이다. 이 7가지 경우에 각각 10, 7, 6, 5, 4, 3, 0점을 부여하기로 한다.

〈표 2.36〉에는 여러 가지 선거제도 하에서 두 개의 정당과 정당연합 사이에 정치력 변화가 표시되어 있다. 표에서 〈기존〉은 해당 시기의 실제의 선거결과(17대부터 20대까지는 병립형 선거제도, 21대는 30석 상한이 있는 준연동제)를 의미한

---

30 여기서는 20대 국민의당을 범진보연합이나 범보수연합에 속하지 않는 것으로 간주하였다.

다. 〈준연동〉은 30석 상한이 없는 비례 47석 전체 의석 300석의 준연동제를 의미하고, 〈연동〉은 비례 107석 전체 의석 360석의 연동제를 의미한다.

표 2.36 선거제에 따른 양대 정당 또는 양대 연합의 정치력 변화[31]

선거제	17대			18대			19대			20대			21대		
	기존	준연동	연동	기존	준연동	연동	기존	준연동	연동	기존	준연동	연동	기존	준연동	연동
민주당	10	6	6	0	4	4	0	4	4	5	5	5	10	10	6
통합당	0	4	4	10	6	6	10	6	6	5	5	5	0	0	4
범진보	10	10	10	0	0	0	0	0	10	5	5	5	10	10	10
범보수	0	0	0	10	10	10	10	10	0	5	5	5	0	0	0

기존 선거제도 하에서는 정당을 기준으로 할 때 5번의 선거에서 4번의 선거에서 독재가 나타났다. 민주당이 2번 독재를 하였고, 통합당이 2번 독재를 하였다. 대등한 정치력을 갖게 된 것은 20대가 유일하다. 정당연합을 기준으로 할 때도 마찬가지이다.

이와 같이 기존의 선거제도는 압도적으로 다수의 선거에서 1당 독재를 만들어낸다. 배제의 정치가 불가피하다. 의회 정치력이 0이 된 정당들은 의회를 점거하거나 길거리로 나서는 극한 투쟁밖에 할 것이 없다.

300석 준연동제의 경우에는 하나의 정당이 독재하는 경우는 21대 1번만 발생한다. 다른 모든 경우에 정당 연합이 불가피하다. 합의의 정치가 가능할 수 있는 바탕이 생기는 것이다. 그러나 정치 지도력을 발휘하지 못할 만큼 혼란스러운 결과는 아니다. 20대를 제외하고는 어느 한 쪽의 연합이나 독재를 할 수 있고, 20대의 경우에도 중도 정당과 합의하면 의사결정이 가능하다.

19대 선거가 가장 극적이다. 기존 선거제도에서는 통합당이 독재이다. 300석 준연동제를 하면 범보수가 독재이다. 그러나 360석 연동제를 하면 범진보가

---

31 〈표 2.23〉에서 확인할 수 있듯이 기존의 선거제도에서, 준연동은 300석 준연동제, 전연동은 300석 전체연동제를 의미한다.

독재가 된다. 이것은 〈표 2.33〉에서 300석 준연동제 하에서는 범진보연합의 두 정당의 섀플리-슈빅 지수의 합이 0.34로서 0.5 미만이지만, 360석 연동제나 500석 연동제 하에서는 0.62가 되어 0.5를 넘는 다는 것으로부터도 확인할 수 있다.

5번의 선거에서 두 정당과 정당연합의 점수의 합계와 편차를 비교해 보면 〈표 2.37〉과 같다.[32]

표 2.37 정치력의 합계와 편차

선거제	합계			편차		
	기존	준연동	연동	기존	준연동	연동
민주당	25	29	25	5	2.5	1
통합당	25	21	25	5	2.5	1
범진보	25	25	35	5	5	4.5
범보수	25	25	15	5	5	4.5

기존의 제도에서는 민주당과 통합당이 동일하게 25점을 얻는다. 준연동제에서는 민주당이 29점 통합당이 21점을 얻는다. 이것은 21대 선거에서 민주당이 압도적 다수 의석을 획득하였기 때문에 생긴 현상이다. 연동제에서는 민주당과 통합당이 동일하게 25점을 얻는다. 전체적으로 보아서 민주당이나 통합당의 입장에서는 360석 연동제로 바꾸더라고 정치력의 변화는 거의 생기지 않는다.

민주당이나 통합의 입장에서 360석 연동제가 바람직할 수 있는 이유는 정치력 편차의 감소이다. 기존 제도의 표준편차는 5인데, 준연동제에서는 2.5이고 연동제에서는 1이다. 기존 제도에서는 대부분 0아니면 10인데, 연동제에서는 대부분 4 아니면 6이다. 기존의 선거제도 하에서 민주당과 통합당은 천국과 지옥을 오간다. 비례성을 높이는 연동제를 채택하면 훨씬 안정정인 정치를 할

---

32 이 표에서 편차란 정치력 점수의 표준편차를 의미한다. 표준편차를 구할 때에는 R에서 디폴트로 제공하는 표본의 표준편차 공식을 사용하였다.

수 있다.

　관점을 넓혀서 민주당을 포함하는 범진보 연합의 시각에서 보자. 기존의 선거제도에서 범진보와 범보수는 동일하게 25점이다. 준연동제에서도 동일하다. 그러나 360석 연동제는 범진보가 35점이고 범보수가 15점으로 범진보에게 확실하게 유리하다.

　범보수나 범진보의 정치력 편차는 기존의 제도나 준연동제에서는 동일하게 5이지만, 연동제에서는 4.5로 감소한다. 범진보나 범보수는 연동제에서 다소 안정적인 정치를 할 수 있다.

제6절 바람직한 선거법 개정 방향

360석 전체 연동제로

앞 절들의 분석으로부터 바람직한 선거법 개정 방향은 분명히 드러났다. 연동형 비례대표제는 비례대표 의석을 늘리지 않으면 비례성이 거의 높아지지 않는다. 전체의석을 500석(비례대표 247석)으로 늘리는 것이 바람직하지만 최소한 360석(비례대표 107석)까지는 늘려야 한다.

　현행 선거법이 300석 준연동제로 개정된 것은 전체연동제를 부담스러워하는 더불어민주당 때문인 것으로 알려져 있다. "아무리 돌아가신 노무현 대통령의 꿈이라지만, 준연동제도 큰 양보를 한 것이다. 전체연동제까지 한꺼번에 가는 것은 너무 급격한 개혁이다"는 의견이 더불어민주당에 존재하였다고 한다. 그러나 여러 가지 선거제도를 시뮬레이션을 해 보면 이러한 견해는 근시안적인 견해라는 것을 알 수 있다. 준연동제는 손해를 감수하고 양보한 것이 아니라 더불어민주당에게 유리한 것이다. 그리고 360 전체 연동제는 준연동제보다 더욱 유리하다. 전체 연동제 하에서 범진보연합은 범보수연합보다 훨씬 더 큰 정치력을 갖게 되는데, 범진보연합을 민주당이 주도하게 된다.

360석 전체 연동제는 득표율과 의석률 사이의 비례성이 준연동제보다 높아서 주권자의 수에 비례해서 정치대리인을 분배한다는 대의민주주의 근본 원리에 더 적합하다. 선거제도가 개혁되면 유럽 국가들에서 나타났던 복지국가를 향한 발걸음이 시작될 것이다. 전체연동제는 준연동제보다 발걸음을 더욱 빨리 할 것이다. 합의의 정치가 되려면 많은 훈련과 오랜 시간이 필요하다. 전체연동제는 합의의 정치를 향한 훈련을 더욱 가속화하고 시간을 더욱 단축할 것이다. 법률안의 계산식도 단순해져서 곱하기 나누기 횟수가 줄어든다. 중요한 정치개혁을 할 때에는 당리당략보다 나라의 장래를 더 생각해야 한다.

스웨덴 사민당은 1917년 선거부터 2018년 선거까지 101년 동안 실시된 31번의 선거에서 모두 24번 집권하였는데, 그 중에 과반수 득표를 한 것은 2번뿐이었고, 나머지 22번은 다른 당과의 명시적 연합 및 묵시적 연합(소수당 정부, minority government)에 의하여 집권하였다.[33] 집권한 연도로 보면 총 79년 집권하였는데, 그 중 73년을 명시적, 묵시적 연합에 의해서 집권하였다. 뜻이 가까운 다른 당과 의석을 나눔으로써 더 많이, 더 오래 집권한 것이다. 복지국가를 지향하는 정당이라면 마땅히 본받아야 할 전략이다.

의석수 확대의 필요성

우리나라의 국회의원 의석수는 경제개발협력기구(OECD) 34개국 중 31위로 현저히 적은 편이다. 34개국의 의원 1인당 평균 인구수는 9만9,469명인데, 우리나라는 16만7,400명이다. 의원 1명이 대표해야 할 국민의 숫자가 OECD 평

---

33 https://en.wikipedia.org/wiki/Swedish_Social_Democratic_Party

균보다 1.7배 많다(한겨레, "국회는 '의원정수 확대'라는 방울을 달 수 있을까", 2018. 11. 30.). 의석수를 500석 정도로 늘리면 OECD 평균 정도가 될 것이다.

의석수 확대를 반대하는 사람은 국회의원의 특권이나 부패를 이유로 든다. 그러나 의석수가 많을수록 여러 가지 좋은 효과가 나타난다. 최승문(2015)의 실증적 연구를 살펴보자.

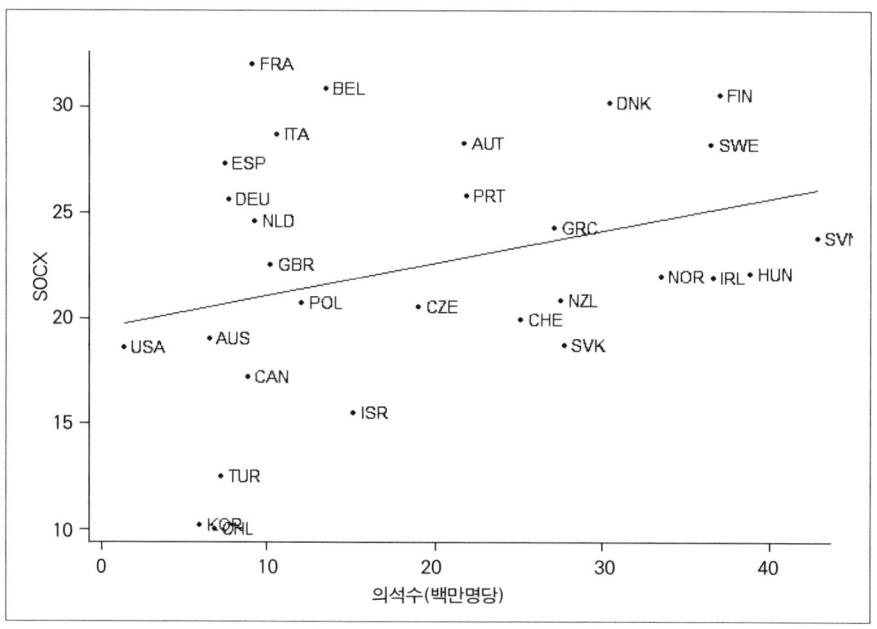

그림 2.5 의석수와 사회적 지출

자료: 최승문(2015, p. 28)

〈그림 2.5〉에서 보면 의석수가 많을수록 정부의 사회적 지출이 늘어난다는 것을 알 수 있다. 그렇다고 국회의원들이 예산을 흥청망청 쓰는 것은 아니다. 〈그림 2.6〉에서 확인할 수 있듯이, 의석수가 클수록 정부재정은 오히려 튼튼해지는 경향이 있다. 예산 낭비가 줄어든다는 뜻이다.

국회의원 숫자를 늘리는 데 반대하는 의견이 많은 것은 국회의원을 부패

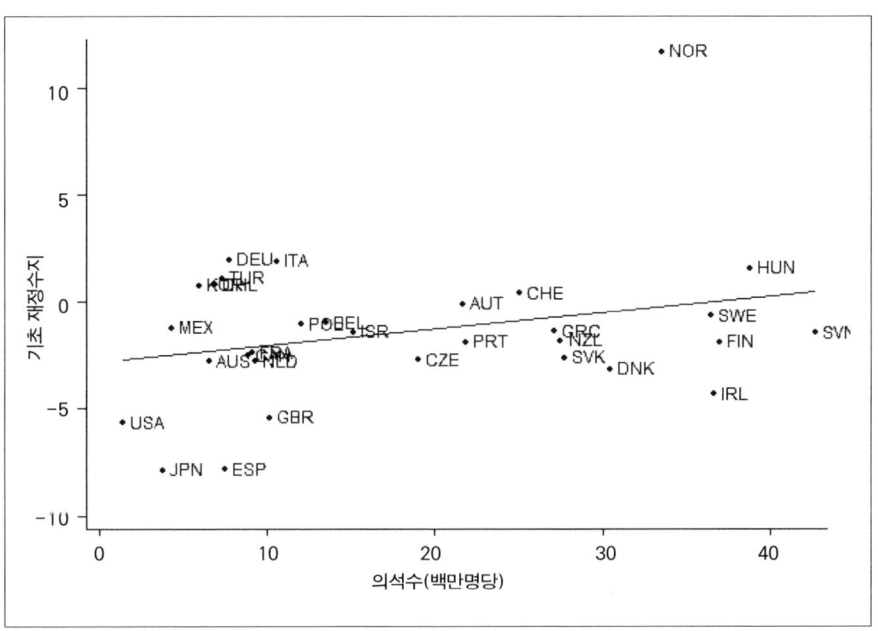

그림 2.6 의석수와 사회적 지출

자료: 최승문(2015, p. 28)

한 특권집단으로 보기 때문이다. 그러나 사회 전체적인 특권과 부패는 국회의원의 수가 적을수록 오히려 커지는 경향이 있다. 국회의원을 도둑이라고 생각하는 사람이 있는데, 도둑이 많아지면 도둑질이 감소할까? 오랑캐로 하여금 오랑캐를 제압한다는 뜻의 이이제이(以夷制夷)라는 고사성어를 생각해 보면 된다. 예산의 대부분은 행정부에서 집행된다. 큰 도둑이 있다면 예산 집행을 가장 많이 하는 행정부에 많이 숨어 있을 것이다. 국회는 행정부의 예산을 감시하는 역할을 한다. 설령 국회의원의 일부가 도둑질을 한다고 하더라도 국회의원이 많아지면 행정부 도둑질은 줄어들 수밖에 없다.

　　다음과 같은 숫자 예를 들어보자. 어떤 입법에 151억 원 상당의 업계의 이권이 달려있고 업계는 그만큼의 로비 자금을 기꺼이 제공할 용의가 있다고 가정해 보자. 그리고 1인당 1억원 이상을 정치자금으로 제공하면 국회의원을 '설득'할 수 있다고 가정해 보자. 국회의원 수가 300명이라면 업계는 과반수의 국회의원들을 설득할 수 있으므로 로비에 나설 것이다. 그러나 국회의원수가 그보다 많아지면 업계는 151억원을 가지고서는 입법에 충분한 국회의원을 설득하는 것이 불가능해지므로 로비를 포기할 것이다.

이러한 추론은 〈그림 2.7〉과 같은 실증연구를 통해서도 확인할 수 있다. 그림에 나타나 있듯이, 의석수가 늘어날수록 정치적 청렴도가 증가한다. 우리나라는 OECD 나라 중에서 인구 비례 의석수가 가장 작은 편에 속하고, 청렴도도 평균 이하이다.

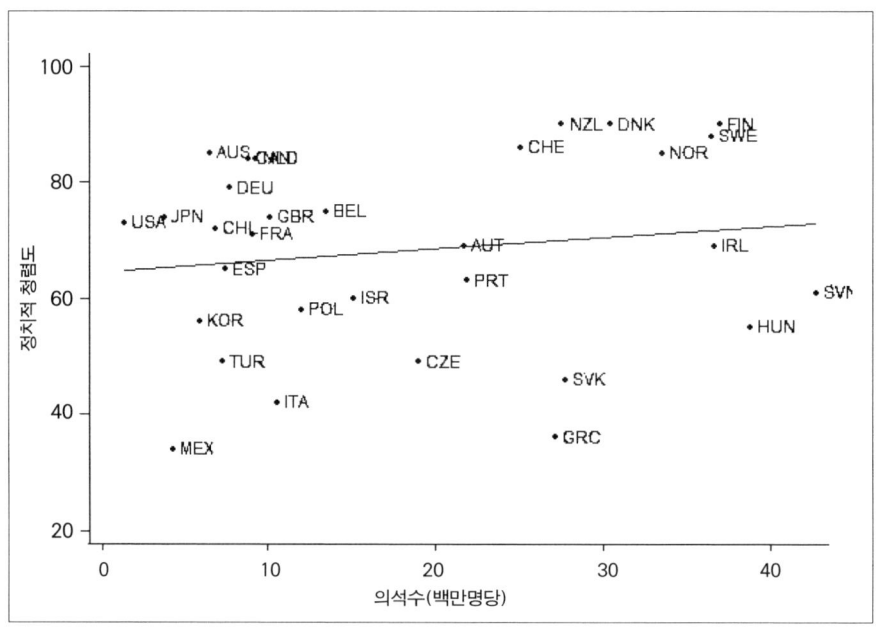

그림 2.7 **의석수와 정치적 청렴도**

자료: 최승문(2015, p. 28)

위성정당 금지 방안

의석수 확대와 더불어서 위성정당을 금지하여야 한다. 비례대표 의석이 늘어날수록 위성정당의 영향력이 커지기 때문이다.

1) 지역구 선거를 없애는 방안

① 정당명부 비례대표제

위성정당을 완전히 금지하는 방법은 지역구 선거를 없애는 것이다. 유럽의 표준이 되어 있는 정당명부식 비례대표제를 채택하면 위성정당 문제는 원천적으로 사라진다. 정당명부식 비례대표제는 유권자들이 정당에 대하여 투표하고 각 정당은 득표율에 비례해서 의석수를 배정받는다. 정당은 배정받은 의석수만큼 명부에 기록된 순서로 국회의원을 당선시킨다.

정당명부 비례대표제 중에서도 자유형(free list) 또는 개방형(open list) 정당명부 비례대표제가 당내 민주주의가 취약한 경우 더 바람직할 듯하다. 이들은 유권자들에게 후보의 명부 상의 순서까지 유권자들이 결정할 수 있도록 하는 제도이다. 지역구 선거를 없애더라도 지방정부에 더 큰 권한을 이양하면 지역의 균형 발전 문제는 더 잘 해결될 수 있다.

② 권역별 비례대표제

정당명부 비례대표제의 틀 안에서 지역구 선거의 장점을 유지하는 방안이다.[34] 정당은 전국 비례대표 명부와 권역 비례대표 명부 2가지를 제출하고, 유권자는 전국과 권역에 대하여 2표를 행사한다. 의석 정수가 360석이라면 전국 비례대표에서 180석을 선출하고 권역 비례대표에서 180석을 선출하면 될 것이다.

---

34 정태석, 전국-권역 병행 비례대표제도로의 개혁을 상상한다, 프레시안, 2020. 4. 27. https://www.pressian.com/pages/articles/2020042711250128523?fbclid=IwAR2VyMEbG_SSLs-46Ja1S1ApPm2JIxTSXSV7qLHuNq9tyjBBzWc_jjIwrCgk

2) 연동형 비례대표제의 틀 안에서 위성정당을 금지하는 방안

위성정당을 금지하는 것은 쉬운 일은 아니지만 불가능한 일은 결코 아니다. 하나의 규제만으로는 빠져나갈 구멍이 있을지 모르니 다음과 같은 여러 가지 규제를 함께 사용하여야 할 것이다.

① 위성정당을 금지 조항을 삽입한다.

선관위로 하여금 선거일 직전까지 신고가 들어오면 위성정당 여부를 의무적으로 판별하도록 한다. 위성정당이라고 판별이 된 정당에 대한 투표는 무효표로 처리된다.

② 선거에 참여할 정당을 일정한 기간, 예를 들면 1년 이상 정당 활동 기록이 있는 정당으로 한정한다. 1년 이상의 활동을 보면 위성정당 여부를 판별하기 용이할 것이다.

③ 지역구에 후보를 내는 정당은 반드시 비례대표 후보도 제출하도록 한다. 형식적으로 비례대표 후보를 1명만 내는 등의 행위를 방지하기 위해서, 정당명부 후보 비율(정당명부 후보자 수/비례대표 의석수)을 지역구 후보 비율(지역구 후보/지역구 의석 수) 이상으로 제출하도록 의무화 한다.[35]

④ 선거 후 정당의 합병이나 분할로 인해서 의석비율이 득표비율을 5% 이상 초과하게 되면, 다른 정당들에 대해서도 그만큼 초과의석을 배정한다. 이 때 국회의원의 연봉은 그만큼 삭감한다.

⑤ 정당에 지급되는 각종 자금(국고 보조금 등)을 의석수가 아니라 정당의 득표비율만을 기준으로 배정한다.

⑥ 원내교섭단체를 구성할 때 의석수만을 기준으로 하지 말고 의석수와 득표비율 두 가지를 기준으로 삼는다. 예를 들어 의석수 15석 이상이고 득표비율 10% 이상.

---

35 비례민주주의연대 김찬휘 대표의 제안.

⑦ 석패율제의 도입. 지역구 후보가 비례대표 후보로도 등록된 경우에만 석패율제의 혜택을 볼 수 있도록 한다.[36]

해밀턴 방법을 상트-라귀 방법으로

민주주의에서 어떤 사안에 대한 의사결정은 대부분 과반수로 이루어진다. 그러기 때문에 한 표가 결정적인 역할을 할 때가 있다. 1865년 1월 31일 미국에서 노예제를 금지하는 수정헌법이 하원에서 통과될 때 119대 56으로 기준($2/3$)이 되는 117표보다 겨우 2표 많았다. 우리가 다루고 있는 패스트 트랙에 상정된 선거법 개정안도 정치개혁특위에서 1표만 더 이탈하였으면 상정되지 못했을 것이다.

패스트 트랙에 상정된 선거법 개정안은 해밀턴(Hamilton) 방법을 사용하고 있다. 해밀턴 방법은 한두 석 정도 납득할 수 없는 방식으로 의석을 배정할 가능성이 있다. 매우 수학적(기술적)인 문제이고 발생할 확률이 높지는 않지만, 만약 발생한다면 큰 문제가 될 것이다.

미국에서는 해밀턴 방식으로 주별로 하원의원 정수를 배정하다가 100년 만에 문제를 발견하였다. 1880년 인구조사 결과를 토대로 해밀턴 방법으로 주별 의석수를 계산해보니까, 하원 정수가 299석일 때에는 앨러배머 주에 8석이 배정되지만, 하원 정수가 300석으로 늘어나면 7석이 배정된다는 것을 알게 되었다. 이것을 앨러배머 역설(Alabama paradox)이라고 부른다.(Pukelsheim, 2014, p. 123) 미국은 현재 해밀턴 방법을 사용하지 않고 있다.

1) 해밀턴 방법

해밀턴 방법이 무엇인지 살펴보자. 선거법 개정안은 연동배분, 잔여배분 및 필

---

36 비례민주주의연대 김찬휘 대표의 제안.

요서 조정배분으로 구성되어 있다. 이 때 잔여배분과 조정배분에 해당되는 조항은 다음과 같다.

개정안 제189조 제2항 제2호

2. 정당별 연동배분의석수의 합계가 비례대표국회의원 의석정수에 미달할 경우 각 의석할당정당에게 배분할 잔여 의석수(이하 이 조에서 "잔여배분의석수"라 한다)는 다음 계산식에 따라 산정한다. 이 경우 정수(整數)의 의석을 먼저 배정하고 잔여의석은 소수점 이하 수가 큰 순으로 각 의석할당정당에 1석씩 배분하되, 그 수가 같은 때에는 해당 정당 사이의 추첨에 의한다.

$$\text{잔여배분의석수} = (\text{비례대표국회의원의석정수} - \text{각연동배분의석수의합계}) \times \text{비례대표국회의원선거득표비율}$$

개정안 제189조 제2항 제3호

3. 제1호에 따른 각 정당별 연동배분의석수의 합계가 비례대표국회의원 의석정수를 초과할 경우에는 제1호 및 제2호에도 불구하고 다음 계산식에 따라 산출된 수(이하 이 조에서 "조정의석수"라 한다)를 각 연동배분의석 할당정당의 의석으로 산정한다. 이 경우 산출방식에 관하여는 제2호 후단을 준용한다.

$$\text{조정의석수} = (\text{비례대표국회의원의석정수}) \times \frac{\text{연동배분의석수}}{\text{연동배분의석수의합계}}$$

위에서 제2조의 후단, 즉 배정해야 할 의석정수(위의 두 식에서 괄호 안에 표시된 부분)에 어떤 승수(위의 두 식에서 곱하기 다음에 표시된 부분, 각 정당의 득표비율 또는 연동배분 의석수 비율 등)을 곱해서 의석수(실수)를 구하고, 의석수의 값 중 정수 부분을 먼저 배정하고, 소수 부분이 큰 순서대로 의석정수가 찰 때까지 1석씩 추가배정하는 방법을 해밀턴(Hamilton) 방법이라고 부른다.

일반적으로 해밀턴 방법에 따를 때 A 정당의 의석수(실수)는 다음과 같이 구한다.

$$A정당의석수 = 의석정수 \times A정당득표비율 = 의석정수 \times \frac{A정당득표수}{총투표수} = \frac{A정당득표수}{\frac{총투표수}{의석정수}}$$

두번째 등호는 득표비율이 득표수를 총투표수(유효투표의 합)로 나눈 값이기 때문에 성립한다. 총투표수를 의석정수로 나눈 값을 쿼터(quota)라고 정의하면, A정당 의석수는 다음과 같이 표시할 수도 있다.[37]

$$A정당의석수 = \frac{A정당득표수}{\frac{총투표수}{의석정수}} = \frac{A정당득표수}{쿼터}$$

이와 같이 해밀턴 방법은 승수를 곱한다고 볼 수도 있고, 쿼터로 나눈다고 볼 수도 있다. 해밀턴 방식은 정당의 득표수를 쿼터로 나누어서 정당의 의석수(실수)를 구한 뒤, 의석수(실수) 중에서 정수부분을 먼저 배정하고, 소수부분은 값이 큰 정당 순서대로 의석정수가 될 때까지 1석씩 추가로 배정하는 방법이다. 일반적으로 득표수를 일정한 쿼터로 나누고, 소수 부분의 순서를 정해서 의석수를 구하는 방법을 쿼터 방법이라고 말한다.

2) 상트-라귀 방법

의석수를 배정하는 다른 방법의 하나로 상트-라귀(Saint-Laguë) 방법이 있다.[38] A정당의 득표수를 적당한 제수(divisor)로 나누어서 A정당의 의석수(실수)를 구

---

37 이 쿼터를 헤어 쿼터(Hare quota)라고 부른다. 총투표수를 의석정수+1로 나누면 드룹(Droop) 쿼터가 된다. 해밀턴 방법은 헤어 쿼터를 사용한다.

38 상트-라귀/쉐퍼스(Sainte-Laguë/Schepers) 방법이라고도 부른다. 미국 사람들은 이 방법을 웹스터(Webster) 방법이라고 부른다. (Balinski and Young, 1982)

하고, 의석수를 반올림해서 정수(整數) 의석수를 배정한다.[39] 각 정당의 의석수를 다 합해서 의석정수(定數)와 비교한다. 의석수의 합이 의석정수를 초과하면 제수를 약간 늘리고, 의석정수에 미달하면 제수를 약간 줄인다. 이와 같이 해서 각 정당의 의석수의 합이 의석정수와 일치할 때까지 제수를 조정한다. 일반적으로 각 정당의 득표수를 어떤 제수로 나누고 반올림(올림이나 내림은 잘 사용되지 않는다)해서 의석수를 배정한 뒤 의석수의 합이 의석정수와 다르면 제수를 조정해 가는 방법을 제수 방법(divisor method)이라고 부른다. 쿼터 방법과 제수 방법의 차이는 쿼터는 정해진 값으로 계산과정에서 불변인데, 제수는 계산과정에서 해가 나올 때까지 변화시키는 값이다. 쿼터 방법은 소수부분을 크기 순서대로 나열(divide and rank)하고, 제수 방법은 소수부분을 반올림(divide and round)한다(Pukelsheim, 2014).

다음과 같은 가상적인 숫자 예를 가지고 해밀턴 방법과 상트-라귀 방법을 설명해 보자. 〈그림 2.38〉에는 제1기와 제2기에서 4 정당의 득표수가 나와 있다. 배정할 의석수는 77석이라고 가정한다. 제1기에서 쿼터는 30,800,000/77 = 400,000 이다. 득표수를 쿼터로 나누어 몫(실수 의석수)을 구하고 정수부분을 먼저 배정하고, 소수 부분의 크기 순서대로 77석이 될 때까지 B, C, D당에 1석씩 추가 배분한다. 제2기에서 쿼터는 동일하다. 득표수를 쿼터로 나누어 몫을

표 2.38 해밀턴 방법 : 득표비율 단조성 불성립

	제1기			제2기		
	득표수	몫	의석수	득표수	몫	의석수
A당	20,407,600	51.0190	51	19,999,600	49.999	50
B당	3,468,800	8.6720	9	4,120,400	10.301	10
C당	3,463,200	8.6580	9	3,320,000	8.300	8
D당	3,460,400	8.6510	8	3,360,000	8.400	9
계	30,800,000	0	77	30,800,000		77

---

39 제수(除數)란 나눗셈에서 사용되는 제수의 의미이다. 나눗셈에서는 피제수를 제수로 나누어 몫을 구한다.

구하고, 정수부분을 먼저 배정하고, 소수 부분을 77석이 될 때까지 A, D당에게 1석씩 추가 배정한다.

여기서 해밀턴 방식에 한 가지 문제가 드러난다. 제1기에선 A당과 D당의 득표수의 비율은 5.8975이고, 제2기에서는 5.9523이다. 제1기보다 제2기에서 A당은 D당에 비해서 상대적으로 더 많은 득표를 한 것이다. 그런데, A당의 의석수는 51석에서 50석으로 줄어들고, D당의 의석수는 8석에서 9석으로 늘어난 것이다. 이러한 성질을 득표비율 단조성(vote ratio monotonicity)이 성립하지 않는다고 말한다(Pukelsheim, 2014, p.121).

동일한 득표수를 가지고 상트-라귀 방식으로 의석을 배정한 것이 〈그림 2.39〉이다. 제수는 쿼터 근처의 값에서 시작해서 여러 값을 대입해 보면서 찾으면 된다. 의석수는 몫을 반올림한다. 소수 부분이 정확하게 0.5가 나오면 올림이나 내림을 해서 의석수 합계가 77석이 되나 본다. 만약 두 당이 0.5가 나왔을 때, 한 당은 올리고 한 당은 내려야 하면 추첨에 의해서 결정한다. 이 예에서 마지막으로 조정된 제수는 제1기에서는 405,000이고 제2기에서는 396,000이다.

〈그림 2.39〉에서 확인할 수 있듯이 제1기에서 제2기로 가면서 A당의 의석수는 증가하고, D당의 의석수는 감소한다. 이와 같이 상트-라귀 방법은 득표비율 단조성을 충족시킨다는 것을 알 수 있다.

표 2.39 상트-라귀 방법: 득표비율 단조성 성립

	제1기			제2기		
	득표수	몫	의석수	득표수	몫	의석수
A당	20,407,600	50.3891	50	19,999,600	50.5040	51
B당	3,468,800	8.5649	9	4,120,400	10.4051	10
C당	3,463,200	8.5511	9	3,320,000	8.3838	8
D당	3,460,400	8.5442	9	3,360,000	8.4848	8
계	30,800,000	405,000	77	30,800,000	396,000	77

다음으로 해밀턴 방법은 의석정수 단조성(house size monotonicity)을 충족

시키지 못한다(Pukelsheim, 2014, p.120). 무소속 1명이 선거 다음날 아침에 사망했다든지 어떤 이유에서든, 조정배분해야 할 의석정수가 5석이었다가 6석으로 늘어났다고 가정해 보자. 다음의 숫자 예는 매우 충격적이다.

표 2.40 해밀턴 방법: 의석정수 단조성 불성립

	의석정수 5일 때			의석정수 6일 때		
	득표수	몫	의석수	득표수	몫	의석수
A당	8,400,000	1.4	1	8,400,000	1.68	2
B당	8,250,000	1.375	1	8,250,000	1.65	2
C당	8,100,000	1.35	1	8,100,000	1.62	2
D당	2,700,000	0.45	1	2,700,000	0.54	0
E당	2,550,000	0.425	1	2,550,000	0.51	0
계	30,000,000	0	5	30,000,000		6

해밀턴 방법에 따를 때 의석정수가 5석일 때에는 5개 정당이 모두 1석씩 배정되었는데, 의석정수가 6석이 되면 A, B, C당만 2석씩 배정된다. D, E당은 의석정수가 늘어나자 의석이 사라진다. 이 성질을 의석정수 단조성이 성립하지 않는다고 말한다.

상트-라귀 방법에서는 이런 일이 발생하지 않는다. 의석정수가 늘 때 의석이 줄어드는 정당은 없다.

표 2.41 상트-라귀 방법: 의석정수 단조성 성립

	의석정수 5일 때			의석정수 6일 때		
	득표수	몫	의석수	득표수	몫	의석수
A당	8,400,000	1.5273	2	8,400,000	1.5556	2
B당	8,250,000	1.5000	2	8,250,000	1.5278	2
C당	8,100,000	1.4727	1	8,100,000	1.5000	2
D당	2,700,000	0.4909	0	2,700,000	0.5000	0
E당	2,550,000	0.4636	0	2,550,000	0.4722	0
계	30,000,000		5	30,000,000		6

해밀턴 방법의 세번째 문제는 의석할당정당 정합성(system size conformity)이 성립하지 않는다는 것이다(Pukelsheim, 2014, p.122). 다음의 숫자 예에서 F당이 의석할당 정당이었다가, 지역구 1석이 낙선 처리되었든지 어떤 이유에서든 의석할당 정당에서 제외되게 되었다고 가정해 보자.

〈그림 2.42〉에서 확인할 수 있듯이, 해밀턴 방법에 따르면 F당이 의석할당정당에서 제외되었을 때 D당의 의석이 오히려 줄어드는 모순이 발생한다. 〈그림 2.43〉에서 확인할 수 있듯이 상트-라귀 방법에서는 이런 문제가 발생하지 않는다. F당이 제외될 때 의석이 줄어드는 정당은 없다.

표 2.42 해밀턴 방법: 의석할당정당 정합성 불성립

	F당이 포함될 때			F당이 제외될 때		
	득표수	몫	의석수	득표수	몫	의석수
A당	14,000,000	17.500	18	14,000,000	18.96	19
B당	6,392,000	7.990	8	6,392,000	8.66	9
C당	5,840,000	7.300	8	5,840,000	7.91	8
D당	3,400,000	4.250	5	3,400,000	4.60	4
E당	3,600,000	4.500	5	3,600,000	4.87	5
F당	880,000	1.100	1			
계	34,112,000	0	45	33,232,000		45

표 2.43 상트-라귀 방법: 의석할당정당 정합성 성립

	F당이 포함될 때			F당이 제외될 때		
	득표수	몫	의석수	득표수	몫	의석수
A당	14,000,000	18.5185	19	14,000,000	18.5923	19.0000
B당	6,392,000	8.4550	8	6,392,000	8.4887	8.0000
C당	5,840,000	7.7249	8	5,840,000	7.7556	8.0000
D당	3,400,000	4.4974	4	3,400,000	4.5153	5.0000
E당	3,600,000	4.7619	5	3,600,000	4.7809	5.0000
F당	880,000	1.1640	1			
계	34,112,000	0	45	33,232,000		45

제7절 **대통령 및 시도지사 선거제도 개혁안**

대통령이나 시도지사는 1명을 뽑는 제도이다. 1명을 뽑으면 주권자의 수에 비례해서 대리인을 분배한다는 원칙을 지킬 수 없다. 수학적인 한계로서, 누구도 어쩔 수 없다. 그러나 이 경우에도 적어도 과반수의 주권자들로부터는 지지를 받는 대리인이 뽑히도록 제도를 설계할 수 있다. 이 절에서는 대통령 선거제도를 대상으로 개혁안을 제시할 것이다. 시도지사 선거도 똑같이 만들면 된다.

현행 대통령 선거제도의 문제점

현행 대통령 선거제도는 다음과 같은 문제점을 갖고 있다.

① 여권이나 야권에 여러 정당이 있는 경우 후보단일화가 관건이 된다. 손자병법의 그대로이다. 적이 이기지 못하는 것은 나에게 달려있고, 내가 이기는 것은 적에게 달려 있다(不可勝在己 可勝在敵). 우리가 분열되지 않으면 질 수가 없고 적이 분열되지 않으면 이길 수가 없다.

② 정책 중심 선거가 되기 힘들다. 민주화 이후 정책선거는 2010년 무상급식 한 번뿐이었다.

③ 당선된 뒤 공약을 바로 무시해도 아무 말도 못한다. 공약을 보고 투표한 것도 아니니 공약을 무시해도 할 말도 없다.

④ 거대 양당의 후보만이 선거판을 좌우한다. 제3당 이하 소수정당 후보는 모두 단일화 대상이다. 좋은 말로 단일화 대상이지, 솔직히 말하면 대선 판에서 사라지라는 뜻이다. 소수 정당 후보를 지지하는 주권자들은 교란요인에 불과하다. 작은 판도 아니고 큰 판 어지럽히지 마. 제발 선거 끝난 뒤에 나타나. 선거가 시민들의 다양한 견해들을 드러내고 수렴하는 장치가 아니라 숨기고

억압하는 장치가 된다.

⑤ 대부분의 선거에서 과반수가 안 되는 지지율로 대통령이 당선된다. 대부분의 대통령 선거에서 당선자가 발표되면 기뻐하는 국민보다 슬퍼하는 국민이 더 많았다. 대통령 선거일은 자기 나라 국민들이 존경하지 않는 불행한 대통령과 자기 나라 대통령을 존경하지 않는 불행한 국민들이 탄생하는 날이 되었다.

⑥ 당선 이후 정책의 실현 과정에서도 소수 견해, 특히 가난한 사람들을 대변하는 견해가 무시된다. 경제적 불평등을 정치를 통해서 고치겠다고? 어떤 놈이 잡아도 경제는 못 바꿔. 희망을 버려. 지옥에서는 모든 희망을 버려야 한다. 대한민국에서는 희망을 버려야 한다. 그래서 대한민국은 지옥이다.

결선투표제의 장점과 비용부담

결선투표제(run-off vote, two-round system)는 위와 같은 현행 대통령 선거제도의 심각한 문제들을 대부분 해결해 준다. 결선투표제는 다음과 같이 진행한다. 1차 투표를 한다. 과반수 득표자가 나오면 그것으로 당선 확정이다. 과반수 득표한 후보가 없으면 1위와 2위 득표자만 놓고 몇 주일 뒤에 결선투표를 한다. 결선투표에서는 과반수로 결정하는 방법이 있고 다수제로 결정하는 방법이 있다. 후보자가 2명뿐이므로, 다수제로 하더라도 기권을 제외하면, 확실하게 유효투표의 과반수 득표자가 나온다.

결선투표제는 다음과 같은 장점을 가지고 있다.

① 후보단일화에 목을 맬 필요가 없다.

② 후보단일화보다 정책이 중요해진다.

③ 정책 중심 선거가 되므로 공약 이행 가능성이 높아진다.

④ 소수정당 후보가 사퇴할 필요가 없다. 끝까지 자기 정책을 국민들에게 알리

면 된다. 소수정당의 진정한 지지율이 그대로 드러난다.

⑤ 과반수 지지를 받는 대통령이 나온다. 당선자가 발표되면 슬퍼하는 국민보다 기뻐하는 국민이 많아진다. 과반수 국민들에게 최악인 결과는 절대로 나오지 않는다.

⑥ 소수 정당 후보의 정책이 정치에 더 많이 반영된다.

결선투표제는 엄청난 장점에도 불구하고 한 가지 큰 부담이 있다. 그것은 선거비용이 늘어난다는 것이다. 선거기간이 늘어남에 따라 후보에게 보전해 주어야 하는 비용도 늘어난다. 투표용지 인쇄비, 선거 관리원 인건비 등 선관위의 선거관리 비용도 거의 2배가 될 것이다. 가장 큰 비용은 기업이 부담해야 하는 비용이다. 법정 공휴일이 하루 늘어나게 되므로 기업의 인건비 부담이 그만큼 늘어난다. 국민소득을 1,800조원, 이 중에서 근로소득을 60%, 정규직 비율을 50%라고 가정하면, 공휴일의 정규직 인건비는 1조원이 넘을 것이다. 물론 이 정도의 부담을 해서라도 결선투표를 하는 것이 나라를 위해서 절대적으로 좋다. 그러나 비용이 더 들지 않으면서 결선투표를 치를 방법이 있다.

즉각결선투표제

즉각결선투표제(instant runoff vote, alternative vote, supplementary vote)는 유권자들이 투표할 때 1순위뿐만 아니라 2순위, 또는 모든 후보의 순위를 표시하고, 1순위 후보자들 중에서 과반수 득표자가 없으면 그 다음 순위까지 고려해서 당선자를 결정하는 제도이다. 구체적 절차는 다음과 같다.

투표는 다음과 같이 한다. 유권자들은 투표용지에 자신이 좋아하는 순서대로 후보자를 표시한다. 2순위까지만 표시하게 하는 방법, 모든 순위를 표시하게 하는 방법, 원하는 만큼 순위를 표시하게 하는 방법 등이 있다. 엄격하게 할

수록 무효표가 많이 나온다.

개표는 다음과 같이 한다.

1) 1단계: 모든 유권자의 1순위만 합산한다. 과반수 득표자가 나오면 그 후보를 당선자로 한다. 만약 1단계에서 과반수 득표자가 안 나오면, 2단계로 넘어간다.

2) 2단계: 이전 단계에서 최하위 득표자를 후보에서 탈락시킨다. 탈락한 후보를 1순위로 투표한 유권자가 2순위로 투표한 후보를 남은 후보의 득표에 합산한다.

i) 남은 후보가 2사람뿐일 때: 다수 득표자를 당선자로 한다.

ii) 남은 후보가 3사람 이상일 때: 과반수 득표자가 나오면 그 후보를 당선자로 한다. 과반수 득표자가 안 나오면 2단계를 반복한다.

설명은 복잡해 보이지만 막상 개표해 보라고 하면 누구나 할 수 있다. 숫자 예를 들어서 설명하자. 편의상 후보가 A, B, C, D 4명인 경우를 가정해 보자. 투표용지는 여러 가지로 디자인할 수 있겠는데, 여기서는 다음과 같이 만들어 보자. 이 유권자의 선호순서는 BCDA로 표시할 수 있다.

	1순위	2순위	3순위	4순위
A				⊕
B	⊕			
C		⊕		
D			⊕	

투표가 끝난 후 100명의 유권자의 선호순서를 분류해 보니 다음과 같았다고 해 보자. 즉, 선호순서가 ADC인 사람은 35명, BCD인 사람은 30명, CBDA인 사람은 20명, DCAB인 사람은 10명, DBCA인 사람은 5명 있었다. 65명의 사람은 4순위를 쓰지 않았다.

	35명	30명	20명	10명	5명
1순위	A	B	C	D	D
2순위	D	C	B	C	B
3순위	C	D	D	A	C
4순위			A	B	A

1) 제1단계: 1순위만을 합산한다. A는 35표, B는 30표, C는 20표, D는 15표. 과반수 득표자가 없으므로 2단계로 넘어간다.

2) 제2단계: 최하위 득표자 D를 후보에서 탈락시킨다. D를 1순위로 투표한 사람은 모두 15명이 있는데, 그들 모두 중에서 10명은 2순위가 C이고, 5명은 2순위가 B이다. 이들의 2순위 표를 남은 A, B, C 후보에 합산해주면, A는 35표, B는 35표, C는 30표가 된다.

이 합산 과정을 조금 더 체계적으로 처리하는 알고리즘이 있다. 원래의 표 (아래 첫번째)에서 D를 지워버리고 D 아래 있는 것들을 한 칸씩 위로 올려서 아래 두번째 표를 만들고, 두번째 표에서 1순위가 되는 것들을 합산하면 된다. A는 35표, B는 35표, C는 30표인 것을 확인할 수 있다.

	35명	30명	20명	10명	5명
1순위	A	B	C	~~D~~	~~D~~
2순위	~~D~~	C	B	C	B
3순위	C	~~D~~	~~D~~	A	C
4순위			A	B	A

	35명	30명	20명	10명	5명
1순위	A	B	C	C	B
2순위	C	C	B	A	C
3순위			A	B	A
4순위					

3) 제3단계: 아직 과반수가 없으므로 최하위 득표자 C를 탈락시킨다. C를

찍은 사람들의 그 다음 순위 후보를 남은 후보인 A, B에게 합산한다.

	35명	30명	20명	10명	5명
1순위	A	B	~~C~~	~~C~~	B
2순위	~~C~~	~~C~~	B	A	~~C~~
3순위			A	B	A
4순위					

	35명	30명	20명	10명	5명
1순위	A	B	B	A	B
2순위			A	B	A
3순위					
4순위					

위의 두번째 그림에서 1순위만 합계하면 A는 45표, B는 55표가 된다. B가 당선된다.

원래의 표를 다시 보면, A는 35명으로부터는 1순위로 지지를 받지만, 55 명의 사람들로부터는 꼴등의 지지를 받는 후보라는 것을 알 수 있다. 이에 반해 서 B 후보는 30명의 사람들로부터 1순위로 지지를 받으면서 25명의 사람들로 부터 2순위의 지지를 받는 후보라는 것을 알 수 있다. 현행의 대통령 선거제도 하에서는 A가 당선될 것이고, 즉각결선투표제 하에서는 B가 당선될 것이다. A 가 당선되는 것은 과반수의 유권자들에게 최악의 결과이다. 즉각결선투표가 훨 씬 더 유권자들의 의사를 잘 반영하는 결과를 낳는다는 것을 알 수 있다.

이상과 같은 합산과정은 아주 간단한 컴퓨터 프로그램으로 처리할 수도 있고(필자가 R을 가지고 짠 프로그램도 있다), 개표 결과만 공표되면 누구나 연필만 가지고도 확인해 볼 수 있다.

즉각결선투표제의 장점

즉각결선투표제는 결선투표제가 갖는 장점에 덧붙여서 다음과 같은 장점을 가지고 있다.

① 거대 양당 후보들 입장에서 생각해 보면 소수정당을 1순위로 지지하는 사람들로부터 제2순위로 지지를 받는 것이 당선의 관건이 된다. 제2순위 지지를 받는 가장 확실한 방법은 소수정당 후보의 공약을 일부 수용하는 것이다. 공약뿐만 아니라 인물까지 수용하여 연립내각을 공약하는 경우도 종종 나올 것이다.

② 국민들의 다양한 선호가 투표로 드러나게 된다. 1순위 선호뿐만 아니라 2순위, 3순위 선호도 드러나게 된다. 국민들의 더 깊은 선호가 드러나는 것만으로도 정치 수준이 높아질 수 있다. 결국은 더 많은 주권자들(as many people as possible)의 생각이 정치에 반영될 것이다. 합의제 민주주의. 실질적 민주주의.

③ 보통의 결선투표제와 달리 선거비용이 더 들지 않는다.

결선투표제도와 즉각결선투표제

두 제도는 많은 장점을 공유한다. 따라서 필자는 어떤 제도라도 도입되면 좋겠다는 입장이다. 필자에게 둘 중에 하나를 군이 선택하라고 하면 즉각결선투표제를 선택할 것이다. 세 가지 이유 때문이다.

첫째는 선거비용이 절약되기 때문이다.

둘째는 2회 투표제에서는 결선투표할 때 1차투표에서 낙선한 후보들이 주권자의 뜻을 존중해서 정책에 따라 연합하기보다는 이권에 따라 이리저리 합종연횡하는 모습을 보일 우려가 있다. 2회 투표제에서는 1차투표 때 멀쩡한 것처럼 행동해서 표를 적당히 얻고나서 결선투표에서 지지자를 배신하고 이권을 챙길 수 있지만, 즉각결선투표제에서는 이권에 따라 움직이는 모습을 보이면 아예 표가 안 나올테니 기회주의적 행동을 할 가능성이 줄어든다.

셋째는 전략적 투표가 어렵기 때문이다. 전략적 투표(strategic voting)란 자신의 진정한 선호에 따라 투표하지 않음으로써 자신에게 유리한 결과를 만들려는 행태를 말한다. 1987년 대통령 선거 때 김대중 후보를 지지했던 사람들 중 일부는 김영삼 후보에게 투표하였다. 가장 싫어하는 노태우 후보가 당선되는 것을 막기 위해서였다. 이런 투표를 전략적 투표라고 한다. 사람들에게 전략적 투표를 유도하는 선거제도는 나쁜 선거제도이다. 제도는 정직이 최선의 정책이 되도록 만들어야 한다.

즉각결선투표제는 전략적 투표를 어렵게 만든다. 개인에게나 사회에게나 정직이 최선이 되는 제도이다. 다음과 같은 핀란드의 사례를 살펴보자. 참고로, 핀란드는 수상이 중심이 되는 내각제로서, 대통령은 상징적 권한을 갖는다. 대통령 선거에는 결선투표제(2회 투표제)가 사용된다. 다음은 1952년 3명의 후보에 대한 각 정당 내지 정당 분파의 선호 순서를 나타낸다. 투표자수는 선거인단의 수를 의미한다.

표 2.44 1952년 핀란드 대통령 선거에서 지지자들의 선호 분포

순위	농민당 지지자	공산당 지지자	보수당 다수파	보수당 소수파	사회당 지지자
1순위	K	K	P	P	F
2순위	P	F	F	K	P
3순위	F	P	K	F	K
투표자 수	88	56	77	7	72

만약 모든 지지자들이 정직하게 투표하였다면, 1차투표 결과 K가 144표를 얻고, P가 84표를 얻어 결선투표에 진출하였을 것이다. 결선투표에서는 K가 144표, P가 156표를 얻어 P가 당선되었을 것이다. 그러나 공산당은 당원들

에게 1차 투표에서 F를 지지하라고 지시를 내렸다. 그 결과 공산당 지지자들 중 42명이 F에 투표하였다. 1차 투표 결과 K는 88+14=102표, P는 88표, F는 72+42=114표로 K와 F가 결선투표에 진출하였다. 결선투표에서 공산당은 정직하게 투표하라고 지시를 내렸고, 그 결과 K가 당선되었다. 공산당은 전략적 투표를 통하여 가장 좋아하는 K를 대통령으로 만드는 데 성공하였다. 이것이 바로 전략적 투표이다. 소수당인 공산당이 선거를 좌지우지한 것이다.

표 2.45 **즉각결선투표 아래에서 공산당의 전략적 투표의 결과**

순위	농민당 지지자	공산당 지지자	보수당 다수파	보수당 소수파	사회당 지지자
1순위	K	F	P	P	F
2순위	P	K	F	K	P
3순위	F	P	K	F	K
투표자 수	88	56	77	7	72

즉각결선투표였다면 공산당이 이런 전략을 쓰기 어렵다. 공산당이 1순위로 F를 쓰고 2순위로 K를 썼다면 1단계에서 P가 탈락하고, 2단계에서 K는 88+7=95표, F는 56+77+72=205표로 F가 당선되었을 것이다. 즉각결선투표에서 공산당이 K를 당선시키기 위해서 전략적 투표를 하는 것은 매우 어렵다.

표 2.46 OECD 나라의 국회(하원) 선거제도

국가	하원 명칭	선거제도	참고
호주	House of Representatives	즉각결선	상원은 STV
오스트리아	Nationalrat	정당명부 비례	최대잔여 (헤어)지방선거/동트 전국
벨기에	Chamber of Representatives	정당명부 비례	유연명부
캐나다	House of Commons	단순다수	
칠레	Chamber of Deputies	정당명부 비례	개방명부
체코	Chamber of Deputies	정당명부 비례	개방명부
덴마크	Folketinget	정당명부 비례	동트 (135석), 상트-라귀 (40석)
에스토니아	Riigikogu	정당명부 비례	동트
핀란드	Eduskunta(and MEPs)	정당명부 비례	개방명부
프랑스	National Assembly	결선투표	
독일	Bundestag	연동형 비례	상트-라귀/지역은 단순다수
그리스	Hellenic Parliament	정당명부 비례	2019 이후
헝가리	National Assembly	병립형	6석 단순다수 + 93석 전국 정당명부
아이슬란드	Alþing	정당명부 비례	동트
아일랜드	Dáil Éireann	STV	
이스라엘	Knesset	정당명부 비례	폐쇄명부
이탈리아	Chamber of Deputies	정당명부 비례	386석 정당명부 비례, 최대잔여 (헤어) + 232석 단순다수 + 12석 해외거주 국적자 최대잔여(헤어)
일본	House of Representatives	병립형	단순다수 (295석) / 정당명부 비례 (폐쇄명부) 동트(180석)
라트비아	Saeima	정당명부 비례	상트-라귀
리투아니아	Seimas	병립형	최대잔여법 (70석) / 결선투표(71석)
룩셈부르크	Chamber of Deputies	정당명부 비례	개방명부
멕시코	Chamber of Deputies	병립형	최대잔여법(헤어) (200석) / 단순다수 (300석)
네덜란드	House of Representatives	정당명부 비례	개방명부
뉴질랜드	House of Representatives (Parliament)	연동형 비례	상트-라귀 (51+ 석) / 단순다수 (69석 지역, 그 중 7석은 마오리)

국가	하원 명칭	선거제도	참고
노르웨이	Storting	정당명부 비례	개방명부
폴란드	Sejm	정당명부 비례	동트
포르투갈	Assembly of the Republic	정당명부 비례	폐쇄명부
슬로바키아	National Council of the Slovak Republic	정당명부 비례	유연명부
슬로베니아	National Assembly	정당명부 비례	동트 (88석) + 2석은 보다(Borda)
한국	National Assembly	병립형	폐쇄명부
스페인	Congress of Deputies	정당명부 비례	폐쇄명부
스웨덴	Riksdag	정당명부 비례	개방명부
스위스	National Council	정당명부 비례	개방명부
터키	Grand National Assembly	정당명부 비례	동트
영국	House of Commons	단순다수	
미국	House of Representatives	단순다수	조지아 주 결선투표; 메인 주 즉각결선

자료: https://en.wikipedia.org/wiki/List_of_electoral_systems_by_country (검색일 2019. 5. 24)로부터 작성.

위의 표에 사용된 선거제도용어들 몇 가지를 설명하면 다음과 같다.

– 최대잔여법(헤어): 해밀턴 방법을 의미한다.

– 동트 방법(D'Hondt method): 상트–라귀 방법이 제수로 나눈 몫의 소수부분을 반올림해서 정수 의석을 만드는 데 반해서 동트 방법은 몫의 소수부분을 내림해서 정수 의석을 만든다. 미국에서는 제퍼슨(Thomas Jefferson)이 제안했기 때문에 제퍼슨 방법이라고 부른다. 동트 방법은 상트–라귀 방식과 마찬가지로 제수 방법에 속한다.

– 개방명부: 정당명부 비례대표제에서 투표자들이 지지하는 정당뿐만 아

니라 지지하는 후보에게도 투표할 수 있게 하여 비례대표 명부에서의 우선 순위를 바꿀 수 있도록 하는 제도

- 보다(Borda): 투표자들이 순위를 표시해서 투표하도록 하고, 후보자가 n명 있을 때, 최저순위는 0점, 그 다음은 1점, ……, 최고순위(1순위)는 n-1점의 점수를 매겨서 점수 합계가 가장 많은 후보를 선발하는 제도

상트-라귀 방법에 관한 보충

상트-라귀 방법에 관련하여 두 가지 설명을 보충한다.

1. 소수 부분이 정확하게 0.5일 때

상트-라귀 방법을 채택한 독일 선거법을 들어보자. 투표수를 적절한 제수로 나
눈 몫을 정수로 근사시키기 위하여 반올림할 때 0.5를 초과하면 1로 올리고 0.5
미만이면 0으로 내리고, 0.5이면 의석수를 맞추기 위하여 올리거나 내린다. 보
통 상업적으로는 0.5 이상이면 올리고 0.5 미만이면 내리는데, 상트-라귀 방법
에서는 0.5일 때 올릴 수도 있고 내릴 수도 있게 규정되어 있다. 배정 방법이 두
가지 이상이면 선관위에서 제비를 뽑게 되어있다(독일연방선거법(Bundeswahlge-
setz) §6 (2)). 독일에서 이렇게 정한 이유를 살펴보자.

다음 표는 인구수에 따라 의석을 나누는 가상적 자료이다. 의석수는 총 17
석이다. 각 주의 인구를 제수 140,000으로 나누어보니, A주의 몫은 5.5가 나왔
고, B주의 몫은 4.5가 나왔다. 상업적인 반올림 규칙에 따라 반올림하면 A주는
6석, B주는 5석을 배정받게 된다. C, D, E, F주는 각각 3석, 2석, 2석, 0석을 배
정받게 된다. 합계 18석이 되어 1석을 초과하게 된다.

표 2.47 **소수점 이하 값이 정확하게 0.5일 때의 처리**

주	인구수	몫	의석	몫	의석	몫	의석
A	770,000	5.4999607	5	5.5	6	5.500039	6
B	630,000	4.4999679	4	4.5	4	4.500032	5
C	476,000	3.3999757	3	3.4	3	3.400024	3
D	336,000	2.3999829	2	2.4	2	2.400017	2
E	294,000	2.099985	2	2.1	2	2.100015	2
F	56,000	0.3999971	0	0.4	0	0.400003	0
합계(제수)	2,562,000	(140,001)	16	(140,000)	17	(139,999)	18

* ( ) 안의 값이 제수이다.

그래서 제수를 조금 늘려서 140,001로 하니까 A주는 5석, B주는 4석이 배정되어 합계 16석이 된다. 제수를 조금 작게 해서 139,999로 하니까 A주는 6석, B주는 5석이 배정되어 합계 18석이 된다. 제수가 140,001에서 139,999로 변할 때 A주와 B주의 의석은 (5, 4)에서 (6, 5)로 변한다. 제수가 140,000일 경우에는 이 둘의 중간이 되어야 한다. 이 둘의 중간은 (6, 4) 또는 (5, 5) 두 가지밖에 없다. 따라서 0.5를 올릴 수도 있고 내릴 수도 있도록 규정해야 한다. 그리고 두 가지 다 동등한 가능성을 부여할 수밖에 없다. 이렇게 두 가지 이상의 방법 중 하나를 선택해야 할 때에는 제비를 뽑아서 결정한다.

2. 상트-라귀 방법의 다른 절차

다음의 표의 왼쪽 부분에는 지금까지 설명한 상트-라귀 방법의 절차가 표시되어 있고, 오른쪽 부분에는 새로운 절차가 표시되어 있다.

먼저 왼쪽 절차를 살펴보자. 10,800명의 인구가 주별로 분포되어 있고, 배정할 의석은 8석이다. 몇 번 시도한 끝에 적절한 제수 1,400을 찾았다. 인구수를 이 제수로 나눈 몫을 반올림해서 의석을 배정하면 모두 8석이 배정된다.

표 2.48 **상트-라귀 방법의 다른 절차**

주	인구	몫	의석	인구/1	인구/3	인구/5	인구/7	인구/9
A	5,900	4.21429	4	5,900①	1,966.67③	1,180⑤	842.86⑦	655.56
B	2,600	1.85714	2	2,600②	866.67⑥	520	371.43	288.89
C	1,590	1.13571	1	1,590④	530	318	227.14	176.67
D	710	0.50714	1	710⑧	236.677	142	101.43	78.89
합	10,800	제수1,400	8					

* ( ) 안은 선택되는 순서를 의미한다.

오른쪽 절차는 다음과 같다. 인구/1 열은 네 주의 인구를 1로 나눈 값이고, 인구/3 열은 3으로 나눈 값, 인구/5 열은 5로 나눈 값, 인구/7 열은 7로 나눈 값 등이다. 이 값들 중에서 가장 큰 값부터 순서대로 8개를 골라내면 색칠된 부분이 선택된다. 동그라미 안의 숫자는 8개가 선택되는 순서를 나타낸다. 이렇게 선택된 칸의 수만큼 의석을 배정하면 된다. 즉, A주에서는 4칸이 선택되었으므로 4석, B주 2석, C주 1석, D주 1석이다. 모두 8석이 배정된다.

왼쪽의 절차와 오른쪽의 절차는 동일한 결과를 가져온다는 것이 증명되어 있다. 증명을 스케치해보면 다음과 같다.

왼쪽의 절차에서 A주의 경우 5,900을 제수 1,400으로 나눈 몫이 4.21 이다. 이것은 3.5와 4.5 사이이다. B, C, D주에 대해서도 같은 계산을 해보면, 다음의 식들이 성립한다.

$$3.5 \leq \frac{5900}{1400} \leq 4.5$$

$$1400.5 \leq \frac{2600}{1400} \leq 2.5$$

$$0.5 \leq \frac{1590}{1400} \leq 1.5$$

$$0.5 \leq \frac{710}{1400} \leq 1400.5$$

위의 식들에서 역수를 취하고(분자 분모를 바꾸고) 각각 5900, 2600, 1590, 710을 곱해주면 다음과 같이 바꿀 수 있다.

$$\frac{5900}{4.5} \leq 1400 \leq \frac{5900}{3.5}$$

$$\frac{2600}{2.5} \leq 1400 \leq \frac{2600}{1.5}$$

$$\frac{1590}{1.5} \leq 1400 \leq \frac{1590}{0.5}$$

$$\frac{710}{1.5} \leq 1400 \leq \frac{710}{0.5}$$

마지막으로 위의 네 식을 2로 나누어주면(분모에 2를 곱하면) 다시 다음과 같이 바꿀 수 있다.

$$\frac{5900}{9} \leq 700 \leq \frac{5900}{7} \leq \frac{5900}{5} \leq \frac{5900}{3} \leq \frac{5900}{1}$$

$$\frac{2600}{5} \leq 700 \leq \frac{2600}{3} \leq \frac{2600}{1}$$

$$\frac{1590}{3} \leq 700 \leq \frac{1590}{1}$$

$$\frac{710}{3} \leq 700 \leq \frac{710}{1}$$

위의 네 식으로부터 각 주의 인구수를 각각 1, 3, 5, 7, 9 등으로 나눈 몫이 큰 순서대로 8개를 선택하면 700이상인 값들 중에서 A주의 경우 4개, B주의 경우 2개, C주와 D주의 경우 1개가 선택된다는 것을 알 수 있다.

참고로, 동트 방법은 반올림이 아니라 내림을 하기 때문에, 득표수를 1, 3, 5, 7, … 이 아니라 1, 2, 3, 4, … 로 나누어서 몫이 큰 순서대로 의석정수만큼 선택하면 된다.

주권자 정치배당 – 주권자에게 동등한 정치자금을

정치의 원죄: 정치의 시작은 불법 자금으로

앞서 우리는 정치가 불평등을 교정하지 못하는 이유의 하나로 포획된 민수수의, 부자 지배엘리트에게 포획된 민주주의를 들었다. 우리나라에서는 재벌이 부자 지배엘리트의 상징으로 인식되고 있다. 재벌한테 돈 받은 정치인 비리 문제는 정권이 바뀔 때마다 돌아가면서 터지고 있다.

부자 지배엘리트는 왜 정치인에게 돈을 줄까? 이 문제는 대답이 쉽다. 정치인은 법을 만들고, 예산을 집행한다. 특권을 만들고 지대를 창출하는 행위이다. 정치인에게 특권이나 지대에 해당되는 금액 이내에서 로비를 하는 것은 합리적이다. 비합법적인 뇌물은 주면 잡혀갈 위험이 있지만, 합법적인 로비보다 효과가 크다.

반대로 정치인은 왜 부자 지배엘리트로부터 돈을 받을까? 이 문제는 대답이 어렵다. 정권이 바뀔 때마다, 바람이 불 때마다 정치인이 줄줄이 감옥에 가는 것을 보면서도 왜 돈을 받을까?

정치인이 불법 정치자금 수수라는 모험을 하는 이유는 현역만이 합법적인 정치 자금을 마련할 수 있기 때문이다. 사무실을 유지하고 필수 인력이 활동하는 데 매달 들어가는 돈이 상당하다. 현역일 때에는 자기 월급도 나오고 보좌관 월급도 나와서 지역 사무실 운영에 큰 지장이 없지만 원외일 때에는 큰 문제가 된다.

"현역 의원들은 임기 내내 후원금을 모아 선거비용을 마련할 수 있다. 정치
자금법상 후원금을 모집할 수 있는 자격은 국회의원이나 국회의원 예비후보,
지방자치단체장 후보, 대통령 후보 및 예비후보 등이다. 지방의원이나 지방
의원 후보자들은 후원금을 모을 수 없다. 국회의원 예비후보는 총선 120일
전에야 예비후보 등록을 할 수 있다. 한 정치권 관계자는 의원이 아닌 정치
지망생에게도 후원금 창구를 열어줘야 한다. 적어도 선거 1년 전부터는 지역
사람들을 만나야지 그걸 막아놓으니까 현역들만 유리한 게임이 되는 것이라
고 말했다."[40]

정치인이 당선되려면 지역에서 상당한 기간 활동하지 않을 수 없다. 이 기
간 동안에 필요한 돈은 자신이 아주 부자가 아니라면 누군가로부터 큰 도움을
받지 않을 수 없다. 결국 정치인은 정치 자금법 위반으로 정치를 시작하게 된다.
정치인이 불법 정치자금을 수수했다고 욕하기 전에 그런 모험을 하지 않을 수
없는 이유부터 생각해 보아야 한다.

선거자금 일부 보전 제도의 의도하지 않은 효과

우리나라는 헌법 제116조에 "모든 선거운동은 각급선거관리위원회의 관리하에
법률이 정하는 범위 안에서 하되, 균등한 기회가 보장되어야 하며, 선거에 관한
경비는 법률이 정하는 경우를 제외하고는 정당 또는 후보자에게 부담시킬 수

---

40   한겨레, "노회찬 옭아맨 정치자금법…거대정당에만 돈 몰린다", 2018. 7. 25
      http://www.hani.co.kr/arti/politics/assembly/854731.html#csidx00d9d80a2f190e68
      6d35b871ae2a89e

없다."고 명시함으로써 선거공영제를 천명하고 있다.

이러한 선거공영제 원칙에 따라서 선거자금 보전 제도(비용 공영제)를 실시하고 있다. 후보자의 득표수가 유효투표총수의 100분의 15 이상인 경우 보전대상 선거비용 중 지출한 금액의 전액을 보전하고, 득표수가 유효투표총수의 100분의 10 이상 100분의 15 미만인 경우 50%를 보전하는 제도를 실시하고 있다. 그러나 실제로 100%를 보전하는 경우는 없다. 제20대 국회의원선거에서 청구액 대비 선거비용 보전율은 평균 비례대표가 88.4%, 지역구가 82.5%였다.(박상철 외, 2018, p. 49) 그리고 선거비용 중에서는 예비후보로 지출한 비용 등 아예 보전이 되지 않는 비용이 있다. 전체적으로 보면 선거비용의 80% 정도가 보전된다고 볼 수 있다. 선거자금 보전제도는 헌법 정신을 구현하고, 불법 정치자금 수수를 줄이고, 정치신인에게 기회를 주는 효과가 있다.

그러나 80% 보전 제도로는 부족한 면이 있다. 80% 보전제도는 20%의 선거자금은 후보자가 알아서 마련하라는 뜻이 된다. 20%도 결코 적지 않은 금액이다. 2018년 지방선거에서 경기도지사나 경기교육감의 선거비용은 제한액은 40억원이 넘는다. 이것의 20%는 후보자가 알아서 부담하기에는 불가능한 금액이다. 20대 국회의원 선거에서 1인당 평균 지출액은 1억2천만원이었다. 이것의 20%는 2천4백만원으로, 정치 신인이 감당하기에는 벅찬 금액이다. 왜 100% 보전 제도를 하지 않고 있을까? 합법적인 선거비용으로 인정하면서도 보전하지 않는 비용 항목들을 설정해 두는 이유는 무엇일까? 선거 플래카드를 2번째까지는 보전해 주고, 3번째부터는 보전해 주지 않는 이유가 무엇일까?

이유가 무엇이든 선거자금 일부 보전 제도는 두 가지 부작용을 낳고 있다.

첫째, 정치인들을 검찰의 통제 하에 두는 효과가 있다. 정치자금을 뒤지면 안 걸릴 정치인은 거의 없다. 검찰이 마음 먹으면 어떤 정치인이든 죽일 수 있다. 20%의 정치자금이나 100%의 정치자금이나 걸리면 죽는 것은 마찬가지이다. 모든 정치 보복은 정치자금 수사부터 시작한다. 검찰을 부리는 자는 국회의원을 부릴 수 있다. 정치인은 검찰을 부리는 자의 눈치를 보지 않을 수 없다. 종종 검찰 자체가 무소불위의 권력이 되기까지 한다. 집권당 정치인들도 종종 검찰을 어찌하지 못한다. 집권당 정치인은 인사권을 갖고 있고 검찰은 정치자금을 파헤칠 수 있다. 비등한 게임이다.

둘째, 부자 지배엘리트들이 정치인에게 여전히 큰 영향력을 행사하게 된다. 돈을 받기 전까지는 정치인이 갑이고 부자 지배엘리트가 을이지만, 돈을 받고 나면 부자 지배엘리트가 갑이고 정치인이 을이 된다. 부자 지배엘리트는 돈을 준 것을 터뜨리겠다는 위협 수단 하나를 추가로 가지게 된다. 20%의 정치자금이나 100%의 정치자금이나 터뜨리면 직을 상실하는 것은 마찬가지이다. 정치인의 입장에서는 검찰보다 부자 지배엘리트가 더 위험할 수 있다. 검찰은 수사를 시작하기 전까지는 위험하지 않다. 그러나 부자 지배엘리트는 터뜨리지 않고 있는 동안 내내 위험하다. 오히려 터뜨리면 더 이상 위협이 되지 않는다. 부자 지배엘리트의 권력은 권력의 불사용에서 나온다. 권력의 불사용은 불사용하는 한 계속되기 때문에 오랫동안 힘을 갖게 된다. 부자 지배엘리트가 정치를 포획하는 가장 확실하고 오래가는 길이 정치자금이다.

정치인은 검찰과 부자 지배엘리트 양쪽으로부터 압력을 받는 고통스러운 처지에 놓이게 된다. "너는 정치하지 마라"는 말 속에 정치인들이 겪는 극심한 고통이 느껴진다. 그런데, 자신들이 법을 만들면서 자신들에게 가장 위협이 되도록 법을 만든 이유는 무엇일까? 혹시 자기가 권력을 잡았을 때 다른 정치인을 통제히기 위하여 20%를 미보전 하도록 남겨놓은 것일까?

부자 지배엘리트의 영향력을 축소해야 포획된 민주주의를 해방시킬 수 있다. 정치인을 부자 지배엘리트가 채운 수갑으로부터 해방시켜야 일반 시민들도 불평등의 차꼬로부터 벗어날 수 있다. 선거비용 총액만 제한하고, 보전하지 않는 비용항목을 없애고, 정치 신인도 후원금을 모을 수 있도록 개혁을 할 필요가 있다. 그러나 이런 것만으로 충분하지 않다. 주권자들로부터 합법적으로, 부자 지배엘리트가 제공하는 금액 이상으로 충분히 후원을 받을 수 있는 제도를 만들어야 한다.

정치를 맑게 하는 정치후원금 공제 제도

정치인들은 나름대로 부자 지배엘리트에게 정치자금을 의존하지 않기 위해서 노력해 왔다. 위에서 분석한 선거자금 보전 제도가 그 중의 하나이다. 또 하나 훌륭한 것이 정치후원금 세액공제 제도이다. 조세특례제한법 제76조에는 다음 과 같이 규정되어 있다.

제76조(정치자금의 손금산입특례 등)

① 거주자가 「정치자금법」에 따라 정당(같은 법에 따른 후원회 및 선거관리 위원회를 포함한다)에 기부한 정치자금은 이를 지출한 해당 과세연도의 소득금액에서 10만원까지는 그 기부금액의 110분의 100을, 10만원을 초 과한 금액에 대해서는 해당 금액의 100분의 15(해당 금액이 3천만원을 초과하는 경우 그 초과분에 대해서는 100분의 25)에 해당하는 금액을 종 합소득산출세액에서 공제한다. 다만, 사업자인 거주자가 정치자금을 기부 한 경우 10만원을 초과한 금액에 대해서는 이월결손금을 뺀 후의 소득금 액의 범위에서 손금에 산입한다〈개정 2014. 1. 1.〉.

② 제1항에 따라 기부하는 정치자금에 대해서는 상속세 또는 증여세를 부과 하지 아니한다.

주권자들로부터 합법적으로 소액의 정치자금을 후원받는 제도이다. 이 제 도가 활성화될수록 정치인들의 부자 지배엘리트에 대한 의존은 줄어들게 된다.

정치후원금은 중앙당이 모금할 수도 있고 국회의원이 모금할 수도 있다. 중앙당 후원회 모금 총액은 43억7,800만원으로 정당별 현황은 〈표 3.1〉과 같 다. 중앙당 후원금을 가장 많이 모금한 정당은 정의당으로서 16억9,431만원을 모금하였다.

표 3.1 중앙당 후원회 모금현황 (단위 : 원, 2018. 12. 31.기준)

구 분	더불어민주당	바른미래당	민주평화당	정의당	민중당
모금액	270,405,442	15,906,535	6,411,542	1,694,312,696	1,399,465,371
구 분	대한애국당	노동당	녹색당	우리미래	
모금액	452,240,925	189,122,323	194,191,573	156,303,782	

자료: 중안선거관리위원회 보도자료(2019. 2. 26)

〈표 3.2〉는 2018년 국회의원 후원회 모금현황을 보여준다. 더불어민주당 국회의원들이 259억원, 자유한국당이 156억원을 모금하였다. 국회의원들의 총 모금액은 494억9,175만원이었다.

표 3.2 국회의원 후원회 모금 현황 (단위 : 개, 원, 2018. 12. 31.기준)

구 분	더불어민주당	자유한국당	바른미래당	민주평화당
후원회수	129	112	29	14
모금액	25,937,354,963	15,607,153,693	3,146,740,901	2,833,840,542
평균모금액	201,064,767	139,349,587	108,508,307	202,417,182
구 분	정의당	민중당	대한애국당	무소속
후원회수	5	1	1	7
모금액	893,738,631	130,930,100	172,756,446	768,234,061
평균모금액	178,747,726	130,930,100	172,756,446	109,747,723

자료: 중안선거관리위원회 보도자료(2019. 2. 26)

2018년은 공직선거가 있는 해로, 1인당 모금 한도가 3억원이었다. 모금 한도를 초과한 국회의원은 34명이었다. 국회의원후원회(298개)의 2018년 평균 모금액은 1억 6,600여만 원으로 2017년 평균 모금액 1억8,000여만 원과 큰 차이가 없었다(중안선거관리위원회 보도자료, 2019. 2. 26).

정치 신인을 차별하는 정치 후원금 세액공제 제도

정치 후원금 세액공제 제도는 부자 지배엘리트에 대한 정치자금 의존을 줄이는 훌륭한 제도이다. 그러나 두 가지 심각한 문제를 안고 있는데, 그 중의 하나가 정치 신인을 차별한다는 것이다. 위에서 인용한 〈조세특례제한법〉에서는 정치자금법에 따른 후원회에 기부한 정치자금을 세액공제 해 주기로 되어 있는데, 〈정치자금법〉은 다음과 같이 되어 있다.

제6조(후원회지정권자) 다음 각 호에 해당하는 자(이하 "후원회지정권자"라 한다)는 각각 하나의 후원회를 지정하여 둘 수 있다. 〈개정 2008. 2. 29., 2010. 1. 25.〉

1. 삭제 〈2008. 2. 29.〉
2. 국회의원(국회의원선거의 당선인을 포함한다)
   2의2. 대통령선거의 후보자 및 예비후보자(이하 "대통령후보자등"이라 한다)
3. 정당의 대통령선거후보자 선출을 위한 당내경선후보자(이하 "대통령선거경선후보자"라 한다)
4. 지역선거구(이하 "지역구"라 한다)국회의원선거의 후보자 및 예비후보자(이하 "국회의원후보자등"이라 한다). 다만, 후원회를 둔 국회의원의 경우에는 그러하지 아니하다.
5. 중앙당의 대표자 선출을 위한 당내경선후보자(이하 "당대표경선후보자"라 한다)
6. 지방자치단체의 장선거의 후보자(이하 "지방자치단체장후보자"라 한다)

후원회를 통해 정치자금을 모금할 수 있는 정치인을 국회의원과 대통령선거 후보자 및 예비후보자, 대통령선거 당내경선 후보자, 국회의원선거 후보자 및 예비후보자, 당 대표 경선 후보자, 지방자치단체장선거 후보자로 제한하고 있다. 이것은 정치신인과 경제적 약자가 국회에 진출하는 것을 차단하고, 현직 의원의 기득권만 강화하는 것이다.

백종덕 변호사 등 더불어민주당 지역위원장 20명은 후원회를 둘 수 있는 정치인을 국회의원, 대통령선거 후보자, 국회의원선거 후보자 등으로 제한한 정치자금법 6조가 국민의 피선거권을 침해하는지를 판단해달라며 헌법소원을 냈다.[41]

가난한 주권자를 차별하는 정치후원금 세액공제 제도

정치후원금 세액공제 제도의 더욱 큰 문제는 노인, 전업주부, 일용직, 학생 등 소득세 연말정산을 하지 않거나 종합소득 신고를 하지 않는 사람들을 차별한다는 데 있다. 세액공제는 연말정산이나 종합소득 신고 때 계산되기 때문에, 근로자이면서도 연말정산을 하지 않는 500만명의 일용직 근로자와 경제활동을 하지 않는 노인, 전업주부, 학생 등의 비경제활동인구에는 해당되지 않는다. 뿐만 아니라 연말정산을 하더라도 소득세 납부한 금액 이내에서만 공제받을 수 있기 때문에 소득세 금액이 10만원 미만인 사람은 온전한 혜택을 누릴 수 없다.

얼마나 많은 사람들이 정치후원금 세액공제 제도의 대상이 될까? 다음의 〈표 3.3〉은 〈표 1.2〉와 동일하게 국세청이 유승희 의원에게 제출한 통합소득 자료를 가지고 만든 것으로서, 1%구간별로 납부하는 소득세의 금액이 나타나 있다.

〈표 3.3〉에서 통합소득이란 연말정산할 때 신고하는 소득과 종합소득할 때 신고하는 소득을 사람별로 합산한 것을 의미한다. 연말정산을 하거나 종합소득 신고를 하는 사람 수는 약 2천2백만명이다. 일용직 근로자 약 500만명은

---

41   경향신문, "노회찬을 죽음으로 내몬 〈정치자금법〉 헌법소원", 2018. 9. 30

표 3.3 2018년 구간별 1인당 소득세 (단위, 명, 만원)

구간	인원수	1인당 통합소득	1인당 소득세
상위 0~1%	224,824	39,051	10,567
상위 1~2%	224,824	14,966	2,452
…			
상위 9~10%	224,824	7,440	467
…			
상위 49~50%	224,825	2,301	23
…			
상위 61~62%	224,825	1,699	12
상위 62~63%	224,824	1,661	10
상위 63~64%	224,824	1,623	8
…			
상위 90~91%	224,824	348	1
상위 91~92%	224,824	313	0
상위 92~93%	224,825	281	0
…			
상위 98~99%	224,824	27	0
상위 99~100%	224,825	0	0

자료: 2019년 국세청이 유승희 의원에게 제출한 자료.

제외된 표이다. 일용직 근로를 제외했는데도 통합소득의 중위값은 2,301만원에 불과하다. 중위 소득자가 납부하는 세금은 23만원이다. 중위소득도 매우 낮지만, 중위 (평균)세율도 1% 정도에 불과하다.

하위 10% 사람의 소득세는 0원이다. 상위 63%, 1천4백만명 이내에 속해야 연간 10만원 이상 소득세를 낸다. 이들만이 정치후원금 세액공제제도의 완전한 대상자이다. 2018년 18세 이상 인구 3천9백만명 중 연말정산이나 종합소득 신고 대상자가 아닌 1,700만명과 신고대상자 중 200만명(하위 9%)는 한푼도 되돌려받을 수 없고, 신고대상자 중 600만명은 일부밖에 되돌려 받지 못하는 것이다. 노인, 전업주부, 학생, 실업자, 비정규직, 영세 자영업자 등에 대한 심각한 정치적 차별이 아닐 수 없다. 전업주부가 정치인을 후원하려면 남편이 정규직이어야 하고, 그것도 남편 이름으로 해야 한다. 만약 헌법 소원을 제기한다면 틀림없이 헌법불합치 결정이 나올 것이다.

　　정치를 맑게 만드는 정치 후원금 세액공제제도가 심각한 인간 차별에 기초하고 있다면 어떻게 해야 할까? 정치를 맑게 만드는 효과가 있으니 인간 차별을 눈 감고 가야 할까 아니면 검은 정치자금 이 늘어나더라도 인간 차별 문제를 꺼내야 할까?

달러로 투표하기

미국 정치에서 부자 지배엘리트의 영향력은 날이갈수록 커지고 있다. 특히 2010년 기업과 노동조합 등 단체들도 후보나 정당과 직접 연관이 되지 않는 한, 무제한의 정치자금을 모아서 지출할 수 있도록 하였다(소위 수퍼팩, Super PAC). 이로써 정치자금이 선거에 미치는 영향은 날이 갈수록 커지고 있다. 수퍼팩은 특정 후보를 비난하는 TV 광고에 집중함으로써 간접적으로 후보를 지지하는 방식으로 선거운동을 벌이고 있다. 수퍼팩은 2012년(대선)에는 8억3천만 달러를 모금하였고, 2016년(대선)에는 17억9천만 달러를 모금하였다. 특히 문제가 되는 것은 소수의 거액 기부자들이다. 2018년 수퍼팩에서 상위 100명의 기부자들은 전체 기부자의 0.08%에 불과하였지만, 전제 기부액의 77.77%를 차지하였다.[42]

　　애커먼과 아이레스는 달러로 투표하기(Voting with Dollars)라는 제안을 하였다(Ackerman and Ayres, 2002). 정책은 두 가지로 단순하다. 첫째, 선거가 있는 해에 유권자들에게 1인당 50달러(애국 달러, Patriot Dollar)씩 나누어준다. 유권자들은 이것을 후보의 지원에 사용할 수 있다. 미사용분은 다시 회수된다. 둘째,

---

42　https://www.opensecrets.org/overview/topindivs.php?view=sp&cycle=2018

후원금은 비밀 후원 부쓰(secrete donation booth)에 입금되고 후보들에게는 익명으로 금액만 전달된다. 시민들은 자기 50달러 이외에 자기 돈을 추가로 후원할 수 있지만, 그 돈도 후보들에게는 익명으로 전달된다.

자유시장 경제는 불균등한 자금을 가지고 시작한다. 이에 반해서 자유 민주주의는 모두가 동등한 1표를 가지고 시작한다. 시장의 불평등을 정치가 교정할 수 있다는 믿음을 가지고 이렇게 합의한 것이다. 그런데 시장의 자금이 선거에 영향력을 미친다면, 정치를 통해서 시장의 불평등을 교정하는 것은 어렵게 된다. 자금이 정치에 영향을 미치는 경로를 차단해야 한다.

자금이 정치에 미치는 영향을 차단하는 낡은 방법에는 세 가지가 있다. 하나는 명령과 통제이다. 선거 자금의 상한을 정하고 자금의 용도를 규제하는 등의 방법이다. 둘째는 완전한 선거 공영화이다. 정부에서 깨끗한 돈만 가지고 선거를 치루게 하는 것이다. 사적 모금에 익숙한 미국인들은 완전한 공영화를 받아들이기 힘들 것이다. 셋째는 완전한 정보 공개이다. 누가 어떤 후보한테 얼마를 후원했는지 대중에게 낱낱이 공개하는 것이다. 그러나 정보를 공개한다고 돈의 영향력이 사라지는 것은 아니다.

달러로 투표하기는 유권자들이 똑같은 금액의 선거 자금을 가지고 정치를 시작하자는 새로운 방법이다. 명령과 통제를 할 필요도 없고, 완전한 공영화를 할 필요도 없다. 선거제도를 시장의 원리와 결합시킨 것이다. 1인당 50달러는 지금까지 사적으로 모금해 온 선거자금을 훨씬 넘어서는 금액이므로 시장의 자금이 미치는 영향력이 줄어들 것이다.

그리고 달러로 투표하기는 선거 자금 정보를 완전히 공개하는 것이 아니라, 선거 자금 정보를 완전히 숨기는 것이다. 애국 달러 이상으로 기부하는 금액도 완전히 숨긴다. 거액을 기부하더라도 누가 기부했는지 알 수 없기 때문에, 돈의 정치적 영향력은 사라진다. 후원을 비밀로 처리하면, 아무나 자신이 거액을 기부했다고 주장할 수 있게 만들기 때문에, 실제로 거액을 기부한 사람의 주장을 입증 불가능하게 만든다. 비밀투표 방식은 "내가 당신에게 투표하였다"는 값싼 이야기(cheap talk)를 아무나 할 수 있게 만들어서 투표 매매를 방지하였다. 비밀 투표가 투표와 정책의 거래를 막았듯이, 비밀 선거자금은 선거자금과 정책의 거래를 막을 것이다(Ackerman and Ayres, 2002, chapters 1-2).

앤드류 양, 민주주의 달러

"도널드 트럼프의 정반대는 수학을 좋아하는 아시아인이다.".

앤드류 양(Andrew Yang)은 매월 1,000달러의 자유배당(Freedom Dividend, 보편 기본소득)을 18세 이상의 성인들에게 지급하겠다는 공약으로 미국 민주당 대선 경선에 뛰어들었다. 무명의 정치신인으로 시작해서 민주당에서 정한 지지율 기준을 통과하여 2019년 가을 민주당 대선 토론회 자격을 9번째로 획득하였다.

자동화로 일자리가 사라진 러스트 벨트(rust belt)의 사람들이 지난 번 대선에서 트럼프를 찍었던 것을 다음과 같이 간단하게 요약하였다.

"자동화로 직업이 사라지고 있다. 이것이 바로 트럼프가 현재 대통령인 이유이다.".

자유배당을 지급해야 하는 이유는 사람들이 스트레스를 덜 받고 건강한 상태로 살아가면서 새로운 직업을 구하거나 교육을 받거나 의미 있는 일에 종사할 수 있도록 하기 위해서이다. 기본소득은 소비를 늘려 경제 활성화에도 도움을 줄 것이다.

앤드류 양은 기후 위기에 대해서도 강한 메시지를 전달하고 있다.

"지구 온난화 대처 10년이 늦었다. 저지대 사람들을 고지대로 이주시켜야 한다."

톤당 40달러의 탄소세를 부과하고 그 재원의 50%를 보편기본소득 재원(탄소배당)으로 쓰고 나머지 50%를 재생에너지 투자에 사용하겠다고 공약하고 있다. 탄소세는 수출품에 대해서는 면제하고 수입품에 대해서는 부과하여 국제경쟁력에 영향을 주지 않도록 한다.

앤드류 양은 바로 선거가 있는 해에 1인당 100달러의 민주주의 달러(Democracy Dollars)를 지급하겠다고 다음과 같이 공약하고 있다.

민주주의 달러

우리는 선거에서 매우 부유한 개인과 회사가 끼치는 영향을 줄여야 합니다. 선거자금법으로 상위 1%의 권력을 올바로 제한할 수 있도록 헌법개정을 추진해야하지만, 민주주의 과정을 구하기 위해서 훨씬 더 빨리 행동해야 합니다. 그렇게 하려면, 정치인에게 영향력을 행사하기 위해 수백만 달러를 지출할 수 있는 소수의 목소리를 잠재우기 위하여, 모든 미국인이 자신이 강하게 지지하는 후보에게 후원할 수 있도록 해야합니다.

가장 쉬운 방법은 미국인들에게 그들이 지지하는 정치인들에게 기부할 수 있는, 공적 자금으로 충당되는 바우처를 제공하는 것입니다. 모든 미국인은 1년에 100 달러를 후보에게 후원하거나 말거나 할 수 있습니다. 이 민주주의 달러는 미국 인구가 많기 때문에 거대 기부자들의 영향을 압도할 것입니다. 시애틀에서 큰 효과를 거두었으며, 우리는 그들의 프로그램을 전국 선거에 사용할 수 있습니다.

여러분이 후보로 출마할 때 가장 큰 문제는 한편으로 돈을 모으고 다른 한편으로 사람을 모아야 한다는 것입니다. 이것은 전혀 다른 일입니다. 모든 미국인이 자신이 가장 좋아하는 후보자에게 100 달러를 준다고 상상해 보십시오 – 그러면 여러분이 1만명을 모으면 1백만 달러를 모으게 됩니다. 여러분은 부자들과 기업에게 아부하는 대신에 여러분이 대표하는 사람들의 최선의 이익을 위해 행동할 수 있습니다. 부자들에게 돈을 요청하는 것은 영혼을 짓누르는 일입니다. 정치인들이 돈을 구하기 위해 노심초사 하지 않고, 사람을 대변하는 일에 대해서만 걱정한다면 우리 모두 더 좋아질 것입니다.

내가 대통령이 되면, 모든 유권자에게 연방 선거 주기마다 100달러의 민주주의 달러를 제공할 것입니다. 이것은 그들이 선택한 후보자를 지원하는 데 사용할 수 있는 바우처입니다.

이것은 선거마다 전국적으로 230억 달러 이상의 금액으로서, 대규모 기부자와 검은 돈의 지출보다 4배 이상이 되는 금액입니다.[43]

주권자 정치 배당 제안

1) 정책의 목표

- 정치자금법과 조세특례제한법 등에서 노인, 여성, 청년, 학생, 비정규직 등에 대한 차별 시정
- 모든 주권자가 정치자금을 통해서 정치에 미치는 영향력을 평등하게 만드는 것
- 1인 1표, 1표 1가치를 넘어서 1인 1원의 민주주의를 실현하는 것
- 정경유착, 불법 정치자금 거래를 없애는 것
- 주권자의 정치에 대한 관심과 참여를 높이는 것
- 정치인의 주권자의 요구에 대한 반응성을 높이는 것
- 정치 신인의 정치 진출을 용이하게 하는 것
- 소수 정당의 정치적 활동을 용이하게 하는 것

---

43 https://www.yang2020.com/policies/democracydollars/

2) 정책의 내용

- 18세 이상의 모든 성인에게 1년에 10만원의 정치배당금을 지급한다. 정치배당금은 정치인과 정당의 후원에만 사용할 수 있다. 미사용분은 국고에 귀속된다.
- 공직선거가 있는 해에는 금액을 5만원~10만원 인상한다.
- 후원금은 선관위가 관리하는 정치후원금 사이트에서 일괄 접수한다. 선관위는 후원의 이름을 익명으로 하고, 후원자의 수와 후원금만 전달한다. 특정일에 후원금이 많이 들어오면 분산해서 전달한다.
- 자기 돈으로 배당금 이상을 후원하는 것도 가능하다. 이 후원금도 마찬가지로 익명으로 전달된다. 선관위 정치후원금 사이트를 통하지 않고 후원하는 것은 모두 금지한다.
- 정당 정치 발전을 위하여 배당금의 일정한 비율은 정당 후원에 사용하도록 의무화 할 수 있다. 정치인의 범위는 공직선거 당선자, 출마자, 예비후보자 등으로 하되 정치 신인에게 불리하지 않도록 현행 정치자금법 규정보다 폭을 넓힌다.
- 후원금은 선관위에서 보존하지 않는 선거비용에 지출할 수 있도록 한다. 후원금 추세를 보아가면서 보전되는 선거비용을 적절하게 줄여가도록 한다. 선거비용은 총액제한을 유지하고 비목 제한은 완화해 나간다.
- 정치인 1인당 받을 수 있는 후원금 한도를 설정하고, 한도 초과 여부를 선관위 사이트에서 미리 알려 주어 다른 후보 지원에 사용할 수 있도록 한다.

3) 예산

- 현행 정치후원금 제도 하에서 실제로 지출한 예산은 2018년 기준으로 450억원 정도이다.

현행 정치후원금 제도 하에서 잠재적으로 필요한 예산은 모든 연말정산 및 종합소득 신고자 중에서 소득세 10만원 이상인 1,400만명 모두가 후원한다고 가정하면 1,400만명 × 10만원 = 1.4조원이다.

- 주권자 정치배당이 도입되고 전체 주권자 중 3,000만명이 후원금을 납부한다고 가정하면 3,000만명 × 10만원 = 3조원이다. 이것은 잠재 지출액 기준으로는 1.6조원 예산이 더 들고, 2018년의 실제 지출액 기준으로는 2.55조원 예산이 더 들어간다.

4) 효과

주권자 정치 배당은 1인 1표, 1표 1가치, 1인 1원이라는 실질적 민주주의의 세 가지 기본 조건의 하나이다. 주권자 정치배당은 선거운동 방식을 전혀 다르게 변화시킬 것이다. 미국처럼 유권자 몇 명으로부터 얼마의 정치후원금을 모금했는가가 후보 경선의 조건이 될 수 있다. 소수의 부자 지배엘리트가 아니라 다수의 유권자로부터 지지를 받을 수 있는 정책을 앞다투어 개발하게 될 것이다. 부자 지배엘리트의 정치적 영향력은 현저하게 감소할 것이다. 부자 지배엘리트로부터 받던 금액의 수십배에 해당되는 금액을 주권자로부터 받을 수 있기 때문이다. 정치 신인에 대한 진입장벽도 낮아질 것이다. 정치인에게도 해방의 수단이 될 것이다. 정치인은 검은 정치자금이 불필요하게 되므로, 부자 지배엘리트의 압력으로부터 벗어날 수 있다. 이것은 검찰이나 집권당의 자의적 권력으로부터도 해방된다는 것을 의미한다.

주권자에게는 동등한 정치 자금을! 정치인에게는 정치의 원죄로부터 해방을!

제4장

주권자 언론 배당- 언론을 주권자의 대리인으로

뉴스 신뢰도 꼴등인 나라

우리나라 인터넷 응답자는 "거의 항상 대부분의 뉴스를 신뢰한다"라는 진술문에 대해 25%만이 그렇다고 답한 것으로 조사됐다. 한국언론진흥재단(이사장 민병욱)이 영국 옥스퍼드대학교 부설 로이터저널리즘연구소와 공동연구해 최근 발간한 〈디지털뉴스 리포트 2018〉에 따르면 우리나라 뉴스 신뢰도는 조사 대상 37개국 가운데 최하위로 지난해에 이어 여전히 꼴찌인 것으로 나타났다(2017년 23%, 36개국 중 36위). 각국의 디지털 뉴스 이용 현황 및 생태계를 살펴보고 특성을 비교·분석하는 〈디지털뉴스 리포트〉는 2012년 첫 발간 뒤 현재 세계적 권위를 인정받아 각종 언론보도와 연구에서 이용되고 있다.

우리나라와 함께 그리스(26%), 헝가리(29%), 말레이시아(30%) 등이 뉴스 신뢰도 하위 그룹을 형성했다. 뉴스 신뢰도 상위그룹엔 핀란드(62%), 포르투갈(62%), 브라질(59%), 네덜란드(59%), 캐나다(58%), 덴마크(56%) 순으로 올랐다.[44]

우리나라는 인터넷 뉴스에 대한 신뢰도도 낮아서 정부가 인터넷 뉴스 중에 무엇이 가짜인지 구별하는 노력을 더 해 주어야 한다고 생각하는 비율도 가

---

44 한겨레, "한국 뉴스 신뢰도 37개국중 꼴찌…1위는 핀란드·포르투갈", 2018. 6. 14

장 높은 나라였다.

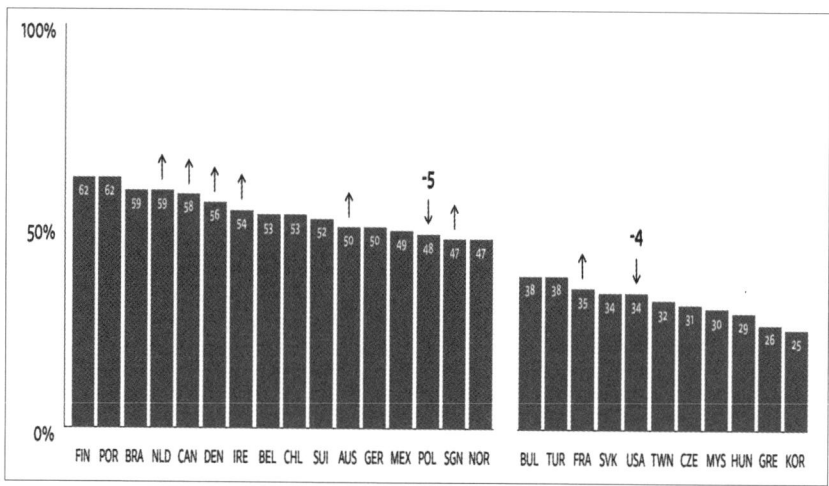

그림 4.1 거의 항상 대부분의 뉴스를 신뢰하는 사람의 비율

자료: Reuters Institute for the Study of Journalism, *Digital News Report 2018*

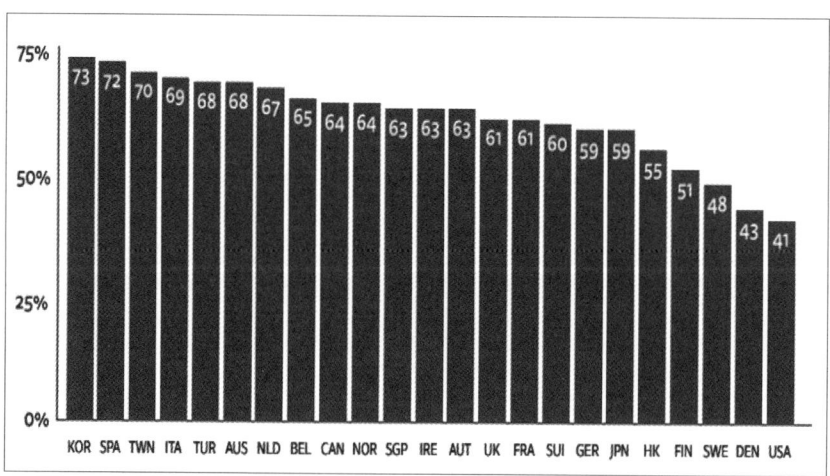

그림 4.2 정부가 가짜 인터넷 뉴스 구별에 더 노력해야 한다고 생각하는 사람의 비율

자료: Reuters Institute for the Study of Journalism, *Digital News Report 2018*

끔찍했던 주류 언론의 공격

주류 언론은 정치인이 부자 지배엘리트의 입장에 위험이 된다고 판단되면, 과장된 뉴스, 왜곡된 뉴스, 가짜 뉴스 등 모든 수단을 써서 공격을 한다. 유시민 작가(전 보건복지부 장관)는 노무현 대통령 시절 주류 언론의 끔직했던 공격을 다음과 같이 묘사하였다.

"저는 지금 돌이켜 보면, 그 당시에 너무너무 끔찍했어요. 매일 매일이. 8시, 9시 메인 TV 뉴스를 볼 때도 끔찍했고요. 아침에 조간신문들을 펼칠 때도 매일 매일이 무서웠어요, 그 공포감. 정말 고립무원의 대통령 혼자 떠 있는 것 같은, 바다 위에. 그런 느낌."

"데이터를 보면 노무현 대통령이 추진했던 개별 정책들은 지지율이 과반이 안 된 게 거의 없었어요. 언론개혁, 사학법 개정, 국가보안법 개정 그다음에 한미 FTA, 심지어 이라크 파병까지도 찬성률이 훨씬 높았어요. 그 메시지로는 싸울 수가 없는 거예요. 노 대통령이 발산하는 메시지는 논리적이고 정합성이 있고 국민 여론에 부합하는 거였기 때문에 메시지를 가지고 싸워서는 이기기가 힘든 거예요. 메시지를 가지고 싸워서 이기기 힘들다고 느낄 때 뭘 합니까? 메신저를 공격하죠. 그 발화자. 그 메시지를 발산한 사람의 인격을 공격하는 거예요. 매우 효율적인 방법이에요. 그래서 참여정부 내내 제가 다 끝나고 나서 몇 개 데이터들을 봤더니 참여정부의 주요 정책에 대한 지지율은 전국 평균을 보면 거의 다 과반수가 넘어갔는데, 대통령의 지지율은 임기 초반을 빼고는, 임기 초를 빼고는 완전히 30% 밑으로 가서 바닥을 쳤어요. 퇴임하실 때까지. 그러니까 메시지를 공격하기 힘들 때는 메신저를 공격하라는 일종의 미디어 전략 또는 커뮤니케이션 전략 그 공격이 매우 효율적이었어요. 굉장히 효과적으로 먹혔고 노무현 대통령도 이런 점을 충분히 인지하지 못하셨던 것 같아요. 그러니까 임기 끝날 때까지도 계속해서 메신저를 공격할 수 있는 공격거리를 계속해서 제공하셨던 거예요. 그 결과 전투에서 패한 거죠. 저는 그렇게 해석해요.".[45]

최근 가짜 뉴스로 노무현 대통령을 공격한 적이 있었던 언론인 한 명이 양심선언을 하였다.

지난 4일 L 대표는 페이스북에 J일보 기자로 재직하던 2009년에 있었던 일을 털어놓았다. 그는 2009년 4월 10일 건호씨가 미국 유학 중에 월세 3,600달러의 고급주택에서 거주했다고 보도했다. 스탠퍼드대 경영대학원에서 공부하던 그가 고급주택단지 2층집을 구했고, 그 집엔 방과 화장실이 각각 3개라며 자세한 내용을 전했다. 그러면서 한국에서 1억원이 넘는 폴크스바겐 투아렉을 포함한 2대의 차량을 몰고 건호씨가 저렴한 학교 골프장을 냅두고 그린피(사용료)가 120달러 넘는 골프장에 다녔다고 보도했다. 학생 신분의 건호씨가 감당하기엔 지나치게 호화로운 유학생활이었다는 의도가 담긴 기사였다. '박연차 게이트'로 수사를 받던 노 전 대통령 가족에게 부담을 지우려는 인상이 강했다.

그는 "그 집이 그다지 비싼 집이 아니고 자동차가 그렇게 비싼 차가 아니며 그 골프장이 그리 대단한 게 아니란 건 저도 알고 데스크도 모두 알았지만 어찌됐든 기사가 그렇게 나갔다"고 해명했다. 그러면서 L 대표는 "그 죄를 부인할 마음이 없다. 나는 역사의 죄인이며 평생 속죄하며 살아가겠다"고 적었다.[46]

노무현의 숙명, 언론 개혁

노무현 대통령은 비록 실패하였지만, 언론 개혁을 시도한 보기 드문 대통령이

---

45   KBS, "노무현과 언론개혁① 전투에서 처절하게 패하다", 2019. 5. 26

46   서울신문, "전직기자 양심고백 파문..노건호·용산참사 허위기사 논란", 2019. 7. 8

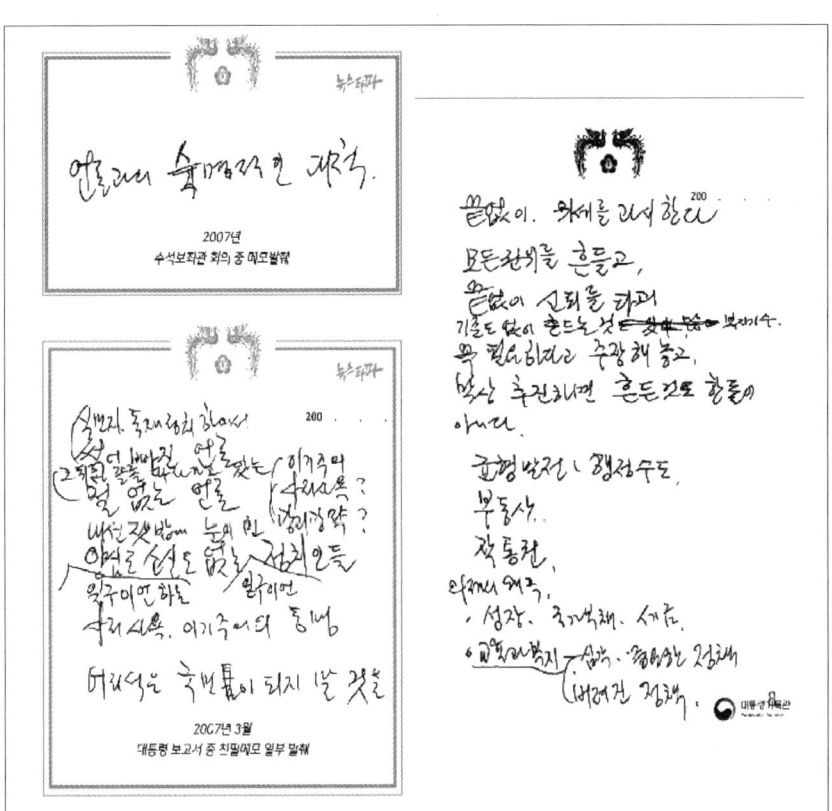

그림 4.3 언론에 관한 노무현 대통령의 메모

자료: 뉴스타파(2016. 5. 21)

었다. 〈그림 4.3〉은 뉴스타파를 통해서 공개된 노무현 대통령의 언론 관련 메모들이다.[47]

언론에 대한 분노와 언론 개혁에 대한 의지를 엿볼 수 있다. 언론은 꼭 필요하다고 주장해 놓고 막상 추진하면 흔드는 경우가 한둘이 아니다. 언론의 큰 해악 중의 하나는 의제의 왜곡이다.

다음은 KBS에서 편집한 언론 개혁에 관한 노무현 대통령의 발언이다.

---

47   뉴스타파, "[최초공개] '썩어빠진 언론'…노무현 친필메모 266건", 2019. 5. 21

"언론 이거 개혁해야 합니다. 언론자유는 정치권력으로부터의 자유만 말하고 있는데 사실은 돈으로부터의 자유. 말하자면 금권으로부터의 자유가 대단히 중요한 것이고…".

"사주로부터 기자의 자유는 어떻게 확보할 것인가?".

"정치와 언론만 선진국 수준에 미달하고 있지 않습니까. 부탁합니다. 최소한 있는 정책과 사실만은 제대로 전달해주시기 바랍니다.".

"언론의 수준이 그 사회의 수준을 좌우할 수밖에 없습니다.".

"일부 언론의 시샘과 박해로부터 우리 스스로를 방어해나가야 합니다.".

"언론은 본래의 자리로 돌아와야 합니다. 국민의 편에서 국민의 권리와 이익을 대변하는 시민의 권력이 되어야 합니다. 약자의 권력이 되어야 합니다. 깨어있는 소비자를 거쳐서 깨어있는 시민으로 가야 합니다.".

"언론 스스로 개혁하고 수준을 높여야 하는 것입니다. 민주주의 최후의 보루는 깨어있는 시민의 조직된 힘입니다. 이것이 우리의 미래입니다."[48]

노무현 대통령에 따르면, 언론은 국민의 권력와 이익을 대변하는 시민의 권력이 되어야 한다. 약자의 대리인이 되어야 한다. 그러나 언론은 부자 지배엘리트의 대리인 역할을 하고 있다. 언론의 자유란 정치 권력으로부터의 자유뿐만 아니라, 사주로부터의 자유, 돈의 압력으로부터의 자유가 핵심이다.

그러나 촛불 혁명으로 정권이 바뀌었는데도 언론의 광고에 대한 의존은 날이 갈수록 커지고 있고, 주류 언론은 더욱 더 부자 지배엘리트의 이해를 대변하면서 경제적 불평등을 정당화 하고 있다. 최소한 정책과 사실은 제대로 전달한 뒤에 비판을 해야 할텐데, 사실은 외면한 채로 가짜 뉴스를 뿌리면서 공격을 하고 있다.

---

48   KBS, "노무현과 언론개혁① 전투에서 처절하게 패하다", 2019. 5. 26

프로파간다 모델과 구경꾼 민주주의

주류 언론이 부자 지배엘리트에 위협이 된다고 판단하는 정치인에 대하여 공격할 때에는 어떤 패턴이 있는 듯하다. 허먼과 촘스키는 언론 권력과 경제 권력 사이의 상호작용을 설명하는 프로파간다 모델(propaganda model)을 제시하였다(Herman and Chomsky, 1988). 프로파간다 모델에 따르면, 뉴스는 5가지 필터를 통해서 걸러지게 된다: ① 언론의 소유 집중, 규모 확대, 민간 기업의 언론사 인수, 이윤 추구 ② 언론의 주된 수입이 광고 ③ 정부와 기업의 공보 관료에 뉴스의 원천을 의존 ④ 언론에 대한 통제로서의 비난(flak), 즉 편지, 전화, 소송, 법률 등으로 언론 길들이기. ⑤ 반공 이데올로기와 시장만능주의 이데올로기. 이렇게 해서 언론은 공공의 이익을 대변하는 것이 아니라 경제 권력의 이해를 반영하게 된다.

프로파간다 모델은 제1차 세계대전 때 미국 윌슨 대통령의 크릴 위원회(Creel Committee)에서 사용되었다. 크릴 위원회는 불과 6개월도 채 안되어 참전에 반대하던 미국 시민들을 독일을 극도로 혐오하는, 열정적인 전쟁 지지자로 만드는 데 성공하였다. 전쟁이 끝난 후에는 같은 방법으로 빨갱이 소동(Red Scare)을 일으켜서 노동조합을 탄압하였다(Chomsky, 2002, pp. 12-13).

히틀러는 1차 대전에서 독일이 패배한 주요 원인은 영국의 프로파간다 때문이었다고 생각하였다. 그의 집권하기 몇 년 전 감옥에서 저술한 책 속에서 프로파간다 이론을 다음과 같이 전개하였다.

대중의 상태에 대하여:

- 사람들은 충분히 반복해서, 충분히 강조해서 들으면, 그리고 반대자들을 침묵시키거나 억압해서 덮어버리면, 무엇이든 믿게 될 수 있다.
- 선전은 항상 대중의 광범위한 대중을 대상으로 해야 한다. 모든 선전은 대상이 되는 대중 중에서 가장 지성이 떨어지는 사람이 이해할 수 있는 수준

이어야 한다.

- 선전의 기술은 바로 대중의 감정에 호소하여 상상력을 일으키는 것, 대중의 주목을 받고 대중의 마음에 호소할 수 있는 적절한 심리학적 형태를 찾는 것이다.

- 대중은 주어진 상황에서 합리적 판단을 할 수있는 사람들로만 구성되어 있지 않고, 한 생각과 다른 생각 사이에서 끊임없이 흔들리는 인간 어린이 집단(crowd of human children)으로 구성되어 있다.

- 대다수의 국민은 성격이나 외모에서 너무 여성적(feminine)이어서 그들의 생각과 행동은 냉철한 추론보다는 감정에 의해 지배된다. 그러나 이 감정은 복잡하지 않고 간단하고 일관성이 있다. 그것은 고도로 분화된 것이 아니라 사랑과 증오, 옳고 그름, 진리와 거짓이라는 부정과 긍정의 두 개념만을 가지고 있다(Hitler, 1925, Chapter 6).

프로파간다 방법에 대하여:

- 진리가 상대방에게 유리하면, 프로파간다는 진리를 객관적으로 조사해서는 안 된다. 우리에게 유리한 측면만을 제시해야 한다.

- 대중의 수용력은 한정되어 있고, 연약하다. 그리고 빨리 잊어버린다. 그래서 프로파간다는 몇 개의 발가벗은 본질에 한정되어야 하고, 가능한 한 전형적인 공식으로 표현되어야 한다. 이 슬로건들은 마시막 사람이 이해할 때까지 지속적으로 반복되어야 한다.

- 모든 변형된 프로파간다 메시지는 항상 동일한 결론을 강조해야 한다. 주요 슬로건은 다양한 방법으로 다양한 각도에서 보여줄 수 있지만, 궁극적으로 동일한 공식의 선언으로 되돌아 가야 한다(Hitler, 1925, Chapter 6).

미국의 프로파간다 모델은 독일의 모델과 다르지 않다. 크릴 위원회에서 활동했고, 여성의 흡연을 "자유의 횃불(torches of freedom)"로 이름붙여 여성 흡

연율을 높인 것으로 유명한, 버네이즈(Edwards Bernays)는 〈프로파간다〉라는 책을 저술하였다. 그는 민주주의의 실제 모습을 다음과 같이 그렸다.

> 대중의 관행과 의견을 의식과 지성을 발휘해 조작하는 것은 민주주의 사회에서 중요한 요소이다. 사회의 이 보이지 않는 메커니즘을 조작하는 사람들이야말로 국가의 권력을 진정으로 지배하는 보이지 않는 정부(invisible government)를 이룬다.
> 우리는 한번도 들어본 적이 없는 사람들의 통치를 받으며 우리의 생각을 주조하고, 취향을 형성하고, 아이디어를 떠올린다. 우리의 민주주의 사회가 어떻게 조직되는지를 고려할 때 이는 논리적으로 당연한 결과다. 원활하게 기능하는 사회로서 함께 살아가려면 인간은 이런 식으로 협력해야 한다(Bernays, 1928, p. 61).

히틀러의 책보다 3년 뒤에 출판된 버네이즈의 책은 놀라우리만치 동일한 시각에서 민주주의를 바라보고 있다. 미국과 독일이 민주주의에 대한 인식 차이 때문에 전쟁을 한 것은 아닌 것이 분명하다.

촘스키는 이러한 민주주의, 즉 대중을 우왕좌왕하는 소떼로 보고 중요한 결정에서 배제시키되 이따금 선거를 통해서 지도자가 되어달라고 부탁하는 역할을 하게 하고, 실제의 통치는 소수의 책임 있는 엘리트 계급이 하도록 하는 민주주의를 구경꾼 민주주의(spectator democracy)라고 불렀다(Chomsky, 2002, p. 15). 구경꾼 민주주의에서 엘리트 계급은 동의를 조작(manufacture of consent)해서 대중을 통치한다(Chomsky, 2002, p. 19). 우리나라에서 언론 권력이 밤의 대통령을 자처했던 것이 떠오른다.

인터넷의 양면적 효과

인터넷이 촘스키의 프로파간다 모델을 약화시키는 측면이 있지 않을까? 그렇다. 인터넷은 프로파간다 모델에서 제1 필터를 약화시킨다. 제1 필터 중에는 언론사의 집중이 들어 있다. 소수의 거대 언론이 미디어 시장을 독점하면, 다른 목소리가 대중에게 전달되기 힘들다. 그러나 인터넷의 발달은 다른 목소리의 전달을 용이하게 하고 있다. 과거에는 언론이 사실과 다르게 억울하게 보도하면 어디 호소할 데가 없었다. 그러나 지금은 페이스북에 글을 올리는 것만으로도 제법 많은 사람에게 억울함을 알릴 수 있다. 아니면 우후죽순 격으로 생겨나는 유튜브 등의 1인 미디어를 통해서 호소를 할 수도 있다. 주류 언론으로부터 끔찍한 공격을 당했던 유시민 작가는 〈알릴레오〉 팟캐스트를 운영하고 있다. 언론과 사이가 나쁜 트럼프 대통령은 트위터로 자기의 정책을 알린다. 역사적인 판문점 북미 정상회담도 트위터에서 시작되었다. 자기가 자기를 전달하니 왜곡될 것이 하나도 없다.

물론 인터넷이 다양한 미디어를 등장시켜 언론 집중을 약화시키는 경향에는 어느 정도 한계가 있다. 첫째로, 너무 많은 1인 미디어, 너무 많은 전달 수단(SNS)이 있어서 오히려 전달되기 힘든 측면이 있다. 많은 사람에게 전달할 수 있는 1인 미디어를 만드는 것은 극히 어렵다. 둘째로, 너무 많은 가짜 뉴스가 있어서 신뢰도가 떨어진다. 셋째로, 소수의 포털이 인터넷 뉴스를 통제한다. 포털은 스스로 대자본이 되거나 대자본에 의해서 소유되어, 부자 지배엘리트의 입장을 점점 더 많이 대변하고 있다.

인터넷은 제1 필터는 약화시키는 경향이 있지만, 제2 필터, 즉 광고에 대한 의존은 매우 강화시키는 경향이 있다. 전통적으로 언론의 재정 수입원은 구독료와 광고 수입이었다. 구독료는 언론의 독립성을 지키고 자본의 지배 위험을 감소시켜주는 매우 중요한 수입원이다. 그런데 인터넷의 발전은 온라인에서 공짜로 뉴스를 볼 수 있게 만들었다. 구독료를 내고 종이 신문을 볼 필요가 없어진 것이다.

4차 산업혁명은 무상경제(free economy) 경향이 지배적이다. 무상경제는 흔히 공유경제라고 잘못 부르지만, 공유가 아니라 어디까지나 사적 소유이다. 그것은 사적 소유이면서 무상으로 제공하는 것은 플랫폼 기업의 전략이다. 플랫폼은 여러 집단의 접속자들을 중개하는 곳이다. 플랫폼은 한 쪽 면의 접속자들에게는 무상 서비스를 제공해서 접속자 수를 늘리고, 다른 쪽 면의 광고주들로부터 높은 광고수입을 받으려는 양면시장(two-sided market) 전략을 쓴다. 무상으로 제공할 때 돈을 더 많이 벌기 때문에 그렇게 하는 것이다(강남훈, 2019).

세계적으로 많은 플랫폼은 뉴스를 접속자들에게 무상으로 제공한다. 언론사는 플랫폼으로부터 약간의 돈을 받게 되지만 플랫폼이 무상으로 뉴스를 제공하는 것을 막을 길이 없다. 자기 뉴스는 접속자에게 무상으로 제공하면 안 된다고 하면 플랫폼에서 배제되어 버릴 것이다.[49] 온라인 뉴스 무상 제공은 온라인 구독과 오프라인 구독 모두를 감소시킨다. 구독 수입이 줄어들면 언론은 광고에 더욱 의존하게 된다. 이렇게 해서 제2 필터는 더욱 강화된다. 광고주로서 부자 지배엘리트는 뉴스에 대하여 더 큰 발언권을 갖게 된다. 언론은 절박하게 부자 지배엘리트의 입장을 앞다퉈서 대변하고 있다.

49　극소수의 글로벌 미디어가 플랫폼에 대항해서 온라인 구독을 만들어 내는 데 성공하였다. 뉴욕 타임즈의 경우, 2017년 매출의 60%가 독자들에게서 나왔고, 2017년 2/4분기 디지털 전용 구독 수입이 광고 수입을 초과하였다고 한다(Tzuo, 2018, p.121). 추오는 이러한 구독경제(subscription economy)가 상당히 보급될 것으로 기대하고 있지만, 미디어 분야에서 온라인 구독경제를 만들 수 있는 가능성은 영어를 사용하는 극소수의 글로벌 미디어에 한정될 것으로 보인다. 특히 우리나라는 인터넷 포털을 통해서 뉴스를 공짜로 보는 것이 완벽한 습관이 되어 버려서 자발적인 온라인 구독을 만들어내기 더욱 힘들어 보인다.

필요할수록 줄어드는 광고 수입

구독료 수입이 줄어들면 광고에 대한 의존도가 높아질 수밖에 없다. 그러나 전통적인 미디어(신문, 방송)의 경우에는 광고비 총액도 줄어들고 있다. 구독료와 광고가 모두 감소하는 재정적 위기로 빠져들고 있다.

〈표 4.1〉에는 매체별 광고 수입 현황이 나와 있다. 전체 매체의 광고 총액은 2015년에 10조7,300억원에서 2017년에는 11조1,700억원 수준으로 증가하고 있다. 그러나 신문, TV, 라디오, 잡지 등 전통적인 4대 매체에 한정한 광고액은 점점 줄어들고 있다. 특히 지상파 방송의 광고비는 2년 사이에 3천억원 가까이 줄었다.

광고 시장의 추세가 중요한 이유는, 매체들의 가장 큰 수입원이 광고이기

표 4.1 매체별 광고 수입 현황   단위: 억원

구분	매체	광고비(억)			성장율(%)		구성비(%)	
		2015년	2016년	2017년 (F)	2016년	2017년 (F)	2016년	2017년 (F)
방송	지상파TV	19,702	16,576	16906	-15.9	2.0	15.2	15.1
	라디오	2,967	2,890	2,977	-2.6	3.0	2.7	2.7
	케이블/종편	17,768	18,655	18,581	5.0	-0.4	17.1	16.6
	IPTV	801	768	780	-4.1	1.6	0.7	0.7
	위성, DMB 등 기타	1,043	1,110	1,101	6.5	-0.8	1.0	1.0
	방송 계	42,281	39,999	40,345	-5.4	0.9	36.8	36.1
인쇄	신문	15,011	14,712	14,520	-2.0	-1.3	13.5	13.0
	잡지	4,167	3,780	3,662	-9.3	-3.1	3.5	3.3
	인쇄 계	19,178	18,492	18,182	-3.6	-1.7	17.0	16.3
Digital	PC	17,216	16,372	15,358	-4.9	-6.2	15.0	13.8
	모바일	12,802	17,453	21,493	36.3	23.1	16.0	19.3
	Digital 계	30,018	33,825	36,851	12.7	8.9	31.1	33.0
OOH	옥외	3,592	3,512	3,406	-2.2	-3.0	3.2	3.1
	극장	2,120	2,251	2,318	6.2	3.0	2.1	2.1
	교통	4,339	4,328	4,544	-0.3	5.0	4.0	4.1
	OOH 계	10,051	10,091	10,268	0.4	1.8	9.3	9.2
제작		5,742	6,425	6,005	11.9	-6.5	5.9	5.4
총계		107,270	108,832	111,651	1.5	2.6	100.0	100.0

자료: 제일기획(강남훈, 김진오, 이준형, 2019)

때문이다. 〈표 4.2〉에는 2013년에서 2017년 사이의 신문산업 매출액 구성 현황이 나와 있다. 전체 수입에서 가장 큰 비중을 차지하고 있는 것은 광고이다. 종이 신문 전체 매출액에서 광고비가 차지하는 비중은 2013년 58.3%, 2014년 58.2%, 2017년 59.6% 등 과반수가 넘는다. 인터넷 신문의 경우 2013년 37%, 2014년 39.7% 등 비교적 광고의 비중이 작았는데, 점차 비중이 확대되어 2017년에는 62% 수준까지 커졌다.

표 4.2 신문산업 매출액 구성 현황   단위 : 백만원

연도	구분	광고수입	부가사업 및 기타사업수입	종이신문 판매수입	인터넷상의 콘텐츠 판매수입	합계
2013	일간	1,656,910	614,329	449,098	47,561	2,767,897
	주간	179,324	50,939	135,351	13,699	379,313
	종이신문	1,836,234	665,268	584,449	61,260	3,147,210
	인터넷신문	146,308	197,903	–	51,654	395,865
	합계	1,982,542	863,171	584,449	112,914	3,543,075
2014	일간	1,614,559	624,487	368,866	93,261	2,701,173
	주간	164,348	54,289	124,529	11,463	354,629
	종이신문	1,778,907	678,776	493,395	104,724	3,055,802
	인터넷신문	175,665	213,577	–	52,844	442,086
	합계	1,954,572	892,353	493,395	157,568	3,497,888
2015	일간	1,645,211	663,534	376,741	108,334	2,793,819
	주간	156,995	65,405	129,205	30,973	382,578
	종이신문	1,802,206	728,939	505,946	139,307	3,176,397
	인터넷신문	217,750	200,153	–	68,919	486,821
	합계	2,019,956	929,092	505,946	208,226	3,663,218
2016	일간	1,660,744	619,803	350,089	168,693	2,799,329
	주간	150,230	75,840	122,751	50,825	399,645
	종이신문	1,810,974	695,643	472,840	219,518	3,198,974
	인터넷신문	217,750	200,153	–	68,919	486,821
	합계	2,028,724	895,796	472,840	288,437	3,685,795
2017	일간	1,785,222	608,938	378,723	167,943	2,940,826
	주간	163,922	70,913	90,235	6,673	331,743
	종이신문	1,949,144	679,851	468,958	174,616	3,272,569
	인터넷신문	308,115	160,786	–	27,989	496,890
	합계	2,257,259	840,637	468,958	202,605	3,769,459

자료: 한국언론진흥재단(강남훈, 김진오, 이준형, 2019)

광고수입의 비중은 높아지지만, 광고 수입 자체는 성장세가 둔화되거나 줄어들고 있다. 〈표 4.2〉에서 확인할 수 있듯이 종이신문은 광고 수입이 정체되면서 전체 매출도 정체되고 있다. 인터넷 신문은 광고 부문에서는 성장세를 보이고 있으나 콘텐츠 판매 수입이 2017년 들어 전년 대비 40% 수준으로 급감하는 등, 광고 이외의 부문에서 혁신적인 수익 모델을 개발하는 데 실패하고 있어서, 매출액의 성장세도 둔화된 상태이다(강남훈, 김진오, 이준형, 2019).

언론사 수입의 감소는 때때로 대규모 적자로 나타나기도 한다. 2018년도 MBC의 영업적자는 1,237억원으로 전년도 영업적자 565억원보다 2배 이상 늘었다. KBS의 2018년도 영업적자는 585억원으로 202억원의 영업이익을 거둔 전년도에 비교할 때 적자로 전환되었다. SBS의 작년도 영업이익은 7억원에 그쳤다. 전년도 영업이익 140억원의 20분의 1 수준이다. 방송사들의 적자는 콘텐츠 경쟁력보다 광고매출이 저조했기 때문이다.[50]

포획된 언론: 보수 80, 중도 10, 진보 10

부자 지배엘리트는 과연 광고를 통해서 언론을 통제하고 있을까?

"2007년 〈한겨레〉가 삼성그룹 법무팀장 출신 김용철 변호사의 삼성 비자금 관련 양심고백을 보도하자 삼성은 2년 넘게 광고 집행을 중단했다. 2017년 박근혜·최순실 게이트 때 이재용 삼성전자 부회장의 뇌물 혐의를 보도하자 또 광고 집행을 거의 중단했다. 2018년부터는 삼성바이오로직스 회계부정 사건을 꾸준히 보도하자 또 광고 집행은 미미한 수준이다. 삼성은 광고비로 여러 차례 '한겨레 길들이기'를 시도해왔지만 한겨레는 꿈쩍하지 않는다."[51]

---

50   시사저널, "언론사 2018년 경영실적 분석", 2019.04.29

51   임성호, "삼성 광고 받아 논조가 변했다고?", 2019. 5. 22

"현재 삼성은 매우 간헐적으로 한겨레에 광고를 내고 있지만, 광고 게재 조건
으로 광고가 실리는 신문에 삼성에 대한 비판적 기사가 없어야 한다는 점을
내걸고 있다. 이 조건에 따르면 한겨레 신년호에도 삼성의 노조 와해 실상에
관한 단독 기사가 실려 한겨레에 대한 삼성의 광고 게재 조건에 부합하지 않
는 측면도 있다.".[52]

〈그림 4.4〉에는 주요 신문사의 매출액 추이가 나와있다. 2018년 가장 높
은 매출을 기록한 신문사는 단연 조선일보로서 3,062억원이었다. 동아일보

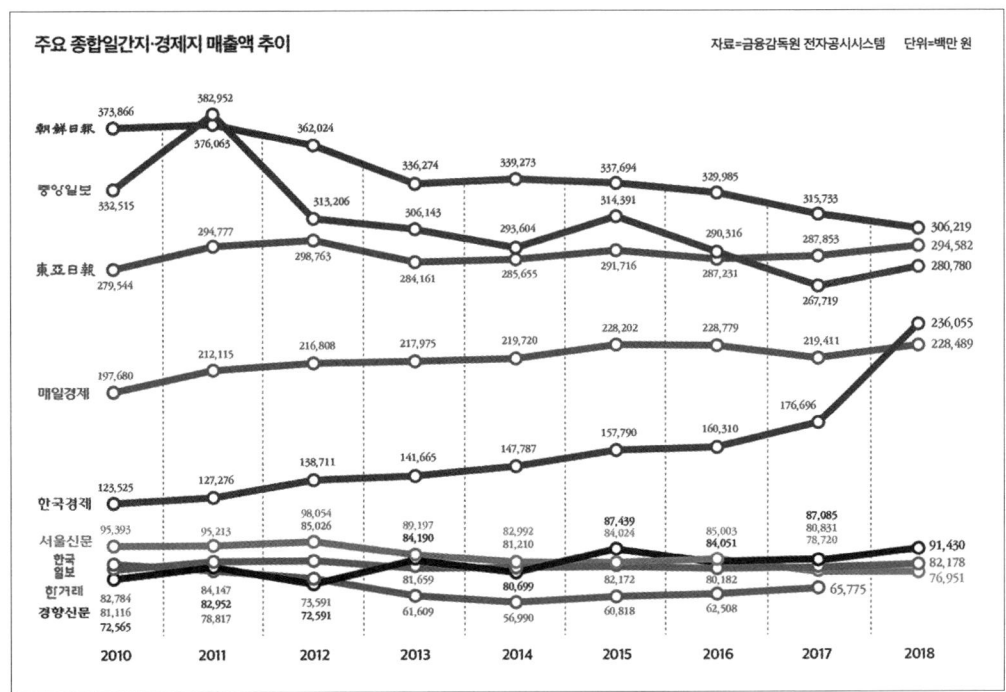

그림 4.4 주요 종합일간지와 경제지 매출액 추이(단위: 백만원)

자료: 미디어오늘(2019. 4. 10)

52 미디어오늘, "1월1일자 한겨레만 3년째 삼성광고 없었다", 2019.1.2
    http://www.mediatoday.co.kr/?mod=news&act=articleView&idxno=146153

와 중앙일보의 매출액은 각각 2,945억원, 2,807억원이었다. 조선일보는 전년 3,157억원에 비하면 95억원 감소했고, 동아일보는 67억원 상승했고 중앙일보는 130억원 상승했다. 세 신문 사이 매출 격차가 줄어들고 있다. 3대 보수 신문사 가운데 지난해 영업이익이 가장 높았던 곳도 조선일보(350억원)다. 이어 중앙일보(54억원), 동아일보(52억원) 순이었다.

조중동으로 분류되는 3대 보수 신문의 2018년 매출 총합은 8,815억원으로 이는 전년에 비해 102억원 상승한 것이다. 이에 반해서 진보 언론인 한겨레·경향의 매출 총합은 1,736억원으로 전년에 비해 57억원 상승했다.[53]

〈그림 4.4〉에 나온 주요 신문사들을 조선, 중앙, 동아, 매일경제와 한국경제를 보수 신문으로, 서울신문과 한국일보를 중도신문으로, 한겨레와 경향신문을 진보신문으로 분류하면, 2017년을 기준으로 볼 때, 보수신문 매출 비중은 80.2%, 중도신문의 매출 비율은 9.1%, 진보신문의 매출 비율은 10.6%가 된다. 보수 대 중도 대 진보의 비율이 80 대 10 대 10이다. 주권자들 사이에 보수, 중도, 진보의 비율이 40 대 30 대 30 정도 된다고 보더라도, 신문은 부자 지배엘리트에 압도적으로 치우치게 구성되어 있다는 것을 알 수 있다.

사흘 굶어 아니 지어낼 뉴스 없다

소수의 언론사를 제외하고는 언론인들의 기초생활이 보장되지 않고 있다. 방송국 같은 대규모 언론사도 비정규직 언론인이 늘어나고 있다. 심지어 지방지 중에는 아예 기본급이 없고, 광고를 수주해 오면 그 중의 얼마를 월급 대신으로 주는 경우도 있다고 한다. 생계를 위해서 광고 수주에 나서는 언론인이 늘어나고 있다.

---

53   미디어오늘, "지난해 신문사 매출액 1위는 조선일보", 2019.04.10

광고를 수주하기 위하여 지켜야 할 일은 광고주의 마음에 거슬리는 뉴스를 보도하지 않는 것이다. 대부분의 경우 광고주는 대기업이고, 보수적 성향을 가지고 있으며, 부자 지배엘리트에 속한다. 노동자들의 파업에 대해서 집단 이기주의로 비판하고, 증세를 통해서 복지를 확대하려는 정책에 대해서는 경제를 망치는 정책으로 비판하며, 부동산 투기를 부추기는 건설 사업에 대해서는 무조건 환영을 해야 광고주의 마음에 들 것이다.

광고의 수주 가능성과 광고 단가를 높이려면 구독수나 조회수를 늘리는 것이 바람직하다. 특종이 좋지만 특종은 어렵고, 손쉬운 대안이 선정적인 뉴스이다. 과장된 뉴스, 맥락을 바꾼 뉴스도 조회수를 높이기 위해서라면 가끔씩 할 수 있다. 광고주가 싫어할 만한 정치인에 대한 공격이라면 가짜 뉴스라도 만들 수 있다. 이렇게 해서 공론장에 가짜 뉴스가 범람하고, 사생활 침해, 명예 훼손 등 뉴스로 인한 사회적 갈등이 빈번해지고 있다. 어뷰징을 주 업무로 삼는 언론인들의 수가 늘어나고 있다.

불평등 완화 정책은 대부분 부자 지배엘리트에게 단기적으로 불리하다. 성숙한 사회에서 사회 구성원 누구에게도 손해가 나지 않으면서 어떤 구성원에게 이익이 되는 정책을 찾는 것은 매우 어렵다. 언론은 불평등 완화 정책에 대하여 집중 공격을 하면서 부자 지배엘리트를 향해서 충성 경쟁을 하고 있다. 보편적 복지정책, 부동산 투기 억제 정책, 증세 정책 같은 정책들이 대표적이다. 물론 불평등 완화 정책은 언론이 반대한다고 무조건 못하는 것은 아니다. 불평등 완화 정책은 수혜자가 압도적으로 많기 때문에, 오랫동안 진지하게 논쟁하면 국민들 사이에 지지자가 늘어나서 실현 가능하게 될 수도 있다. 그러나 이런 경우는 아주 드물다. 대부분의 불평등 완화 정책은 언론의 집중 반대로 중간에 좌절된다.

언론은 어떤 정책을 공격해서 좌절시키기 어렵다고 판단하면, 그 정책 추진자를 공격하는 전략을 취하기도 한다. 유시민 전 장관이 이야기하였듯이, 메시지가 아니라 메신저를 공격하는 것이다. 사생활을 파헤치고, 남편, 아내, 자식

등 가족을 공격하고, 가짜 뉴스를 만들어서 퍼뜨리고 나면 정책 추진자는 정책을 추진할 동력을 상실할 수 있다. 불평등을 완화시키려는 사람은, 메시지 차원이든 메신저 차원이든, 노무현 대통령의 메모처럼, "언론과의 숙명적인 대척"을 피할 수 없다.

언론인 기초생활 보장의 필요성

언론의 왜곡과 부당한 공격에 대하여 정정 보도를 요청하고, 명예훼손 소송을 하고, 가짜뉴스 처벌법을 만드는 등의 방식으로 대응하는 것은, 안 하는 것보다는 좋겠지만, 그다지 효과적이라고 판단되지 않는다. 근본적으로 보수 80, 중도 10, 진보 10으로 구성된 언론사의 정치적인 입장 분포가 보수 40, 중도 30, 진보 30 정도로 주권자들의 정치적 입장 분포와 일치하도록 바뀌어야 한다.

보수 언론이 80%가 된 것은 당연한 일이라고 할 수 있다. 언론의 주된 수입이 광고원이고, 광고주는 부자 지배엘리트에 속한다. 최근에는 광고 수입도 줄어드는 추세에 있어서 공영 방송사와 거대 보수 신문사를 제외한 상당수의 언론인이 생계 걱정을 하지 않을 수 없게 되었다. 언론의 주된 수입원이 보수쪽에 있기 때문에 보수 언론이 많은 것이다. 진보 언론의 비중을 키우려면 진보 쪽에서 언론에 대해 지원하는 금액이 늘어나야 한다. 대부분의 광고주가 보수에 속하기 때문에 진보 쪽에서는 언론 지원금을 늘리는 데 큰 어려움이 있다.

언론에 대한 지원의 필요성을 언론인의 기초생활 보장이라는 관점에서 살펴보자. 언론은 대의민주주의에서 사실을 확인하고, 정보를 전달하고, 의제를 형성하는 등 매우 중요한 역할을 한다. 그래서 언론은 공적 기관으로 간주된다. 언론이 공적인 기관이라는 것은 언론이 주권자의 대리인이라는 것을 의미한다. 주권자들이 정보를 수집하고 해석하는 임무를 언론에게 맡긴 것이다.

주인이 대리인에게 일을 시켰다면 마땅히 대리인의 생계를 책임져야 한다.

월급을 안 주고 일을 시키는 주인은 매우 어리석은 주인이다. 대리인이 주인의 재산을 불리는 것은 매우 어렵지만, 주인의 재산을 축 내는 것은 너무나도 쉽다. 특히 대리인이 하는 일이 중요한 것일수록 주인은 더 큰 위험에 처하게 된다.

예를 들어 공무원을 생각해 보자. 공무원이 하는 일의 상당한 부분은 특별한 이익(지대)를 창출하는 행위이다. 공무원은 신도시 위치, GTX 노선, 신공항의 위치 등을 결정하는 데 관여한다. 설계도면에 금 한 줄 다르게 그으면 이쪽 땅값이 올라갈 것이 저쪽 땅값이 올라가게 된다. 공무원들에게 월급을 작게 주면 공무원은 뇌물에 쉽게 넘어갈 것이다. 귀중한 나라 재산은 금방 거덜날 것이다. 대부분의 나라에서 공무원에게 안정적인 신분과 소득을 보장하는 이유는 그렇게 하는 것이 주권자의 재산을 가장 잘 지키는 길이기 때문이다.

언론도 마찬가지이다. 언론은 공론장에서 의제를 가라앉힐 수도 있고 띄울 수도 있는 막강한 힘을 가지고 있다. 주권자가 생계를 보장하지 않으면 언론인은 부자 지배엘리트의 유혹에 넘어갈 수밖에 없다. 언론의 막강한 힘은 부자 지배엘리트의 힘이 된다. 언론인의 기초생활을 보장하는 것이 주권자, 특히 가난한 주권자를 가장 이롭게 하는 길이다.

언론인 기초생활 보장의 어려움

모든 언론인에게 직접적으로 소득을 보장하는 정책을 생각해 보자. 이 정책은 연령이 아니라 직업을 기준으로 하기 때문에 기본소득의 보편성 조건을 충족시키지 못한다. 따라서 이 정책은 기본소득이 아니라 참여소득(participation income)이다.

참여소득은 사회적으로 바람직한 활동에 종사하는 대가로 지급되는 소득이다. 최근 해남과 전남에서 시작된 농민수당(농민기본소득)을 생각해 보자. 농민수당은 식량을 생산하고, 생태계와 경관을 보존하는 공익적 활동에 종사하는 대가로 농민들에게 지급되는 소득이다. 따라서 현실정치에서 이름을 무엇이라고 붙이든지 실제로는 농업 참여소득이다.

농업참여소득은 기본소득의 관점에서 몇 가지 정당화가 가능하다. 첫째는 전 국민기본소득을 한꺼번에 실시하기 힘들기 때문에 우선 농민부터 기본소득을 먼저 실시하자는 의미가 있다. 장기적으로 전 국민 기본소득이 지급되면 농민수당의 일부는 기본소득으로 대체되고, 나머지는 참여소득으로 추가적으로 지급될 것이다. 둘째는 농지 면적에 비례해서 지급되어 불평등을 증가시키는 기존의 직불금 제도를 모든 농민에게 균등하게 지급하는 제도로 바꾸자는 뜻이 있다. 농민들에 한정해서 볼 때, 농민수당은 보편성, 개별성, 무조건성 및 균등성이라는 기본소득의 조건을 충족한다.

농업참여소득은 공감대가 급격히 확대되고 있어서 얼마안가 전국적으로 실시되고 금액도 높아질 것으로 예상된다. 이에 반해서 언론참여소득은 몇 가지 이유에서 공감대를 얻기 쉽지 않아 보인다.

농업의 경우에는 우리나라가 WTO에 가입할 때 농민들의 대대적인 투쟁이 있었다. 그 결과 제조업 수출을 위해서 농업을 희생하되, 그 대가로 농민들의 소득을 보장하자는 사회적 합의가 이루어졌다. "농업소득의 보전에 관한 법률"이 제정되었고, 법에 따라 직불금이 지급되고 있다. 그래서 농민수당 논의는 농민들의 소득을 보장할 것인가 아닌가에 관한 논의가 아니라, 농민들의 소득을 보장을 어떻게 더 평등하게 할 것인가에 관한 논의라고 할 수 있다.

그러나 언론인의 소득 보장에 대해서는 소득 보장을 할 필요가 있는가의 문제부터 논의를 시작해야 한다. 기본소득을 단계적으로 실시해서 전 국민으로 확대해 나가는 관점에서 보더라도, 다른 직업에 종사하는 사람도 어려운 사람이 많은데, 왜 언론인부터 보장해야 하는지 설득을 해야 한다.

공익적 활동에 대한 대가라는 참여소득의 관점에서 보더라도 언론참여소득이 공감대를 얻기 힘들어 보인다. 언론은 진보와 보수로 선명하게 갈라져 있어서, 한 쪽 입장에서 보면 공익적 활동이 다른 쪽 입장에서 보면 공해를 낳는

활동으로 간주될 수 있다. 가짜 뉴스와 선정적인 뉴스가 넘치는 것을 보면 언론인 소득 보장에 동의하기 힘들어진다. 특히 약점을 잡아서 광고를 요구하는 행위 등으로 피해를 입은 경험이 있는 사람은 결단코 반대할 것이다.

언론참여소득이 어렵다면 언론에 대한 공적 지원을 대폭 확대하는 방안을 생각해 볼 수 있다. 이미 언론진흥기금이나 지역신문발전기금 같은 제도가 있지만 규모가 작고 불안정한 것이 가장 큰 문제이다. 공적 지원을 대폭 확대하려고 하면 예산 확보가 필수적이다. 그러나 공익적 기능을 제대로 수행하지 못하고 있는 언론을 그대로 둔 채 공적 자금 지원만 늘리는 것이 바람직한가의 문제가 제기될 것이므로 예산 마련이 쉽지 않다. 예산이 마련되었다 하더라도 지원 대상을 선발할 때 집권당이나 관료의 자의적 개입이 있을 위험이 있다. 결국은 현재 존재하는 언론사 중에서 대상을 선별해서 지원할 것이므로, 부자 지배엘리트에 포획된, 보수 편향적인 언론 구조를 바꿀 수 없다. 대규모 자금을 투입하면서도 언론의 정치적 분포를 주권자의 정치적 분포와 일치하도록 개혁하는 효과가 없다.

모든 언론사를 공적으로 운영하면 어떨까? 언론인이 모두 공기업 직원이 된다면 언론인의 기초 생활은 확실하게 보장되겠지만, 헌법에 보장된 언론의 자유를 침해할 가능성이 크다. 집권당이 되면 모든 언론을 자기 입맛에 맞게 통제할 위험이 있다. 헌법적인 이유나 정치적인 이유에서 실현 불가능한 대안이라고 보여진다.

맥체스니와 애커먼

로버트 맥체스니와 니콜스(McChesney and Nichols, 2010)는 시민 뉴스 바우처(citizenship news voucher)를 도입하자고 주장하였다. 그들의 주장을 요약하면 다음과 같다.

2000년 이후 미국 뉴스 산업은 약 30%(16억 달러)의 보도와 편집 능력을 상실하였다. 웹 기술과 불황이 언론 산업에 대하여 완전한 폭풍을 몰고온 것이다. 일부의 사람은 인터넷의 발전에 의하여 새로운 수입원이 만들어질 것이라고 기대하고 있지만 상황은 악화되고 있다. 문제의 핵심은 기술과 회계장부에 있는 것이 아니라 상업주의와 공공재 사이의 긴장에 있는 것이다.

언론은 공공재(public good)이고, 시장이 뒷받침할 수 없기 때문에 사회가 뒷받침해야 하고, 사회 하부구조의 한 부분(a part of social infrastructure)이며, 공공영역의 통합적인 한 부분(an integral part of public sphere)이다. 민간 법인 주도의 뉴스 산업을 포스트-법인 디지털 뉴스(post-corporate digital news-paper)로 전환해야 한다. 정부는 마땅히 언론을 지원하여야 한다. 정부를 팔길이 정도로 두는 방법(정부가 지원은 하되 간섭하지 않도록 하는 방법)은 모든 미국 시민들에게 비영리뉴스 기구에 기부하는 데 사용할 수 있는 200달러의 시민 뉴스 바우처를 지급하는 것이다(McChesney and Nichols, 2010).

참여소득을 주장하는 브루스 애커먼은 인터넷이 저널리즘을 죽이고 있으므로 인터넷을 활용해서 저널리즘을 살리자고 제안하였다(Ackerman, 2011). 그의 주장은 다음과 같다. 미국에서 뉴스 기자와 뉴스 분석가는 2000년 66,000명에서 2009년 52,000명으로 감소히였다. 언론의 존재 자체가 흔들리고 있다. 소수언어를 사용하는 언론에게는 재앙이 닥친 것과 같다.

인터넷을 활용해서 온라인 기사에 대하여 요금을 지불하는 모델이 시도되고 있다. 이런 시도가 성공하기를 바라지만 충분하지 않다. 언론을 후원하는 두 가지 모델(BBC 모델과 민간자선단체 후원 모델)이 있다. BBC 모델은 정부에 뉴스 독점권을 제공하는 문제가 있다. 선동적 정부가 들어서면 민주주의에 위협이 될 것이다. 기사(보도) 후원 제도를 만들 것을 주장하였다. 민간자선단체 후원 모델의 한계는 충분한 후원금을 모으기 어렵다는 한계가 있고, 사회적으로 중요한 이슈보다 자신들의 관심사에 집중할 위험이 있다.

대안은 인터넷 뉴스 바우처이다. 독자들은 인터넷 뉴스 기사를 보고 공공 이슈를 이해하는 데 도움이 되었다고 판단하면 클릭을 한다. 독자들의 "투표"는 국립언론재단(National Endowment for Journalism)에 전달이 된다. 국립언론재단은 뉴스 기구에 클릭 수에 비례해서 지원을 한다. 이것은 광범위한 공공가치(형평성과 민주주의)를 가지고 시장의 분산적이고 자유를 증진시키는 힘을 활용하는 것이다. 가짜 뉴스를 보도하는 언론사는 제외하고, 포르노그래피 성격의 기사는 제외하는 정도의 약간의 제한을 가한지만, 나머지는 보통 사람의 클릭에 맡겨 놓는다.

애커먼의 주장과 맥체스니/니콜스의 제안의 차이는 네 가지이다. ① 비영리 언론 기구에 한정할 필요가 없다. ② 언론사의 뉴스만 대상으로 할 필요가 없다. ③ 1년에 한번 후원하는 것이 아니라 클릭 수에 비례해서 지원하므로 점증적이고 지속적인 지원이다. ④ 훨씬 광범위한 참여를 유도할 수 있다(Ackerman, 2011).

캐나다에서는 밀러와 길은 맥체스니처럼 시민 뉴스바우처 도입을 주장하였다(Millar and Gill, 2017). 그들은 광고 모델과 독자 중심(audience-centred) 모델을 대립시키고 있다. 오랫동안 언론을 지원해왔던 광고 모델은 죽었다. 그것은 광고를 다른 곳에 빼앗기고 있기 때문이다. 2016년 캐나다 디지털 광고비의 70%를 페이스북과 구글이 차지하였다. 미국에서는 두 기업이 디지털 광고비 증가분의 85%를 차지하였다. 독자가 언론에 지불을 하는 독자 중심 모델로 전환해야 한다. 이미 캐나다인들은 디지털 뉴스 미디어에 대하여 1억1,500만 달러를 지불하였고, 10년이 지나면 3억4,500만 달러로 증가할 것이다. 정부의 역할은 광고 모델에서 독자 중심 모델로 전환하는 것을 촉진하는 것이다.

모든 시민들이 저널리즘 콘텐츠를 지원하기 위하여, 소득세의 일부를 재원으로 해서 매년 100달러의 "시민 뉴스 바우처(citizen news voucher)"를 제공한다. 이 제안은 일리노이 대학의 로버트 맥체스니 (Robert McChesney)가 주장한 개념을 수정한 것이다. 모든 캐나다 성인은 인쇄물, 방송물 또는 디지털 형태 중 어떤 것이든 원하는 뉴스 콘텐츠에 바우처를 사용할 권리(의무는 아니다)가 있다.

캐나다는 공영 방송에 대하여 투자하고 있고, 캐나다 정기간행물 기금(Canadian Periodical Fund) 같은 기구를 통해서 콘텐츠 제작에 대한 보조금이나 인센티브를 제공하는 오랜 전통을 가지고 있다. 다른 말로하면, 캐나다인들은 (비록 만장일치는 아니지만) 저널리즘이 공공재이고, 납세자들의 후원을 받을 만한 가치가 있다는 개념을 받아들고 있는 상태이다.

바우처 제안은 언론을 정치적 영향력으로부터 차단하고, 낡은 비즈니스 모델을 지원하는 것이 아니라 새로운 모델을 지원하고, 민중의 뜻에 엄밀하게 반응하는 것이다. 그것은 비차별적이고, 플랫폼에 독립적으로, 소규모 미디어와 스타트업 미디어를 우대하는 기준에 입각한 것이다. 그것은 다양성(인종, 경제, 지리, 소유형태, 주제 등)을 존중하는 새로운 주류의 씨앗이 될 것이다.

대상이 되는 언론의 기준은 독립기구에 의해서 정해져야 할 것이다. 원주민이나 지역, 취약계층에 봉사하는 언론에 대해서는 우대조치가 있어야 할 것이다. 한 언론사가 받을 수 있는 지원 한도를 정해서 대규모 기성 주류 언론에 과도한 지원이 되는 것을 막아야 할 것이다(Millar and Gill, 2017).

주권자 언론 배당 제안

1) 정책의 배경

① 경제적 측면
- 언론 자유 확립된 이후 언론의 재정 모델은 광고와 구독료였으며 광고는 대자본이 주도해왔다. 따라서 대자본이 언론을 지배할 위험성이 상존해왔다.
- 구독료는 자본의 언론 지배 위험을 감소시켜주는 효과를 갖고 있다.

- 그런데 최근 기술발전에 따라 인터넷 뉴스, 포털 뉴스로 소비 행태가 옮겨 가면서, 구독료 모델을 통한 언론의 유지가 어렵거나 불가능하게 되었다.
- 동시에 광고 의존도가 높아졌다. 그러나 전통적인 미디어(신문, 방송)에 대한 광고료의 총량도 줄어들고 있다. 광고는 몇몇 거대 언론에 집중되고, 포털에 집중되고 있다. 대부분의 언론사는 광고 수입도 줄어들고 있다.
- 대다수 신문사의 수입이 감소하고 있으며, 일부 거대 신문사를 제외한 언론인의 생활 보장 어려워졌다. 언론인들의 기초생활이 보장 안되면서 광고 세일즈나 어뷰징을 주업무로 삼는 언론인들의 수가 늘어나기 시작했다.
- 전문적인 언론인, 언론사를 지원하려는 자발적인 운동으로서 대안 언론에 후원금을 내는 방법 등이 있으나 활성화되지 못한 상태이다.
- 좋은 보도에 투하되는 노동의 가치가 적절한 보상을 받지 못하는 상황이다.

② 공공적 측면
- 책임 있는 전문적 저널리즘이 재정적으로 위축되면서 왜곡된 뉴스, 선정적 뉴스, 가짜 뉴스 등이 등장하고 사회적으로 부정적인 효과를 발생시키고 있다.
- 공론장이 왜곡되고, 사생활 침해, 명예 훼손 등 보도에 관한 송사가 빈번해졌다.
- 소수의 과두 언론이 공론을 주도해가는 경향이 있다.
- 언론이 포털에 종속되는 경향이 강해지고 있다.
- 직접 의견을 제시하고, 댓글을 달고 퍼나르는 참여는 인터넷에 의해서 활성화되었으나, 악성 댓글, 댓글 조작 등 부작용이 함께 문제가 되고 있다. 특정한 정치적 목적을 가진 댓글 조직이 형성되어 건전한 정치 발전을 저해하고 심지어 선거까지도 왜곡하는 현상이 나타나고 있다.

2) 정책의 개요

- 18세 이상의 모든 성인에게 언론기사 후원에만 사용할 수 있는 언론 배당을 지급한다. 배당금은 1인당 1년에 10만원으로 시작한다. 주권자들이 모두 100% 사용한다고 가정하면, 약 4조원의 예산이 들어간다. 이것은 〈표 4.2〉에서 확인할 수 있듯이, 신문산업 광고비의 약 2배에 해당되는 금액이다. 미사용 금액은 국고로 환수한다.

- 언론인 자율적으로 언론 배당 위원회를 구성한다. 언론 배당 위원회는 후원 대상이 되는 기사의 기준을 결정한다. 기준에는 분야에 대한 기준과 특징에 대한 기준이 있다. 그리고 각각 네거티브 방식으로 정할 수도 있고, 포지티브 방식으로 정할 수도 있다. 네거티브 방식의 예를 들면, 연예, 스포츠, 날씨, 증권 분야를 제외한다든지, 가짜 뉴스는 물론이고, 단순한 사실보도, 통신사의 기사를 옮긴 것, 보도자료를 그대로 보도한 것, 남의 기사를 베낀 기사는 제외한다는 등의 기준을 정할 수 있다. 포지티브 방식의 예를 들면, 농업, 교육, 환경, 복지, 경제, 정치, 국제관계 분야 등으로 한정한다든지, 탐사보도, 사회적 약자를 위한 기사, 사회 발전과 개혁에 공헌하는 특징을 가진 기사 등으로 한정한다고 정할 수 있다.

- 후원 금액은 기사를 작성한 언론인과 언론사에게 일정한 비율로 나누어 지급한다. 배분비율은 언론 배당 위원회에서 정한다.

- 언론 배당 위원회는 언론 배당 홈페이지를 운영한다. 각 언론사는 언론 배당 위원회에서 결정한 기준에 맞는 기사 중에서 후원 대상으로 하고 싶은 기사를 선정해서, 언론 배당 후원버튼을 표시하고 언론 배당 홈페이지에 링크를 올린다. 언론 배당 홈페이지에서는 언론사에서 선정해서 올린 기사를 분야와 특징에 따라 분류하여 무작위로 보여준다.

- 주권자들은 포털이나 언론사 홈페이지에서 기사를 읽다가 후원버튼을 눌러도 되고, 언론 배당 홈페이지에서 기사를 분야 및 특징 별로 열람하

거나 검색을 해서 후원버튼을 눌러도 된다.

- 언론 배당 위원회는 언론기사 1편당 후원한도를 정한다. 주권자들은 무한정 후원 버튼을 클릭할 수 있지만, 언론기사별 후원 한도 내에서 지급을 한다. 주권자들의 후원금액이 후원한도를 넘을 경우에는 후원한도에 맞추어 주권자별 후원금액을 줄여준다. 예를 들어, 1편당 후원한도가 1,000만원일 때, 10만명이 1만원씩 후원하여 후원금이 10억원이 되었다면, 1인당 사용금액은 100원이 된다.

- 언론 배당 위원회는 후원금이 일정 금액(예를 들어 100만원) 이상인 기사에 한하여 미리 결정된 기준(가짜 뉴스가 아닐 것, 베낀 기사가 아닐 것, 명예훼손이나 사생활 침해가 없을 것 등)에 맞는지 사후 심사를 한다.

- 신문, 방송, 인터넷 언론 등의 비율을 (얼마로) 정할 것인지, 중앙지와 지방지의 비율을 (얼마로) 정할 것인지 등에 대해서도 언론 배당 위원회에서 결정한다.

3) 정책의 의의

- 언론은 공적인 기관이며 공공선을 논의하는 공론의 장의 하나이다.
- 언론에 대한 평가와 후원도 주권자들이 공공선에 참여하는 방식의 하나이다.
- 정책의 첫번째 목적은 언론의 주인인 주권자들에게 언론을 평가해서 후원할 수 있는 기회를 균등하게 분배하는 것이다.
- 정책의 두번째 목적은 공공선 논의의 자료가 되는 기사를 작성하는 언론인들에게 최소한의 소득을 지원하는 것이다.
- 주권자 언론 배당은 언론인의 입장에서 보면 공공선 논의에 기여한 대가로 지급되는 참여소득의 성격을 갖지만, 주권자들의 입장에서 보면 언론에 영향을 미칠 기회를 균등히 갖는 공동선 기본소득(정치 기본소득)의 성격을 갖는다.

- 주권자 언론 배당은 언론 주권자들에게 개별적으로, 자산심사 없이 보편적으로, 균등하게 지급되므로 공동부 기본소득의 조건을 대부분 충족한다. 다만 사용처가 언론 기사 및 언론사 후원에 한정된다는 점에서 차이가 있다.

언론의 정치적 분포를 주권자의 정치적 분포에 비례하도록

대규모 공적 자금을 마련해서 언론사를 지원하는 방법과 비교할 때 주권자 언론 배당은 다음과 같은 장점을 가지고 있다.

첫째, 언론의 자유를 보장하면서 언론을 후원하는 방법이다. 공적 자금을 지원하는 정책은 정치인이나 관료의 자의적 개입으로 인하여 언론의 자유를 침해할 가능성이 높다. 이에 반해서 주권자 언론 배당은 대규모로 지원하면서도 평가와 후원의 주체가 주권자들이기 때문에 정치인이나 관료의 개입 여지가 없다.

둘째, 언론기사의 질을 높이는 데 적합하다. 주권자 언론 배당에서는 매일매일의 기사에 대하여 주권자들의 평가가 이루어지고, 평가가 바로 언론사에 피드백 된다. 언론사별 후원금이 공개되면 언론사는 더욱 좋은 뉴스 생산을 위하여 노력할 것이다. 공적 자금 지원 방식은 최저 기준의 평가(예를 들어 사주가 자금을 횡령하여 유죄판결을 받은 적이 있는가, 편집국이 사주로부터 독립되어 있는가 등)에 기반할 수밖에 없고, 평가 주기도 1년에 한두 번 이상으로 늘리기 힘들다.

셋째, 가짜 뉴스가 걸러지는 효과가 있다. 지금은 소송이 제기되지 않는 한 가짜 뉴스 여부에 대해서 거의 판단을 내리고 있지 않다. 그러나 주권자 언론 배당이 시행되면 언론배당 위원회에서 100만원 이상 후원을 받은 기사에 한해서 사후 심사를 하게 된다. 사람들에게 인기 있는 뉴스에 대해서 가짜인지 아닌지 언론인 자체의 심사를 받게 되는 것이다. 가짜 뉴스로 인기를 끌었다가도 얼마 안가 가짜 뉴스인 것이 드러난다면 언론사나 기자의 평판에 큰 손해가 갈 것이다. 가짜 뉴스가 완전히 걸러지지는 않겠지만 상당히 줄어들 것이고, 가짜 뉴스를 가지고 극단적인 집단의 광적인 지지를 받는 일이 힘들어질 것이다.

넷째, 정치적으로 소외되었던 분야에 대한 언론 보도가 많아질 것이다. 주권자들의 후원을 놓고 서로 경쟁하는 상태에서는 다른 언론이 다루지 않는 분야를 보도하는 것이 유리할 것이다. 사회적 관심의 사각지대에 놓여있던 많은 문제들이 공론장으로 나오게 될 것이다.

다섯째, 독자들이 언론기사에 대하여 후원하는 문화가 정착되면, 온라인 언론 구독모델이 활성화될 수 있다. 주권자 언론배당을 다 사용한 독자들 중에서 자기 돈으로 추가적인 후원을 하고 싶은 주권자가 있을 것이므로, 추가적인 후원이 가능하도록 제도 설계를 해 놓는다.

여섯째, 가장 중요하게, 주권자 언론 배당은 언론의 정치적 분포를 주권자의 정치적 분포에 수렴하도록 만드는 효과가 있다. 언론은 광고,수주의 필요성 때문에 부자 지배엘리트에 포획되어 있다. 우리 언론은 보수 80, 중도 10, 진보 10이라는 매우 극단적인 분포를 가지고 있다. 주권자 언론배당이 실행되면, 언론은 주권자 수가 가장 많은 곳으로 입장을 옮겨가는 것이 수입을 극대화하는 방법이 된다.[54] 지금은 다수 광고주의 입장을 존중할 때 수입이 가장 많아지지만, 이제는 다수 주권자의 입장을 존중할 때 수입이 가장 많아진다. 광고 전쟁이 후원 전쟁으로 바뀌게 된다. 이와 같은 과정이 진행되면 주권자의 정치적 분포와 언론의 정치적 분포가 수렴하게 될 것이다. 아마도 보수 40, 중도 30, 진보 30 정도 되는 것이 주권자의 뜻에 따르는 분포일 것이다. 주권자 언론 배당은 언론의 자유를 침해하지 않으면서 언론의 분포가 주권자의 분포에 비례하도록 만들 수 있는 정책이다.

---

54   주권자의 분포가 보수 : 중도 : 진보 = 40 : 30 : 30 이고 언론사의 분포가 보수 : 중도 : 진보 = 8 : 1 : 1 이라면 언론사 한 개당 주권자의 수는 보수 : 중도 : 진보 = 5 : 30 : 30이 된다. 주권자에게 동일한 언론배당이 분배될 때, 보수 언론사 하나가 중도나 진보로 입장을 바꾸면, 평균적인 후원 금액이 대략 6배로 늘어나게 된다.

언론의 부유한 경제 엘리트에 대한 포획을 방기한 채로 경제 불평등을 완화시킬 수 있다고 생각하는 것은 큰 오류이다. 밥은 딴 사람에게 얻어먹으라고 하면서 말은 내 말을 전해달라고 하는 것만큼 어리석은 일이 없다. 주권자 언론배당은 효율적이고 효과적인 정책이다. 언론의 정치적 분포를 바꾸는 혁명적인 변화를 도모하면서도, 언론의 자유를 전혀 침해하지 않고, 모든 사람이 평등하게 정치에 참여해야 한다는 민주주의 원리에 충실하고, 예산이 3~4조원밖에 들지 않는다. 모든 주권자들이 각자가 속한 집단의 수에 비례하는 크기의 스피커를 가질 때 비로소 실질적 민주주의가 실현될 것이다.

일곱째, 주권자 언론 배당은 주권자들의 정직한 의사가 그때그때 드러나게 만든다. 정치인은 항상 선택을 해야 하는데, 한번이라도 잘못된 선택을 하면 평생 쌓아온 공적이 한순간에 날라간다. 정치가 어려운 것은 그것이 불완비 정보 게임(games of incomplete information)이기 때문이다. 바둑보다 스타크래프트에서 인공지능 개발이 늦어진 것은, 그것이 상대방의 행동을 모른 채로 자신의 행동을 선택해야 하는 불완비정보 게임이기 때문이다. 정치에서는 단기적으로 주권자의 선호나 유형을 모른 채로 선택을 해야 하는 경우가 많다.

불완비 게임에서 신호는 큰 위력을 가질 수 있다. 제갈공명은 산속 길에 연기를 피워서 조조를 잡았다. 댓글은 어떤 사안에 대한 주권자들의 반응을 즉각적으로 보여준다. 댓글이라는 신호를 믿느냐 믿지 않느냐는 신호 수신자의 선택이지만, 댓글을 보고 입장이나 판단을 바꾸는 사람이 많을수록 댓글은 더 큰 위력을 가지게 된다. 우리 정치에서 댓글은 지나친 위력을 발휘하고 있다. 댓글을 조작하기 위하여 비용을 들여서 매크로까지 쓰고 있다.

댓글은 값싼 반응이다. 댓글 다는 데 비용이 들지 않는다. 누구나 댓글이 값싼 반응이라는 것을 안다. 알면서도 댓글에 끌려가는 것이다. 다른 믿을 만한 정보가 없기 때문이다.

주권자 언론 배당이 실시되어 주권자들이 마음에 드는 기사에 대하여 후원하기 시작하면 상황은 180도로 달라진다. 후원은 주권자들의 값비싼 반응이다. 돈을 가지고 장난치기는 어렵다. 모든 주권자에게 후원할 수 있는 금액이 동일하게 분배되기 때문에 소수의 선수나 극렬지지자들이 공론장을 흔들기 힘들다. 후원에 매크로를 쓰려면 돈이 많이 들 것이다. 후원은 주권자들의 정직하고 객관적인 반응이 된다. 값비싼 후원은 값싼 댓글보다 크게 말한다.

주권자 언론 배당은 언론기사에 대해서 주권자들의 투표가 항시적으로 이루어지도록 만드는 제도이다. 여론조사를 해 보지 않더라도 후원 금액만 보면 무엇이 주권자 다수의 뜻인지 자연스럽게 드러나게 된다. 주권자 언론 배당은 정치인에게 깜깜이 선택의 위험을 줄여준다. 중요한 사안이 생길 때마다 찬성하는 사람은 빨간색, 반대하는 사람은 파란색, 중도는 흰색 티셔츠를 입고 거리를 다닌다면 정치하기가 얼마나 쉬워질 것인가?

제5장

예산실을 청와대로 – 통치능력은 예산능력이다

대의민주주의의 구조 – 정치인에 의한 관료의 통솔

존 스튜어트 밀은 대의민주주의가 관료제의 장점을 살리면서 단점을 극복할 수 있는 제도라고 주장하였다. 우선 관료제는 매우 효율적인 기구이다. 절대왕조하에서 경제가 발전한 것은 관료제 때문이다.

> "대의제가 아닌 정부 형태, 특히 군주제나 귀족제 아래에서 높은 수준의 정치적 역량과 기술을 꾸준히 발휘할 수 있었다면 그것은 기본적으로 관료제 덕분이었던 것으로 보인다. 이러한 체제에서 정부 업무는 전문적인 통치자들이 담당했는데, 이것이야말로 관료제의 본질이요 또 그 성격이 아니겠는가?"(J. S. Mill, 1861, pp. 116-117).
>
> "이 체제는 축적된 경험을 가지고 있고, 시행착오와 오랜 숙고의 산물인 전통의 지혜를 활용할 수 있다. 그리고 실무를 담당하는 사람들이 적절한 실천적 지식을 응용하게 규정을 만드는 것도 가능하다."(J. S. Mill, 1861, pp. 118).

그런데 관료제의 가장 큰 약점은 변화에 대한 저항이다. 관료제 때문에 번성하던 정부가 쇠퇴하게 되는 근본 원인은 관료들의 변화에 대한 저항이다.

"다만 이 체제는 각 개인의 정신적 요소를 활발하게 가꾸게 하는 데는 적합하지 못하다. 일상적으로 반복을 거듭하는 것이야말로 관료적 정부를 병들게 하는 것이고, 실제로 이것 때문에 무너지는 경우가 흔하다. 변화를 거부하는 규칙 때문에 이런 정부는 쇠퇴하기 쉽다."(J. S. Mill, 1861, pp. 118).

대의제 민주주의는 관료들을 민주적으로 선출된 정치인이 통솔하는 체제이다. 이 제도는 관료제의 장점을 살리면서 관료제의 약점인 변화에 대한 저항을 민주주의로 극복하는 제도이다.

관료들이 경쟁력을 가지고 있는 분야라고 하더라도 그 일을 항구적으로 또는 특별하게 잘하자면 자유라는 외부적인 요소가 필요하다. 동시에 전문 훈련을 받아서 숙련된 행정 관료가 뒷받침되지 않으면 자유도 최고 기능을 발휘하지 못한다. … 정치 제도가 지향하는 제일 중요한 목적 중의 하나는, 전체 인민을 대표하는 기구가 최종 결정권을 보유하고 실제로 그 권력을 행사하는 가운데, 지적 전문성을 갖춘 유능한 사람들이 업무를 맡아 처리함으로써 최대한 효율을 얻게 하는 것이다. 이 둘 사이에 모순과 충돌이 일어나서는 안 된다. 인민의 자기 결정권이라는 큰 전제와 양립할 수 있는 한계 안에서 전문가의 역할을 최대한 늘리자는 것이다(J. S. Mill, 1861, pp. 120).

민주적으로 선출된 사람이 관료들을 잘 통솔하기 위해서는 그에 상응하는 정신적 탁월성을 개발해야 한다. 그렇지 않으면 "숙련 민주주의를 향한 진보가 일어날 수 없다."(J. S. Mill, 1861, pp. 120). 그러나 이 과제는 결코 쉬운 일이 아니다. 다음의 에피소드는 정치인이 관료를 통솔하는 것이 얼마나 어려운지를 말해주고 있다.

어제 국회에서 열린 당정청 회의 시작 전 이 원내대표는 김 정책실장에게 '정부 관료가 말 덜 듣는 것, 이런 건 제가 다 해야…'라고 말했고, 이에 김 실장은 '저도 정부가 2주년이 아니고 마치 4주년 같다'라며 그렇게 해달라고 요청했습니다.

특히, 이 원내대표는 국토교통부 사례를 언급하며 '단적으로 김 장관 그 한 달 없는 사이에 자기들끼리 이상한 짓을 많이 해…', 또 '잠깐만 틈을 주면 엉뚱한 짓들을 하고…'라고 말했고, 김 실장은 '지금 버스 사태가 벌어진 것도…'라고 언급했습니다.[55]

관료에 의한 정치인의 포획

정치인이 관료를 통솔하는 것이 아니라, 관료가 정치인을 길들이는 경우가 빈번히 일어난다.

> 정권을 잡고 처음에 청와대에 들어가면 기분이 구름 위를 떠다닌다. 마치 약을 한 듯한 상태가 된다. 무슨 일이든 다 할 수 있을 것 같다는 느낌이 드는 상황에서 측근들을 각 처부 장관으로 임명하고 정책을 일임한다. 장관들이 업무지시를 한다. 그럴 때에 관료들은 그 정책들이 제대로 작동하지 않을 거란 사실을 알고 있다. 하지만 바로 그때 이견을 제시해봐야 반개혁세력으로 지탄받을 뿐이므로 일단은 시키는 대로 한다. 몇 개월이 지나면 부작용이 생긴다. 장관이 입장을 바꾼다. 이런 식으로 두 번만 실패를 하면 장관은 풀이 죽는다. 이때를 노려 관료들이 자신들이 원하는 대안을 장관에게 가져간다. 그러면 이번에는 장관이 관료들이 시키는 대로 한다. 이런 식으로 정권은 관료에게 길들여져 가는 것이다.

---

55   MBC, "마이크 켜진 줄 몰랐던 이-김, '관료 불만' 대화 공개돼", 2019. 5. 11

이렇게 관료들에게 포획되다 보면 원래의 로드맵은 포기하게 된다. 그리고 더 이상은 로드맵을 줄 곳이 없다. 그때부터 기업 보고서가 눈에 들어오기 시작한다. 측근들이나 학자들 그룹이 만들어 준 것에 비해 훨씬 전문성있고 그럴듯 해보인다. 이젠 정권의 로드맵이 기업보고서에 잡아먹힌다. 하지만 기업보고서는 어쨌든 일개 사기업의 이윤을 위한 것이다. 올바른 국정지표방안이 될 수가 없다. 그러나 준비가 안 된 정권에겐 다른 대안이 없다.[56]

정치인이 관료에 의해 포획되는 데에는 여러 가지 경로가 있다.

첫째, 법률 자체가 관료에게 재량권을 크게 부여하는 경우가 있다. 입법부에서 만드는 상당수의 법률이 행정부에 너무 많은 권한을 부여하고 있다. 정치인은 왜 법률을 애매하게 만들까? 여당은 법률을 애매하게 만들면 야당의 눈치를 안 보고 권력을 행사할 수 있으니 좋아할 수 있다. 야당도 당장은 힘들지만 나중에 정권을 잡았을 때 신나게 권력을 휘두를 수 있으니 더 좋아할 지도 모른다. 상대 정당의 반대를 누그러뜨리기 위해서 애매하게 절충하는 경우도 있다. 여당과 야당 싸움에 관료의 권한만 커지는 것이다.

둘째, 관료는 정치인보다 더 많은 지식을 가지고 있다. 늘 해당 업무를 하고 있는 공무원(늘공)는 어쩌다 해당 업무를 하게 된 정치인 출신 공무원(어공)보다 훨씬 많은 지식을 가지고 있다. 법령도 더 많이 알고 현장도 더 잘 안다. 기업이 하는 일은 소비자와 증권 분석가들에 의해서 낱낱이 드러나지만, 관료가 하는 일은 잘 드러나지 않는다. 지식이 부족한 사람이 지식이 많은 사람을 통솔한다는 것은 매우 어려운 일이다.

셋째, 관료는 혼자가 아니다. 언론과 야당 정치인이 있다. 정치인은 시시각각 여러 가지 결정을 내려야 한다. 누구나 몇 번은 실수하게 된다. 관료는 야당에 정치인 보스의 약점을 은근히 흘리기도 하고, 언론에 노골적으로 제보하기

---

56 미디어스, "최근 윤여준의 생각, 그리고 개혁 세력의 딜레마", 2012. 9. 27

도 한다. 정치인은 관료가 강력하게 저항하는 일을 실행하는 것은 상당히 위험하다는 것을 점점 느끼게 된다.

넷째, 관료에게는 든든한 후원자가 있다. 바로 부자 지배엘리트이다. 정치는 짧지만 경제는 오래 간다. 부자 지배엘리트에게 불리한 정책을 막으면, 부자 지배엘리트는 언젠가는, 어떤 방식으로든, 보답을 할 것이다. 관료가 부자 지배엘리트에 의해서 포획되어, 그들의 이해를 대변하는 현상을 관료적 포획(bureaucratic capture)이라고 부른다(서울대학교 정치외교학부 정치학 전공 교수진, 2019, p. 232).

예산정치까지 하는 예산부서

2018년과 2019년 기재부는 대통령의 공약이고 국정과제인 공영형 사립대학 예산을 전액 삭감하였다. 교육부에서 추진하려고 하는 정책이 기재부에 의해서 중단된 것이다.

'공영형 사립대'는 문재인 대통령의 대선 공약이자 100대 국정과제 가운데 하나로, 정부가 발전가능성이 높은 사립대에 재정과 운영을 지원해 자율성을 보장하면서도 공공성을 높이겠다는 취지의 사업이다. 사립대 비중이 86.5%에 달하는 현실 속에서 고등교육의 공공성과 경쟁력을 함께 키우기 위한 대안으로, 교육계에서 폭넓은 지지를 받아왔다. 교육부는 2017년, 2018년 두 차례 정책연구를 실시했으며, 지난해에는 올해부터 5곳 정도의 대학을 선정해 시범사업을 시작한다는 계획을 담은 '공영형 사립대 육성지원' 사업으로 812억원 예산을 기획재정부에 요구했다.

그러나 '공영형 사립대' 사업은 여러 차례 우여곡절을 겪으며 계획대로 시행되지 않고 있다. 지난해 기획재정부는 교육부가 요구한 관련 예산을 0원으로 전액 삭감했다. 교육·시민단체들이 이에 반발하는 등 비판의 목소리가 높자,

국회가 예산 심의 과정에서 '공영형 사립대학 기획연구' 사업으로 10억원 예산을 증액했다. 연구 사업으로라도 예산을 확보해, '공영형 사립대' 정책의 흐름이 끊기지는 않도록 한 것이다.

그런데 이마저도 기획재정부 '수시배정' 사업으로 묶이는 바람에 원활한 사업 추진이 어렵게 됐다. 교육부는 "정책연구 이후의 사례 연구나 모형 개발 등으로 구체적인 방향성을 세우는 등 기획재정부와 협의해 사업을 추진할 것"이라 밝혔지만, 나머지 9억5000만원의 예산을 언제 배정받을 수 있는지는 전적으로 기획재정부의 판단에 달려있다. 여영국 정의당 의원은 "'공영형 사립대'는 대선 공약이자 국정과제인데, 재정 부처에서 '푸대접'을 받는 게 아닌지 우려된다. 사업에 차질이 빚어지지 않게 전체 예산의 조속한 배정이 필요하다"고 지적했다.

기재부의 공영형 사립대학 예산삭감에 대하여 2018년 8월 교수단체는 다음과 같은 성명서를 발표하였다.

공영형 사립대학'을 비롯한 문재인정부의 고등교육 체제 개편의 구상 속에는 "우리에게 대학이란 무엇인가?", 나아가 민주공화국에서 "교육이란 무엇이어야 하는가?"에 대한 고민과 응답이 내장된 것이었다. 여기에는 대학의 공공성 강화, 고등교육 여건 제고, 대학지배구조 개선, 사학비리 근절, 대학서열 완화, 대학입시 혁신, 그리고 지역균형발전 등 수십 년 동안 누적되었던 한국고등교육의 과제들에 대한 장기적 해결 방안이 설계되어 있다. 언제까지 입시 위주, 아무도 행복하지 않은 줄세우기 중심의 비정상적인 교육을 계속할 것인가? 교육을 바꾸지 않고 어떻게 대한민국을 바꿀 것이며, 우리의 건강한 미래를 설계할 수 있겠는가?

고등교육개혁의 신호탄이라고 할 수 있는 '공영형 사립대학' 예산을 전액 삭감한 기재부의 경악스러운 작태를 보며, 우리는 문재인정부에 고등교육혁신 의지가 있는가를 되묻지 않을 수 없다. 국정 철학은 정책과 예산을 통해 드러나는 법이며, 재정적 뒷받침이 없는 고등교육 체제개편은 허사이다.

1. 공영형사립대 예산 전액삭감! 기재부 OUT!

2. 사립대학 적폐청산! 청와대와 교육부는 응답하라

3. 기재부의 나라인가! 공영형 사립대학 공약 이행하라

4. 교육 없이 나라 없다. 공교육정상화 실천하라

5. 대학 없이 지역 없다. 공영형사립대 시행하라

6. 청와대의 기만인가? 기재부의 항명인가?

7. 공영형사립대 없는 고등교육개혁 허구이다

8. 기재부의 나라인가 김○○은 사퇴하라

9. 고등교육 공공성강화! 공영형사립대 공약 이행하라

10. 공영형사립대 예산 전액 삭감! 기재부를 해체하라

11. 대통령은 공영형 사립대 공약 이행하라

12. 공영형사립대 공약은 국민 사기 공약인가?

13. 혁신사립대학, 공영형사립대 육성 정책 이행

14. 촛불시민의 명령, 공영형사립대 공약 이행하라[57]

기재부가 대통령의 공약을 심사해서 잘못된 공약이라고 판단되면 좌절시키는 것은 정치적인 행위로서 법률상으로는 아닐지라도 사실상의 권한 남용이라고 판단된다. 기재부는 어떻게 해서 이렇게 막강한 힘을 갖게 되었을까? 그것은 기재부가 정부 예산안을 편성하기 때문이다. 예산 편성은 대통령의 책임이지만 실제 작업은 기재부 관료들이 담당한다. 정부의 부서는 예산이 배정되지 않으면 아무 일도 할 수 없기 때문에 예산부서는 힘이 생길 수밖에 없다. 예산부서는 이른바 모피아, 선출되지 않은 권력이다. 국회의원들에게도 쪽지예산을 나눠주면서 예산정치를 할 수 있다.

---

57 공영형사립대학추진협의회 등, "고등교육 공공성 확보! 공영형 사립대 공약 이행하라!", 2018. 8. 28

대통령은 인사권을 매개로 예산부서를 어느 정도 통제할 수 있다. 그러나 예산부서의 장을 정치인이 임명하는 것으로는 충분하지 않다. 부서장이 모든 예산을 챙길 수는 없다. 그리고 예산부서의 장은 대부분 예산부서 출신이다. 이들은 관료들과 공통적인 가치와 문화와 이해관계를 가지고 있다. 임명되기 전에는 복종을 맹세하지만, 임명받은 뒤에는 자신과 후배들의 뜻을 관철하려고 한다. 예산 담당 부서장이 "그 사업, 예산 없어서 불가능합니다. 그래도 하시려면 더 중요한 공약 하나를 포기하셔야 됩니다. 그래도 하시겠다면 해 보세요 아마 국가 부도가 날 것입니다." 이렇게 한마디 하면 비전문가인 대통령과 정치참모들은 위축될 수밖에 없다.

위의 공영형 사립대의 사례는 부서장 임명만으로는 예산부서의 권한 남용을 막을 수 없다는 것을 잘 보여준다. 그렇다고 교수단체의 성명서처럼 예산부서를 해체할 수도 없다. 예산을 짜는 관료는 반드시 필요하기 때문이다. 어떤 방법이 있을까? 미국의 사례를 살펴보자.

프랭클린 루즈벨트, 브라운로 보고서

미국의 루즈벨트(Franklin Roosevelt) 대통령은 미국 역사상 가장 위대한 대통령으로 뽑힌다. 유일하게 4번 당선되었다. 그의 업적은 2차대전을 승리로 이끈 것과 세계대공황을 극복한 것이라고 할 수 있다.

그가 대통령이 되어서 부딪치는 커다란 애로사항 중의 하나는 예산을 잘 모른다는 것이었다. 대공황을 극복하기 위한 뉴딜 정책으로 미국의 예산은 엄청나게 늘어났다. 어떻게 하면 비대해진 행정부를 효율적으로 통솔할 수 있을까? 그는 1936년 브라운로(Louis Brownlow)에게 행정부를 더 잘 통솔할 수 있는 방안을 연구해서 대안을 제시하라고 지시하였다.

1937년 브라운로는『미국의 정부에서 행정 관리』라는 제목의 보고서를 제출하였다. 보고서의 주요 내용은 다음과 같다.

- 대통령은 세 가지 중요한 역할을 한다. 첫째, 정치적 지도자로서 역할을 한다. 정당의 지도자이고 의회의 지도자이고 민중의 지도자이다. 둘째, 의전에서 국가의 수반이고 미국의 전국적 연대의 상징이다, 셋째, 연방정부에서 최고 행정가이고 관리자이다. 미국에서는 이 세 가지 기능이 대통령 한 사람에게 결합되어 있다.

- 내전 이후 정부의 과제와 책임이 증대하여 왔다. 가필드(James Garfield) 대통령이 암살된 이후 엽관 제도(spoils system)[58]에 대한 반대 운동이 일어났고, 1833년 공무원법 제정이 제정되었다. 재정 관리의 혼동은 1921년 예산국(the Bureau of the Budget)의 설치를 낳았다.

- 대공황을 극복하기 위한 활동의 증가, 국가의 성장, 우리 시대의 어려운 사회적 문제 때문에, 정부를 재조정해야 할 필요가 생겼다.

- 대통령은 도움이 필요하다(The President needs help). 기존의 참모들 이외에 6명 이내의 새로운 참모가 필요하다. 새로운 참모는 대통령과 장관 사이에 끼어들어서는 안 된다. 오로지 대통령에게 관련된 모든 정보를 신속하게 전달하는 역할을 하여야 한다. 참모는 배후에 머물러야 하고, 명령을 내려서도 안 되고, 결정을 해서도 안 되고, 성명서를 발표해도 안 된다. 참모는 매우 유능해야 하고, 신체적으로 강인해야 하고, 익명을 향한 열정(a

---

58 엽관 제도는 선거에 의하여 정권을 잡은 사람이나 정당이 관직을 지배하는 정치적 관행을 의미한다. 자기의 지지자들을 발탁하여 공약을 실현한다는 민주적 성격을 가진 반면, 정실에 따라 관직이 좌우되어 공정하고 능률적인 행정이 이루어지기 어렵다는 단점도 있다. 영어로 spoils는 전리품의 뜻을 가지고 있다. 한자로 엽관(獵官)은 관직을 사냥한다는 뜻이다. 가필드 대통령은 당선 후 관직을 주지 않아 불만을 가진 선거 참모에 의해서 1881년에 암살되었다. 이 사건 이후 1883년 펜들턴 공무원 개혁법(Pendleton Civil Service Reform Act)이 만들어지면서, 엽관 제도는 능력을 측정하는 시험을 보고 성적 순서대로 관직을 주는 능력 제도(merit system)로 대체되었다.

passion for anonymity)을 가져야 한다.

- 대통령은 정부의 모든 부서에 영향을 미치는 세 가지 기능을 직접 통제하고 책임을 져야 한다. 그것은 인사관리(personnel management), 재정 및 조직 관리(fiscal and organizational management), 기획(planning)이다.
- 세 개의 관리 기구, 인사 기구(Civil Service Administration), 예산 기구(the Bureau of the Budget), 기획 기구(National Resources Board)는 대통령 집행부(Executive Office of the President)의 일부가 되어야 한다(Brownlow et al., 1937).

1939년 재조직법(the Reorganization Act of 1939)이 통과되면서, 백악관 내에 대통령 집행부가 설치되었고, 예산국은 대통령 집행부 소속으로 되었다. 루즈벨트 대통령은 예산국장(Director of the Bureau of the Budget)으로 관료출신이나 경제학 전공자가 아니라 자신의 정치 참모인 해롤드 스미쓰(Harold Smith)를 임명하였다. 그는 1946년까지 7년 동안 국장으로 일하였다.

루즈벨트 이후 예산국은 내내 대통령 집행부에 소속되어 있었다. 1979년 닉슨 대통령은 이름을 관리예산실(OMB, Office of Management and Budget)로 바꾸면서 관리 기능을 추가하였다. 현재(트럼프 대통령) 대통령 집행부(EOP)에는 백악관 비서실(White House Office), 관리예산실(Office of Management and Budget), 국가인전보장위원회(National Security Council), 경제자문위원회(Council of Economic Advisors) 등 여러 기관이 소속되어 있다.

루즈벨트 대통령이 대공황을 극복하고 2차 대전을 승리로 이끈 배후에는 이러한 행정부 개혁이 있었던 것이다. 비전 있는 대통령에게 공약을 실천할 예산이 뒷받침된다면 성공하지 못할 일이 무엇이 있겠는가? 비록 온전하게 구현되지는 못 했지만, 미국에서 공공 관리 분야의 어떤 보고서도 브라운로 보고서만큼 연방정부의 작동을 근본적으로 변화시킨 것은 없다(Newbold and Rosenbloom, 2007, p. 1006).

주인-대리인 문제(principal-agent problem)

예산국을 백악관에 소속시켜 대통령이 직접 통제하는 것은 어떤 효과가 있을까? 경제학에서 유명한 주인-대리인 문제를 생각해 보자. 주인-대리인 문제란 주인이 대리인에게 일을 시킬 때 주인이 대리인의 유형(type)이나 행동(action)에 관한 정보를 완전하게 갖고 있지 못해서 발생하는 문제이다. 대리인은 자신의 유형이나 행동에 관한 정보가 많고 주인은 정보가 부족하다. 이 때 대리인과 주인의 목적함수가 다르다면, 대리인은 주인의 목적이 아니라 자신의 목적을 위해서 행동하게(또는 유형을 숨기게) 된다. 주인 대리인 문제란 목적함수가 다른 대리인으로 하여금 정보가 부족한 주인이 어떻게 주인을 위해서 행동하게(또는 유형을 정직하게 드러내게) 만들 것인가의 문제이다.

주권자가 주인이라면 정치인은 대리인이다. 주권자는 행복 극대화가 목적이라면 정치인은 득표 극대화가 목적이라고 할 수 있다. 선거라든지 주권자 정치배당은 대리인인 정치인을 주인의 목적을 위해 행동하도록 만드는 제도이다. 주인에게 충성하는 대리인에게 직책을 주거나 소득을 늘려주는 제도이다.

정치인과 관료 사이를 보면, 정치인이 주인이 되고 관료가 대리인이 된다. 정치인의 목적을 득표 극대화라고 보면, 관료의 목적은 무엇이라고 할 수 있을까? 니스카넨은 관료의 목적함수가 예산극대화라고 주장하였다. 예산은 관료에게 권한, 재량, 지위, 안락, 안정을 제공해 준다. 관료는 전문가이고 정치인은 일반인이므로 관료는 예산 협상에서 정치인보다 우위에 있다. 정치인이 어떤 정책을 하겠다고 선언하면, 관료는 그 정책에 대한 예산을 필요 이상으로 늘려서 권한을 키우려고 한다. 그 결과 예상했던 것보다 훨씬 더 많은 예산이 들어가는 비효율이 발생하게 된다(Niskanen, 1971). 건설공사를 하면 중간에 자꾸 비용이 늘어나는 것과 같은 이치이다.

주인-대리인 문제를 어떻게 극복할 수 있을까? 몇 가지 방법이 있다. 하나는 주인이 대리인을 잘 감독하는 것이다. 그러나 다수의 관료가 하는 일을 소수의 정치인이 감독한다는 것은 쉽지 않은 일이다. 일이 끝난 뒤에 평가를 통해서 상과 벌을 내리는 방법이 있다. 관료에게 가장 중요한 상과 벌은 인사이다. 승진, 전보 등의 인사는 정치인이 관료를 통제할 수 있는 가장 효과적인 수단의 하나이다. 그러나 관료가 하는 일은 객관적인 성과 평가를 하기 힘든 일이 많다. 그리고 매년 인사대상이 되는 것은 아니므로 상벌이 시기적으로 늦어질 수 있다. 말을 안 듣는 과장에게 벌을 내리기 전에 장관이 교체되는 경우가 허다하다.

주인-대리인 문제를 극복하는 가장 확실한 방법은 주인과 대리인을 동일한 조직에 소속시키는 것이다. 동일한 조직에 속한다고 모든 구성원이 완전히 동일한 목적을 갖는 것은 아니지만, 상당히 많은 목적을 공유하게 될 것이다. 예를 들어 주인 가문과 대리인이 가문이 결혼으로 사돈이 된다면 감시를 하지 않더라도 대리인은 주인을 위해서 행동할 것이다. 루즈벨트 대통령은 예산국을 백악관의 한솥밥 식구로 만듦으로써 주인-대리인 문제를 극복하면서 공약 이행을 위한 예산을 확보한 것이다.

예산부서를 청와대로

예산은 다음과 같이 다양하게 정의된다(윤성식, 2003, p. 30).

- 한정된 자원을 배분하고자 하는 정책 의사결정 과정이며, 조직의 목표 달성을 위한 계획을 화폐단위로 표시한 것이다.
- 자원배분에 관련된 이해관계자들이 권력투쟁을 통해 자신의 이익을 극대화하는 정치적 과정이다.
- 정책의 우선순위를 결정하는 정책 의사결정이며, 가장 적절한 공공부문 규모를 결정하는 연습이다.

대통령의 자신의 정책을 예산이라는 수단을 통해서 집행한다. 대통령이 통치한다고 하는 것은 자신의 공약과 비전을 반영한 예산을 편성하고 집행한다는 것을 의미한다. 따라서 예산편성은 대통령의 가장 고유한 권한이 되어야 한다. 대통령이 자신의 정책을 실천에 옮기기 위해서는 예산에 대통령의 의지가 최대한 반영되어야 한다(윤성식, 2003, p.168). 예산을 편성하지 못한 정책은 실행할 수 없다. 따라서 통치능력이란 예산능력이다(Axelrod, 1995).[59]

우리나라에서 예산안 편성의 최종 책임자는 대통령이다. 대통령은 기재부 관료에게 예산편성을 맡기고 있다. 기재부 관료는 기재부 장관과 차관의 지휘를 받는다. 기재부 장관은 총리의 추천으로 대통령이 임명하다. 대통령과 예산 관료 사이의 거리를 보면, 대통령 – 국무총리 – 기재부 장관 – 기재부 차관 – 예산 관료 이렇게 길다. 이렇게 긴 지배구조를 가지고서는 주인-대리인 문제를 해결하기 힘들다.

우리나라에서 예산부서 관료가 편성하는 예산이 대통령의 비전과 의지를 온전히 반영한 것이라고 보기 힘들다. 대통령이 특별한 관심을 갖고 확실하게 지시한 정책은 예산에 반영되지만 그렇지 않은 것은 거의 반영되지 않는다. 상당한 예산이 예산부서 관료의 가치판단에 영향을 받는다. 결과적으로 예산편성에 주권자의 힘이 미치지 않고 있는 것이다. OECD 다른 나라와 비교하여 경제 예산의 비중이 너무 크고 복지 예산과 교육예산의 비중이 너무 작다. 이것은 예산부서가 관할하는 예산이 과도하게 많다는 것을 의미한다.

예산부서가 예산정치의 주체가 되는 듯한 현상도 나타난다. 경험 있는 국회의원들은 예산부서가 예산 초안을 마련할 때부터 지역구 사업을 협의한다. 예산부서 관료와 국회의원은 지역구 사업 예산과 예산부서 관심 예산을 교환할 수 있다. 국회의원과 예산부서 관료 사이의 예산정치가 대충 끝난 뒤에 예산 초안이 작성되어 청와대에 보고된다.

59　The capacity to govern is the capacity to budget.

일반 관료의 시각에서 보면, 대통령 지시는 예산이 없어서 때때로 이행되지 않지만, 기재부 지시는 예산이 함께 배정되므로 100% 이행이 된다. 행정부 바깥에서 보면, 관료들은 대통령의 뜻보다 기재부의 뜻에 더 잘 따르는 듯이 보인다. 예산부서의 역할을 잘 모르는 시민단체들 눈에는 관료들이 대통령을 무시하고 자기들 뜻대로 행정을 하는 것처럼 보인다.

이 문제를 바로잡는 방법은 너무나 간단하다. 현대적인 공공 재무이론을 공부할 필요도 없다. 루즈벨트 대통령처럼 하면 된다. 기재부에서 예산실(또는 예산기획처)을 분리시키고, 예산실을 청와대에 소속시켜야 한다. 대통령과 예산실이 하나의 조직이 되어야 한다. 대통령 – 예산실장 – 예산 관료 이렇게 지배구조의 길이를 줄여야 한다. 중간에 누가 끼면 그 사람이 독자적인 힘을 갖게 되고 그만큼 대통령의 힘이 약해진다. 지배구조의 길이가 줄어들면 소통 과정에서 정보의 왜곡, 누락 및 변형이 최소화될 것이다.

지배구조의 길이뿐만 아니라 공간적인 길이도 줄어들어야 한다. 청와대가 좁으면 가장 가까운 곳에 공간을 마련해야 한다. 실제로 미국 백악관에서 관리예산실은 500명이 일하는 가장 규모가 큰 부서인데, 백악관 바로 옆 건물에서 근무한다. 대통령은 아침 저녁으로 예산실을 지나다녀야 한다. 매일같이 대통령 얼굴을 보는 예산 관료들은 무슨 수를 써서라도 대통령 공약 이행에 필요한 예산을 마련할 것이다. 이와 같이 예산실을 청와대에 소속시킨 가장 큰 효과는 대통령의 더 많은 공약에 예산이 배정되어 공약 이행률이 높아지는 것이다.

다음으로, 예산뿐만 아니라 대통령의 공약을 이행할 수 있는 법률도 더 많이 통과될 수 있다. 예산부서 관료들이 했던 예산 정치를 대통령이 하게 되기 때문이다. 국회의원들은 지역구 사업을 대통령과 협의하지 않을 수 없게 된다. 지역구 예산을 요구하는 과정에서 대통령이 요구하는 법률안을 존중하지 않을 수 없을 것이다. 국회의원과 예산부서 사이의 교환이 국회의원과 대통령 사이의 교환으로 바뀌게 된다. 자연스럽게 지역의 부자 지배엘리트만 이롭게 하면서 젠트리피케이션으로 지역 서민들을 삶을 위협하는 포크 배럴 사업도 상당히 줄어들 것이다.

대통령의 지시에 권위가 실리게 된다. 대통령이 지시하는 모든 사업에는 예산이 첨부될 것이다. 일반 관료들의 입장에서 보면, 과거에는 자신이 제안한 정책은 대통령에게 승인을 받고 난 뒤에도 다시 기재부에게 예산 승인을 받아야 했지만, 앞으로는 대통령에게 승인을 받고 나면 더 이상 다른 사람한테 승인 받을 필요가 없어진다.

마지막으로 대통령이 관료조직에 대한 실질적 통제력을 가지게 된다. 관료는 더 이상 정치인과 기재부라는 두 주인을 섬기느라 고생하지 않아도 된다. 대통령에게 충성하는 것이 승진도 하고 예산도 극대화하는 길이다.

제왕적 대통령이 문제일까 무능한 대통령이 문제일까

예산실을 청와대에 소속시키자고 하면 제왕적 대통령이 되지 않을까 걱정이 될수 있다. 여기서 제왕적 대통령이 과연 무엇인지 조금 분명하게 살펴볼 필요가 있다.

헌법재판소는 박근혜 대통령을 권한을 남용하였다는 사유로 파면하였다. 그러나 많은 사람은 세월호 아이들을 구하지 못한 무능력을 더 큰 탄핵 사유로 생각하고 있다. 박근혜 대통령의 무능력은 집권하자마자 기초연금 공약을 예산상의 이유로 못 지키겠다고 하면서 시작되었다. 누리과정 공약도, 고교 무상교육 공약도 마찬가지였다. 마침내 세월호 아이들을 구하지 못하면서 무능력의 극치에 도달하였다. 제왕적 대통령으로서 끼친 피해보다 무능한 대통령으로서 끼친 피해가 훨씬 더 커 보인다.

제왕적 대통령이 걱정이 된다면 내각제 개헌을 고려할 수 있을 것이다. 만약 우리가 대통령제를 유지하기로 한다면, 대통령이 국민을 위한 정책을 힘 있게 펼쳐나갈 수 있게 만드는 것이 마땅하다. 무조건 대통령의 권한이 막강하다고 걱정할 것이 아니라, 막강한 권한이 헌법과 법률을 위반한 것인지 아닌지, 막강한 권한으로 사리사욕을 채우는지 국민을 위해 사용하는지를 따져 보아야 할 것이다. 가장 문제가 되는 것은 공약도 지키지 못하고, 국민의 생명과 재산도 보호하지 못하는 무능한 대통령이다.

대통령이 헌법과 법률을 위반해서 제왕처럼 통치하는 것은 점점 어려워지고 있다. 6월 혁명과 촛불혁명을 거치면서 우리나라 국민들의 민주주의 의식은 크게 높아진 상태이다. 대통령이 정당을 장악해서 횡포를 부리는 것은 선거법과 정당법에 민주적 공천을 명시해서 막을 수 있다. 검찰을 사병처럼 부리면서 정치를 하는 것은 검찰개혁을 통해서 막을 수 있다. 대통령이 언론을 마음대로 부려먹는 것은 언론개혁을 통해서 막을 수 있다.

강원택 교수도 한국의 대통령은 결코 제왕적 대통령이 아니라고 평가한 적이 있다. 그 이유는 강한 의회의 견제를 받기 때문이다. "한국 정치의 문제는 제도보다 개인의 문제다. 대통령의 권한이 막강하다고 볼 수 없다. 대통령이 검찰·국세청 등 권력기관을 동원해 정치적 반대자를 압박하는 형태로는 권력이 강하다고 할 수 있지만, 정책과 사업을 추진하는 면에서는 절대 강하지 않다."[60]

이렇게 살펴보니까, 예산실을 청와대에 귀속시키면 안 그래도 제왕적인 대통령의 권력이 더 강해져서 안 된다는 주장은 피상적인 관찰에 기초한 주장이다. 87년 민주화 이후에는 제왕적 대통령이 끼친 피해보다 무능한 대통령이 끼친 피해가 훨씬 커 보인다. 대통령이 예산을 배정하지 못해서 자신의 공약을 이행하지 못하는 경우가 종종 생긴다면, 대통령제의 장점이 발휘될 수 없다. 어떤 정치 제도이든지, 최고 지도자는 유능하게 만들어야 한다. 특히 정책과 사업을 예산을 짜서 추진하는 측면에서 유능하게 만들어야 한다.

제왕적 대통령을 막으려고 대통령의 예산편성권을 제한하겠다는 것은 대통령제 자체를 부정하는 발상이다. 더군다나 대통령의 예산편성권을 선출되지

---

60   연합뉴스, "강원택, 대통령 권력 강하지 않아…제도 아닌 개인의 문제", 2018-03-12

않은 관료인 기재부를 통해서 견제하겠다는 생각은 더 큰 문제이다. 대통령의 권력은 사법부와 입법부, 그리고 언론을 통해서 견제되어야 하지, 기재부 관료를 통해서 견제될 성질의 것은 결코 아니다.

예산실을 청와대에 소속시키는 것에 대한 국회와의 정치적 타협으로 감사원을 국회에 소속시키는 방법이 있다. 미국에서 감사원(Government Accountability Office)은 의회 소속이면서 독립성을 보장받는 기구이다. 감사원장은 대통령이 상원의 자문과 동의를 얻어 임명하고, 임기가 15년이다. 어떤 경우에도, 대통령 단독으로 감사원장을 해임할 수 없다. 감사 대상 결정은 감사원의 고유 권한이다. 미국처럼 감사원이 국회에 소속된다면 제왕적 대통령에 대한 우려도 줄어들 것이다.

제6장

국세청 자료 공개 – 불평등한 현실 그대로 보여주자

사람들의 생각이 중요하다

제2장에서 우리는 단순다수제 선거제도를 채택하는 국가에서는 가난한 사람을 게으른 사람이라고 생각하는 사람의 비율이 높아진다는 것을 살펴보았다. 사람의 생각이 제도에 따라 달라진다는 것은 매우 중요한 사실이다. 그런데 그 역도 성립한다. 사람의 생각이 달라지면 제도가 바뀔 수 있다.

〈그림 6.1〉은 선진국들을 대상으로 한 조사에서 가난이 사회의 책임이라고 믿는 사람의 비율과 사회복지 지출 사이의 관계를 나타내는 그래프이다. 당연하게 가난이 사회의 책임이라고 믿는 사람의 비율이 높을수록 사회복지 지출이 늘어나는 경향을 확인할 수 있다.

돈 많은 것이 운이라고 믿는 사람이 많은 나라는 어떨까? 운이라는 믿는다는 것은 사회의 덕택이라고 믿는다는 뜻이 될 것이다. 〈그림 6.2〉는 운이 소득을 결정한다고 믿는 사람의 비율과 사회복지 지출 사이의 관계이다.

두 그래프를 종합해 보면, 가난은 사회의 책임이라고 생각하는 사람이 많거나, 잘 사는 것은 사회의 덕택이라고 믿는 사람이 많을수록 사회복지지출이 늘어난다는 것을 알 수 있다. 컵에 물이 반쯤 찼다고 생각하는 것과 컵에 물이 반쯤 비었다고 생각하는 것의 차이는 매우 크다.

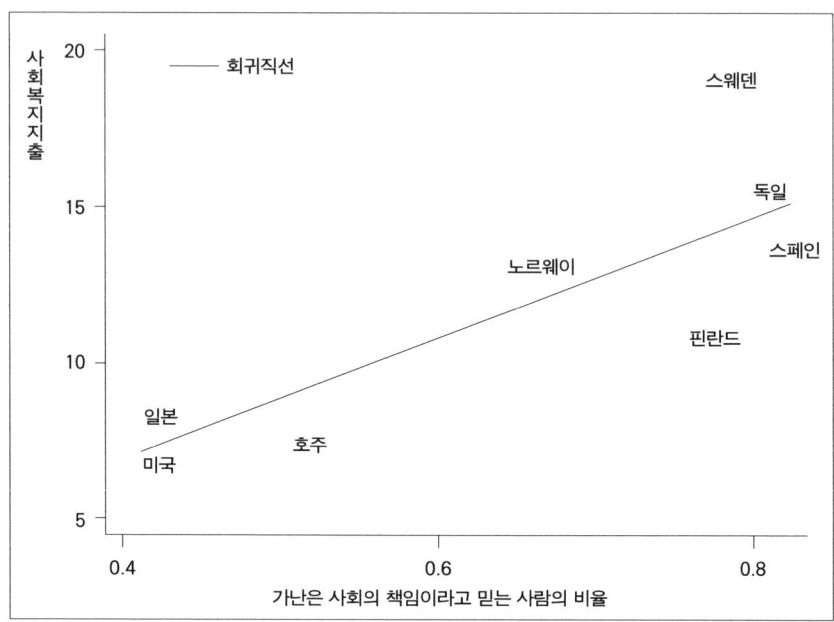

그림 6.1 가난이 사회 책임이라는 믿음과 사회복지지출의 관계

자료: Alesina and Glaeser(2004, p. 310)

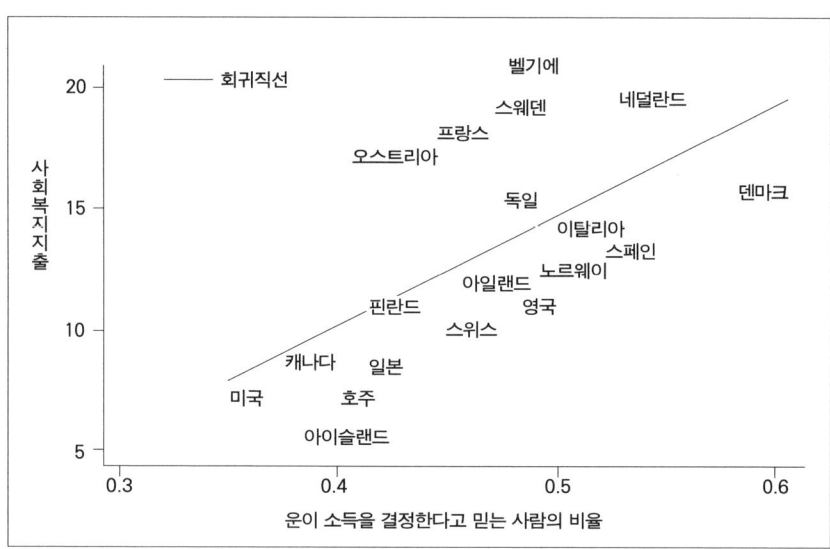

그림 6.2 운이 소득을 결정한다고 믿는 사람의 비율

자료: Alesina and Glaeser(2004, p. 308)

불평등이냐 불평등 인식이냐

니후에스는 ISSP(International Social Survey Programme) 설문 자료를 이용해서
나라별로 사람들이 인식하고 있는 소득 분포와 실제의 소득 분포를 비교해 보
았다(Niehues, 2014).

〈그림 6.3〉은 미국의 그림이다. 미국 사람들은 소득분포가 불평등하다고
느끼지만, 실제의 소득분포보다는 훨씬 평등하다고 인식하고 있다는 것을 알
수 있다. 미국에서 소득 재분배 요구가 약한 것은 불평등에 대한 과소 인식과 관
련이 있을 것이다.

〈그림 6.4〉는 헝가리의 그림이다. 헝가리 사람들은 소득분포가 불평등하
다고 느끼는데 실제의 소득분포보다도 훨씬 불평등하다고 인식하고 있다. 헝가
리 사람들이 불평등에 대한 과다 인식은 구사회주의 아래에서 가난하지만 평등
하게 살았던 경험을 갖고 있기 때문일 수도 있다.

〈그림 6.5〉에는 노르웨이의 그림이다. 노르웨이 사람들은 평등하다고 인
식하고 있으며, 실제의 소득분포도 평등하다. 실제의 소득분포를 거의 정확하
게 인식하고 있다. 스웨덴이나 핀란드도 유사하다. 북유럽 복지국가들은 어떻
게 해서 불평등에 대하여 정확하게 인식하고 있는 것일까?

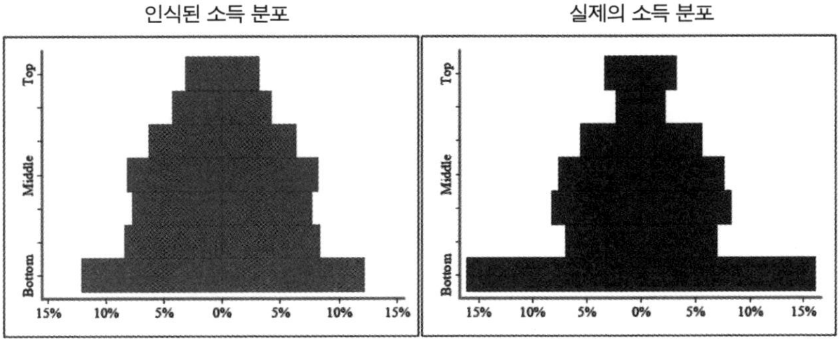

그림 6.3 미국 사람이 인식하는 소득분포와 실제의 소득분포

자료: Niehues(2014), p. 10

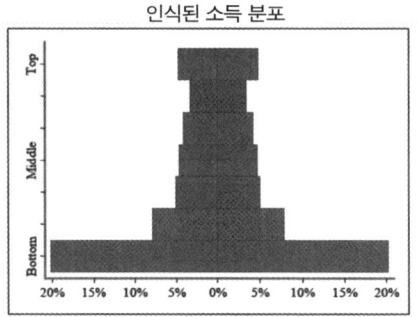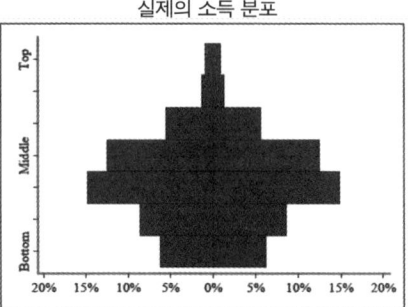

그림 6.4 헝가리 사람이 인식하는 소득분포와 실제의 소득분포

자료: Niehues(2014), p. 9

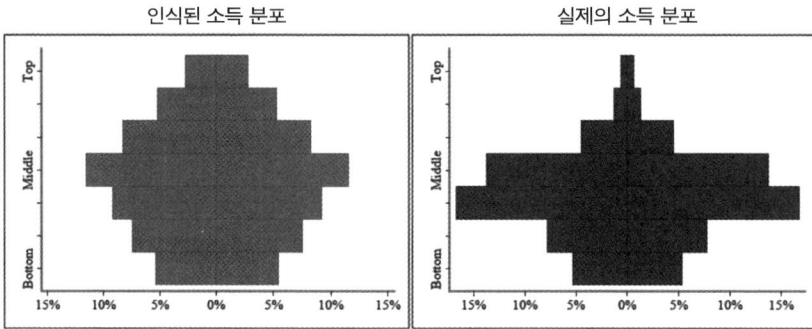

그림 6.5 노르웨이 사람이 인식하는 소득분포와 실제의 소득분포

자료: Niehues(2014), p. 11

니우에스는 재분배 요구가 실제의 불평등과 관련이 있는지, 불평등에 대한 인식과 관련이 있는지를 검증하여 보았다. 〈그림 6.6〉에는 실제의 소득 불평등과 재분배 요구 사이의 관계가 나타나 있다. 재분배 요구는 소득 불평등이 너무 크다고 느끼는 사람의 비율로 추정하였다. 그림에서 확인할 수 있듯이, 실제의 소득 불평등은 재분배 요구와 상관 관계가 없는 것으로 보인다. 즉, 소득이 불평등할수록 재분배 요구가 커진다고 말할 수 없다.

〈그림 6.7〉에는 불평등에 대한 인식(주관적 지니계수)과 재분배 요구(소득격차가 너무 크다) 사이의 관계가 나타나 있다. 불평등에 대한 인식이 높을수록 재

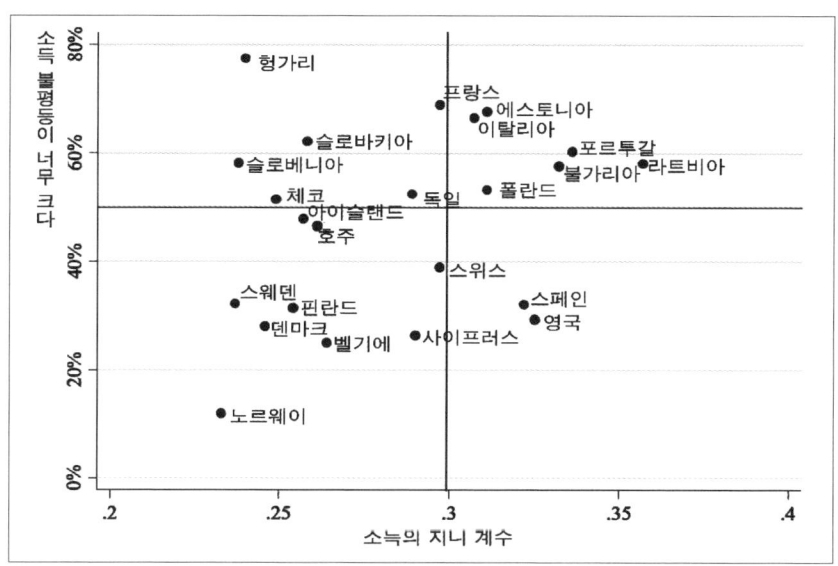

그림 6.6 소득 불평등과 재분배 요구

자료: Niehues(2014), p. 9

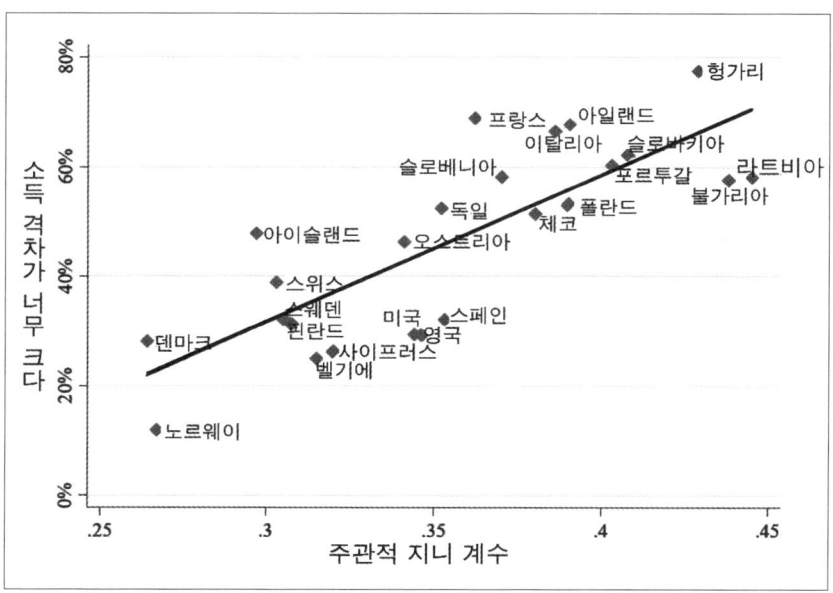

그림 6.7 소득 불평등 인식과 재분배 요구

자료: Niehues(2014), p. 14

분배에 대한 요구가 강해지는 것을 확인할 수 있다.

이상을 종합해 보면, 불평등에 대한 인식은 나라별로 차이가 난다. 현실보다 불평등을 과다 인식하는 나라(헝가리), 현실보다 불평등을 과소 인식하는 나라(미국, 영국), 현실의 불평등을 거의 정확하게 인식하는 나라(노르웨이, 스웨덴, 핀란드)로 나누어진다.

재분배 요구는 현실의 불평등이 아니라, 불평등에 대한 인식과 양의 상관관계를 가지고 있다. 현실이 불평등할수록 재분배 요구가 강해지는 것이 아니라, 사람들이 불평등하다고 인식을 해야 재분배에 대한 요구가 강해진다.

사람들이 자신이 살고 있는 나라의 불평등에 대해서 객관적으로 인식하는 것은 쉽지 않은 일이다. 대부분의 사람들은 여러 나라에서 살아본 경험이 없다. 사람들은 주로 자기와 유사한 소득 계층의 사람들과 어울리게 된다. 보통 사람들은 부자들이 얼마나 부자인지 잘 모르고 있다. 그런데 북유럽 복지국가 사람들은 불평등에 대하여 거의 실제와 일치하게 인식하고 있다. 무슨 이유가 있을까?

스웨덴, 조세 캘린더를 구입하세요

〈그림 6.8〉은 스웨덴 정부에서 운영하는 조세 캘린더 사이트의 영어 페이지 모습이다. 스웨덴은 전화번호부 같이 생긴 〈조세 캘린더〉라는 이름의 책에 모든 국민의 소득을 공개한다.

흥미로운 것은 다음과 같은 선전 문구이다.

> "당신의 봉급을 다른 사람이 번 돈과 비교하세요", "봉급을 협상할 때가 되었나요? 직장 동료들이 얼마를 받는지 찾아보세요", "승진되셨나요? 직전에 일했던 사람이 얼마를 받았는지 알아보세요"

그림 6.8 스웨덴 조세 캘린더 사이트

자료: http://www.taxeringskalendern.se/index.html (검색일 2019. 8. 3)

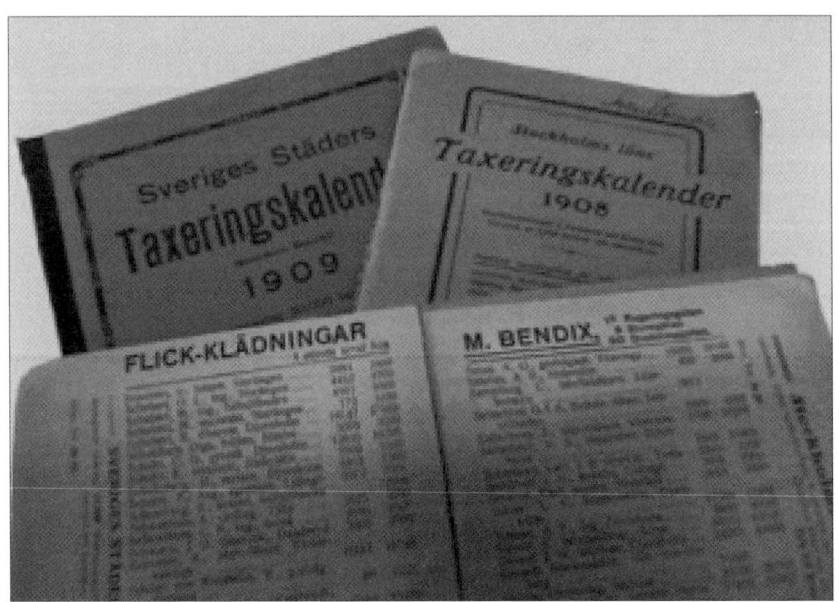

그림 6.9 1909년 조세 캘린더

자료: http://www.taxeringskalendern.se/Bilder%20Taxeringskalendern.html

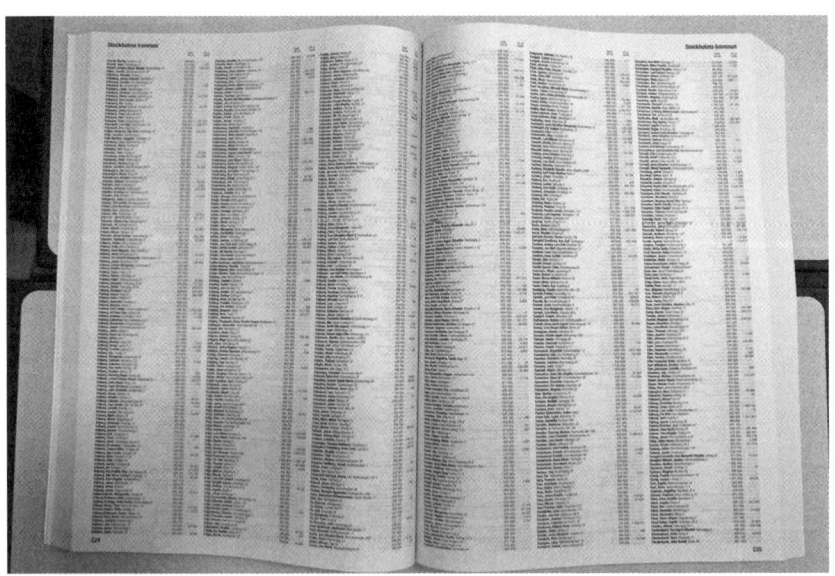

그림 6.10 스톡홀름 꼬뮨의 조세 캘린더

결국 조세 캘린더 책을 사라고 선전하는 내용이다. 그림의 오른쪽 부분은 책을 주문하는 양식이다. 294 크로나(약 37,000원)를 지불하면 원하는 시나 카운티의 조세 캘린더를 구매할 수 있다.

〈그림 6.9〉에는 1909년 조세 캘린더의 사진이다. 1909년 또는 그 이전부터 조세 캘린더를 발행해 온 것이 확실하다.

〈그림 6.10〉은 스톡홀름 꼬뮨의 조세 캘린더의 속 페이지를 찍은 모습이다.[61] 사람 이름과 주소가 나오고 숫자로 된 두 열이 나온다. 첫째 열에는 근로소득이 적혀 있고, 둘째 열에는 자산소득(비근로소득)이 적혀 있다.

핀란드, 질투의 날

핀란드에서 11월 1일은 전국 질투의 날(National Jealousy Day)이다. 아침 8시 정각 국세청은 모든 국민의 소득과 세금을 발표한다. 언론은 작년에 누가 제일 돈을 많이 벌었는지 앞다퉈 보도한다.[62]

국세청 전화기는 불이 난다. 사람들은 전화 한 통화로 자신의 소득(근로소득과 자산소득)과 세금을 확인할 수 있다. 마찬가지 전화 한 통화로 다른 사람의 소득과 세금도 확인할 수 있다. 주요 도시에 설치된 터미널을 이용하면 말로 신분을 밝히는 쑥스러움 없이 남의 소득을 조사할 수 있다. 단 아침 8시부터 9시까지는 언론인만 이용할 수 있다.

이러한 공개 정책은, 고용주들로 하여금 더 형평성 있는 임금 지급하도록

---

61 책을 구입하는 수고를 해 준 가천대 유종성 교수에게 감사드린다.

62 The New York Times, "Happy 'National Jealousy Day'!, Findland Bares Its Citizens' Taxes", 2018. 11. 1
　　https://www.nytimes.com/2018/11/01/world/europe/finland-national-jealou-sy-day.html

그림 6.11 **질투의 날, 국세청 발표를 기다리는 언론인들**

자료: New York Times(2018)

하고, 노동자의 임금을 높이는 효과가 있다(New York Times, 2018). 조세 행정의
신뢰도를 높이고, 과세 형평성에 대한 믿음을 크게 만든다. 납부세액을 늘리고
소득 불평등도 줄이는 효과가 있다(유종성, 2019).

노르웨이, 누가 내 소득을 검색했지

노르웨이도 1882년 개인 소득세가 도입된 이후 개인별 납세액을 공개해 오고
있다. 2001년부터는 온라인에서 확인할 수 있도록 하였다. 최근에는 다른 사람
의 소득을 검색하면 대상이 된 사람에게 누가 자기 소득을 검색했는지를 알려
준다. 언론인이 아니면, 한 달에 500명의 소득까지만 검색할 수 있다. 조세 공개
사이트에 접속하는 많은 사람들이 다른 사람의 소득을 검색하기 위해서가 아니

라 누가 내 소득을 검색했는지 알기 위해서 접속한다고 한다.[63]

페레스-트루글리아는 노르웨이의 이러한 온라인 공개 정책이 부자는 더 행복하게 만들고 가난한 자는 더 불행하게 만들어서 행복 격차를 확대시켰다는 것을 확인하였다. 그는 가난한 자신이 생각했던 위치보다 더 낮은 위치에 있다는 것을 발견한 사람들이 더 불행을 느낀다고 주장하였다(Perez-Truglia, 2019). 그러나 부자와의 격차를 알고나서 불행을 느끼는 것이 나쁜 것만은 아니다. 불평등을 불행이라고 느끼는 사람이 많을수록 불평등을 줄이는 정책이 쉽게 도입될 것이다. 불평등한지 몰라서 느끼는 행복은 가짜 행복이지만 불평등이 줄어들어서 느끼는 행복은 진정한 행복이라고 볼 수 있을 것이다.

개인별 및 가구별 국세청 자료를 천분위 단위로 공개하자

우리나라에 북유럽 나라들의 소득 자산 공개정책을 도입되면 어떻게 될까? 집안 싸움이 증가할까 아니면 오히려 줄어들까? 살인 강도 도둑질 같은 범죄가 늘어날까 아니면 관계가 없을까? 매우 흥미로운 질문이지만 우리나라에서 이런 사회적 실험을 할 수 있을 것 같지는 않다. 북유럽 나라처럼 개인의 소득과 자산에 대한 정보를 공적 정보로 간주하는 데 찬성할 사람은 많지 않아 보인다.

개인 정보를 확실하게 보장하면서도 북유럽 나라들처럼 불평등한 현실을 정확하게 알릴 방법이 있을까? 있다. 국세청 자료를 천분위(만분위) 단위로 공개하는 것이다. 천분위(만분위) 단위로 공개한다는 것은 0.1%(0.01%) 구간별로 평균한 자료를 공개하는 것을 말한다.

---

63 Quartz, "In Norway, you can browse everyone's tax returns, but there's a good reason you might not want to", 2016. 9. 18
    https://qz.com/784186/in-norway-you-can-browse-everyones-tax-returns-but-theres-a-good-reason-you-might-not-want-to/

표 6.1 2017년 통합소득의 분포(단위: 백만원)

구간	사람 수(명)	통합소득	1인당 통합소득
상위 0~0.1%	22,482	33,138,980	1,474.02
상위 0.1~0.2%	22,482	10,970,411	487.96
상위 0.2~0.3%	22,483	8,141,874	362.13
상위 0.3~0.4%	22,482	6,733,107	299.49
상위 0.4~0.5%	22,483	5,874,783	261.30
상위 0.5~0.6%	22,482	5,283,099	234.99
상위 0.6~0.7%	22,482	4,849,330	215.70
상위 0.7~0.8%	22,483	4,514,623	200.80
상위 0.8~0.9%	22,482	4,251,717	189.12
상위 0.9~1.0%	22,483	4,037,543	179.58

자료: 2019년 국세청이 유승희 국회의원에게 제출한 자료.

⟨표 6.1⟩은 ⟨표 1.2⟩의 일부를 옮긴 것으로서, 국세청이 유승희 국회의원에게 제출한 통합소득의 천분위 자료이다. 자료를 보면 0.1% 구간 내에 22,480명의 사람이 들어 있다. 이 자료로부터 개인을 식별해 내는 것은 불가능하다. 개인정보가 노출될 가능성은 전혀 없다. 만분위 자료를 공개하더라도 2천명 이상이므로 개인정보가 노출될 가능성은 없다.

천분위 자료를 가지고 불평등 상태를 정확하게 보여줄 수 있을까? 천분위 자료를 가지고 세법에 따라 세액을 계산해 보면, 계산된 조세 총액이 실제의 조세 총액과 조 단위까지 일치한다. 이 정도이면 현실의 상태를 충분히 드러내는 것이라고 판단된다. 위의 자료를 가지고 지니계수를 계산하면 0.47 정도가 나온다. ⟨가계동향조사⟩나 ⟨가계금융복지 조사⟩를 가지고 계산한 것보다 0.10정도 높다. 훨씬 현실에 가까운 자료라고 할 수 있다.

몇 가지 정보를 더 추가해서 발표해야 한다. 위의 자료에는 일용직 근로자 약 500만명의 자료가 빠져 있는데, 이것을 포함시켜야 한다. 모든 소득자의 통합소득(일용근로소득, 연말정산 근로소득, 종합소득)의 천분위 자료를 발표해야 한다.

다음으로 자산 및 자산소득에 대해서도 개인별로 천분위 자료가 제공되어야 한다. 부동산 등기부 등본은 이미 전산화 되어 있다. 부동산 공시지가와 거래 가격도 매년 컴퓨터에 입력된다. 두 자료를 개인별로 합치면 개인별 부동산 보유액을 구할 수 있다. 금융자산은 금융기관 컴퓨터에 다 입력되어 있다. 개인별로 합치기만 하면 된다. 우리나라는 주민등록번호를 아이디로 쓰기 때문에 아주 작은 비용으로 합칠 수 있다.

불평등을 측정할 때에는 개인별 자료보다 가구별 자료를 많이 사용한다. 그래서 가구별 소득과 자산의 천분위 자료도 발표해야 한다. 이것도 주민등록이 전산화 되어 있으므로 별도의 입력 작업 없이 자료를 합칠 수 있다. 천분위(만분위) 단위라면 0.1% 구간 내에 15,000~20,000(1,500~2,000) 가구가 속하게 된다. 개별 가구의 정보가 유출될 가능성은 없다.

국세청 천분위(만분위) 자료를 만드는 데에는 정말로 비용이 얼마 들지 않는다. 수천만명 분의 자료를 처리(merge)하려면 컴퓨터 반응이 조금 느릴 수 있다. 이런 경우에는 수퍼 컴퓨터를 추가 도입해도 좋을 것이다. 이 자료 공개의 효과는 매우 크다. 주권자들이 불평등한 현실에 대한 정확한 인식을 하게 되면, 불평등을 줄이겠다는 정치인이 많이 등장하게 될 것이고, 자연스럽게 불평등을 줄이는 정책이 지지를 받게 될 것이다. 부자 지배엘리트나 언론이 불평등을 줄이려는 정치인을 악랄하게 공격하기도 힘들어질 것이다. 어떤 질병의 경우에는 스스로 아프다는 것을 깨닫는 것이 바로 치료의 시작이라고 한다. 불평등이 바로 그런 질병이다. 주권자들에게 정직하게 불평등한 현실을 보여주는 것이 불평등을 줄이는 지름길이 될 수 있다.

실질적 민주주의를 위한 공동선 기본소득

실질적 민주주의

수천년의 역사에서 가장 분명한 하나의 사실은 포용적인 경제를 만든 나라는 흥하고 수탈적인 경제를 만든 나라는 망한다는 것이다. 그런데 포용적 경제는 포용적 정치가 전제된다. 로마도 포용적 공화정일 때에는 흥했고, 수탈적 황제정일 때 망했다. 영국이 산업혁명을 먼저 시작한 것도 포용적인 정치제도 때문이었다. 발전과 번영의 공식은 하나뿐이다. 포용적 정치와 포용적 경제의 선순환 구조

민주주의는 포용적 경제를 만들 수 있는 잠재력을 가진 정치 체제이다. 1인 1표라는 민주주의 원리 그 자체가 포용적이다. 집권을 하려면 다수를 포용하지 않을 수 없다. 그래서 존 스튜어트 밀 같은 최초의 민주주의 설계자들은 민주주의에서 다수가 소수를 과도하게 수탈하게 되지나 않을까 우려하기까지 하였다.

그러나 이러한 예상과 달리 최근에는 민주주의 하에서 불평등이 극단적으로 증가하는 현상이 나타나고 있다. 시장 경제는 교환, 분업, 혁신 등으로 효율적으로 부를 창출하는 경향이 있지만, 자동화, 세계화, 자산 가격 상승 등으로 불평등을 확대하는 경향도 있다. 불평등의 확대는 민주주의 정치가 경제 불평등을 완화시키는 역할을 제대로 하지 못하고 있다는 것을 의미한다.

불평등의 증가는 소수가 다수를 수탈하고 있다는 것을 의미한다. 예를 들

어 토지 가격이 오르면 토지 비소유자는 토지 소유자에게 더 많은 임대료를 내야 한다. 1인 1표 민주주의 하에서 어떻게 소수가 다수를 수탈하는 것이 가능할까?

몇몇 사람은 다수의 가난한 사람들이 소수의 부자 지배엘리트를 위해서 투표하기 때문에 이런 결과가 나타난다고 주장한다. 그러나 이와 같은 가난한 사람의 투표 행태 분석은 충분하지 않다. 가난한 사람들이 자신에게 손해가 되는 투표를 하는 이유에 대하여 대답하여야 한다.

가난한 사람이 부자를 위해 투표하는 것은 잘 살게 해주겠다는 보수 정치인에게 설득되었기 때문일 수 있다. 설득 과정에서 언론이 큰 역할을 하였을 것이다. 언론은 부자 지배엘리트의 자금에 의존하기 때문에 그런 입장을 가지게 되었을 것이다. 불평등을 줄이기 위해서는 보수 정치 – 부자 지배엘리트 – 언론으로 이루어진 불평등 옹호 동맹을 깨뜨려야 한다.

가난한 사람의 투표 행태보다 더 중요한 문제는 가난한 사람의 투표의 가치를 불평등하게 낮게 취급하는 것이다. 부자의 투표에 대해서는 5만표당 국회의원 1석을 배정하고 가난한 사람의 투표에 대해서는 30만표당 국회의원 1명을 배정한다면, 가난한 사람을 대변하는 국회의원은 소수가 될 것이다. 모든 사람의 투표를 평등하게 취급하는 비례적인 선거제도로 바꾸어야 불평등을 줄일 수 있다.

중위투표자 이론에 따르면 중산층의 투표 행태가 가장 중요하다. 선진 민주주의 국가의 장기에 걸친 사례를 보면, 선거제도에 따라 중산층의 투표 행태가 달라지는 것이 확연히 드러난다. 비례적인 선거제도에서는 중산층이 중도정당과 진보정당의 연합을 지지하고, 단순다수제 선거제도에서는 중도보수 정당을 지지하는 경향이 있다. 비례제 선거제도는 불평등 완화 정책에 찬성하는 주권자의 수도 늘리고 정치인의 수도 늘린다.

불평등을 줄이겠다고 공약하고 집권한 정치인이 실제로 공약을 이행하지 못하는 경우를 자주 볼 수 있다. 그것은 정치인이 관료를 통솔하고 예산을 배정하는 것을 매우 어렵게 만드는 각종 제도와 관행 때문이다. 이 문제를 모범적으로 해결한 나라가 미국이다. 루즈벨트 대통령은 예산실을 백악관에 소속시킴으로써 공약 이행에 필요한 예산을 마련하고 변화에 저항하는 관료를 통솔하는데 성공하였다. 우리도 그렇게 하면 된다.

주권자에게 불평등에 대하여 정확한 정보가 제공되어야 한다. 불평등이라는 질병은 인식하지 못하면 고칠 수 없다. 가난한 사람은 부자가 얼마나 잘 살고 있는지 알아야 한다. 부자가 어떻게 해서 부자가 되었는지 알아야 한다. 민주주의는 계몽된 주권자를 전제로 한다. 설문조사를 통해서 정확한 불평등 통계를 만드는 것은 매우 어렵지만, 국세청 자료를 활용하면 아주 작은 비용으로 가장 정확한 통계를 만들 수 있다. 국세청에서 파악한 소득을 천분위 내지 만분위 단위로 평균해서 제공하면 된다.

로버트 달은 민주주의를 형식적으로 정의하였다. 다음과 같은 6가지 조건이 충족되는 정치가 민주주의이다. ①선출된 공직자, ②자유롭고 공정하며 빈번한 선거, ③표현의 자유, ④선택의 여지가 있는 정보원, ⑤결사의 자율성, ⑥포용적 시민권(Dahl, 2015, pp.132-133)

이와 같은 형식적 민주주의만으로는 불평등 축소를 기대하기 힘들다.

불평등을 축소하려면 민주주의는 실질적 민주주의가 되어야 한다. 실질적 민주주의는 형식적 민주주의에 덧붙여서 정치적 자원까지 평등하게 보장되는 민주주의의이다. 실질적 민주주의의 조건은 세 가지이다. 첫째, 정치 대리인(입법, 행정, 사법)들을 주권자(집단)의 수에 비례해서 배정하는 선거제도를 가지고 있어야 한다. 둘째, 정치 및 언론 대리인의 후원에 사용할 수 있는 자금을 주권자들이 균등하게 가지고 있어야 한다. 셋째, 정확한 불평등 정보가 공개되어 주권자들이 계몽된 이해를 가지고 정치에 참여할 수 있도록 해야 한다.

공동선 기본소득

기본소득에 대한 가장 강력한 근거는 재산권이다. 기본소득의 권리는 모든 사람이 공동부의 공동소유자라는 것으로부터 도출된다. 최초의 기본소득 제안은 토지배당이었다. 토머스 페인은 토지는 인류의 공유자산이므로, 토지로부터 발생하는 지대를 환수하여 배당을 지급하자고 주장하였다(Paine, 1796).

공동부는 인간의 노력과 관계없이 인간에게 주어졌거나, 인간이 만들었다고 할지라도 수많은 사람이 공동으로 작업한 결과이기 때문에, 특정한 개인이나 집단에 속한다고 볼 수 없는 자산을 의미한다. 토지, 환경, 천연자원 등은 인간의 노력과 관계없이 주어진 공동부이다. 문화, 지식, 제도, 관습 등은 수많은 사람의 여러 세대에 걸쳐서 공동으로 작업한 결과로 만들어진 공동부이다. 공동부의 공동소유자이기 때문에 지급되는 기본소득을 공동부 기본소득(common wealth basic income)이라고 부를 수 있다.

기본소득의 또 하나의 근거는 참정권이다. 우리 헌법에도 여러 가지 참정권이 규정되어 있다. 주권자들이 정치에 직접 또는 간접으로 참여하는 것은 주권자로서 마땅한 권리이자 의무일 것이다. 그런데 정치에 참여하려면 돈이 든다. 돈이 없는 사람은 정치인을 금전적으로 후원하기 어렵기 때문에 정치인에 대한 영향력이 줄어든다. 언론에 대해서도 마찬가지이다. 부자 지배엘리트는 일반 주권자보다 언론에 대한 영향력이 훨씬 크다. 형식적 참정권이 아니라 실질적 참정권을 보장하기 위해서는 주권자들에게 정치에 필요한 돈을 균등하게 분배할 필요가 있다.

참정권 때문에 지급되는 기본소득이 바로 공동선 기본소득(common good basic income)이다. 공동선 기본소득은 대의 민주주의에서 더욱 필요해진다. 주권자의 뜻이 올바로 정치에 반영되려면, 선거에 의해서 대리인을 선출하는 것으로는 충분하지 않다. 대리인으로 하여금 주인의 뜻을 따라서 행동하게 만들어야 한다.

정치인에 대한 주권자의 영향력을 평등하게 만들기 위해서는 주권자들에게 정치인을 후원하는 데 사용할 수 있는 일정액의 자금을 균등하게 분배할 필요가 있다. 이것이 바로 주권자 정치배당이다. 미국 민주당 대선 후보인 앤드류 양은 선거 때마다 1인당 100달러의 민주주의 달러를 지급하겠다고 공약하였다.

공동선 기본소득의 두 번째 형태는 주권자 언론배당이다. 주권자들에게 일정한 금액을 균등하게 지급하여 언론인이나 언론사의 후원에 사용하게 하는 것이다. 주권자 언론 배당은 모든 주권자의 언론에 대한 영향력을 균등하게 만들기 위해서 필요하다.

공동선 기본소득은 사용처가 제한된 현금이므로 바우처라고 부를 수도 있고, 현물 기본소득(basic income in kind)의 하나로 볼 수도 있다. 공동선 기본소득은 평등한 참여가 목표이므로 주권자들에게 균등하게 지급되어야 한다. 공동부 기본소득은 150조원 이상의 예산이 필요하지만, 공동선 기본소득은 3~4조원 정도의 예산으로 충분한 효과를 발휘할 수 있다.

주권자의 입장에서는 정치인을 자신을 대변하는 인적 자원으로 볼 수 있다. 공동선 기본소득을 주권자들의 공동선 참여를 보장하기 위하여 주권자에게 보편적이고 무조건적이고 개별적으로 균등하게 분배되어야 하는 물적, 인적 자원으로 정의한다면, 비례대표 선거제도를 공동선 기본소득에 포함시킬 수 있다. 비례대표제는 주권자(집단)에게 인적 자원을 균등하게 분배하는 제도이다. 공동선 기본소득에는 정치 대리인의 비례적인 배분, 균등한 정치배당, 균등한 언론배당 등이 포함된다.

실질적 민주주의를 보장하기 위해서는 공동선 기본소득이 균등하게 지급되어야 하고, 주권자들에게 정확한 정보가 제공되어야 하며, 정치인들이 유능하게 예산과 관료를 다룰 수 있게 되어야 한다. 공동선 기본소득은 공동부 기본소득의 도입을 용이하게 만든다. 반대의 힘도 작용한다. 공동부 기본소득이 낮은 수준에서라도 실현된다면 공동선 기본소득에 대한 합의가 쉬워질 것이다.

공동선 기본소득은 주권자별로 정치적 자원을 균등하게 갖고 정치를 하자는 것이다. 공동부 기본소득은 주권자별로 공동부로부터 발생하는 경제적 자원을 균등하게 나누어 갖고 경제를 하자는 것이다. 포용적 경제와 포용적 정치의 선순환 구조는 주기적으로 경제적, 정치적 자원을 균등하게 나눔으로써 만들 수 있다.

　모든 사람에게는 두 가지 일용할 양식이 필요하다. 하나는 경제에 사용할 공동부 기본소득이고, 다른 하나는 정치에 사용할 공동선 기본소득이다.

참고문헌

Acemoglu, Daron. and J. A. Robinson (2013), *Why Nations Fail: The Origins of Power, Prosperity and Poverty*, Currency. 최완규 옮김, 『국가는 왜 실패하는가』, 시공사, 2012.

Acemoglu, Daron, Suresh Naidu, Pascual Restrepo, and James Robinson (2014), "Democracy, Redistribution and Inequality", in A. Atkinson, F. Bourguignon eds., *Handbook of Income Distribution* Vol. 2A-2B, 2014, Chapter 21, North Holland, pp.1886-1966

Ackerman, Bruce(2011), "Using the Internet to Save Journalism from the Internet", A. Gosseries & Y. Vanderborght eds., *Arguing about Justice: Essays for Philippe van Parijs*, Presses universitaire de Louvain, 2011.

Ackerman, Bruce and James Fishkin(2005), *Deliberation Day*, Yale University Press

Ackerman, Bruce and Ian Ayres(2002), *Voting with Dollars*, Yale University Press

Adams, John (1776). "Thoughts on Government". The Adams Papers Digital Edition. Massachusetts Historical Society. Retrieved 26 July 2014. (https://www.nps.gov/inde/upload/Thoughts-on-Government-John-Adams-2.pdf)

Alesina, Alberto and Edward Glaeser(2004), *Fighting Poverty in the US and Europe: A World of Difference*, Oxford University Press, 전용범 옮김, 『복지국가의 정치학』, 생각의 힘, 2017.

Aristotle(1999), *Politics*. Benjamin Jowett translation, Batoche Books, Kitchener

Axelrod, Donald (1995), *Budgeting for Modern Government*, Subsequent edition, St. Martins Press.

Balinski, M. L. and H. P. Young(1982), *Fair Representation: Meeting the Ideal of One Man, One Vote*, Yale University Press (Second Edition, Brookings Institution Press, 2001)

Bernauer, Giger and Rosset (2015). "Mind the gap: Do proportional electoral systems foster a more equal representation of men and women, poor and rich?" *International Political Science Review.* 36-1: 78-98.

Bernays, Edwards (1928), Propaganda, 강미경 옮김, 『프로파간다』, 공존, 2009

Birchfield, Vicki and Crepaz, Markus (1998). "The Impact of Constitutional Structures and Collective and Competitive Veto Points on Income Inequality in Industrialized Democracies." *European Journal of Political Research* 34: 175-200.

Brownlow, Louis, Charles Merriam, Luther Gulick (1937), *Administrative management in the government of the United States*, The President's Committee on Administrative Management

Buchanan, James M. (1997), "Can Democracy Promote the General Welfare?", *Social Philosophy and Policy*, Vol. 14, Issue 2, pp. 165-179

Cagé, Julia(2015), *Sauver les Médias*, editions du Seuil et la Republique des Idees. 이영지 옮김, 『미디어 구하기』, 글항아리, 2017.

Chomsky, Noam (2002), *Media Control - The Spectacular Achievements of Propaganda*, 박수철 옮김, 『노암 촘스키의 미디어 컨트롤』, 이상모색, 2003

Dahl, A. Robert (2003), *How Democratic is the American Constitution?*, Yale University Press, 박상훈, 박수형 옮김, 『미국 헌법과 민주주의』, 후마니타스, 2004

Dahl, A. Robert (2015), *On Democracy*, Second edition, Yale University

Press, 김왕식, 장동진, 정상화, 이기호 옮김, 『민주주의』, 증보판, 동명사, 2015.

Döring, Holger and Philip Manow(2015), "Is Proportional Representation More Favorable to the Left? Electoral Rules and Their Impact on Elections, Parliaments and the Formation of Cabinets", *British Journal of Political Science.* 47, 149-164

Farrell, David (2011), *Electoral Systems, A Comparative Introduction*, 2nd edition, Palgrave. 전용주 옮김, 『선거제도의 이해』, 한울, 2012.

Frank, T.(2004), *What's the matter with Kansas? How Conservatives Won the Heart of America*, Metropolitan Books. 김병순 옮김, 『왜 가난한 사람들은 부자를 위해 두표하는가 캔자스에서 도대체 무슨 일이 있었나』, 갈라파고스, 2012.

Hagenbach-Bischoff, E. (1888), *Die Frage der Einführung einer Proportionalvertretung statt des absoluten Mehres.* Basel: H.Georg.

Hare, Thomas (1859), *A Treatise on the Election of Representatives, Parliamentary and Municipal*, London.

Herman, Edward and Noam Chomsky(1988), *Manufacturing Consent: the Political Economy of Mass Media*, Pantheon Books.

Hitler, Adolf (1925), *Mein Kampf*, Volume 1, James Murphy translated, 1939

D'Hondt, Victor (1882), *Système pratique et raisonné de représentation proportionnelle* Bruxelles, Librairie C. Muquardt.

Iversen, Torben and David Soskice(2006), "Electoral systems and the politics of coalitions: Why some democracies redistribute more than others", American Political Science Review 100 No. 2, 165 -81.

Kaminsky, J., & White, T.J. (2007). "Electoral systems and women's representation in Australia". *Commonwealth and Comparative Politics* 45: 185-201.

Knutsen, Carl (2011), "Which Democracies Prosper? Electoral Rules, Forms of Government, and Economic Growth", *Electoral Studies* 30: 83–90.

Korpi, Walter and Joakim Palme(1998), "The Paradox of Redistribution and Strategies of Equality: Welfare State Institutions, Inequality, and Poverty in the Western Countries", *American Sociological Review*, Vol. 63, No. 5, 1998

Laborde, Cecile and John Maynor et al.(2008), *Republicanism and Political Theory*, Blackwell. 곽준현, 조계원, 홍승원 옮김, 『공화주의와 정치이론』, 까치, 2009

Lijphart, Arend(2012), *Patterns of Democracy*, Yale University Press. 김석동 옮김, 『민주주의의 유형』, 성균관대학교 출판부, 2016

McChesney, R.(2010), "Rejuvenating American Journalism: Some Tentative Policy Proposals", Workshop on Journalism, Federal Trade Commission, March 10, 2010.

McChesney, R.(2012), "A Real Media Utopia", *American Sociological Association*.

McChesney, R. and J. Nichols(2010), *The Death and Life of American Journalism: The Media Revolution that Will Begin the World Again*, Nation Books

McLean, Iain (1996), "E.J. Nanson, Social Choice and Electoral Reform", *Australian Journal of Political Science* 31(3), 369–85, 1996. (https://www.nuffield.ox.ac.uk/politics/papers/2002/w23/mclean.pdf)

Mill, J. S. (1861), Considerations on Representative Government, 서병훈 옮김, 대의정부론, 아카넷, 2012

Millar, Erin and Ian Gill(2017), "News industry should feel full digital disruption", October 5. (http://policyoptions.irpp.org/magazines/october-2017/news-industry-should-feel -full-digital-disruption/)

Newbold, Stephanie and David Rosenbloom (2007), "Brownlow Report Retrospective", *Political Administration Review*, 2007 November.

Niskanen, William (1971), *Bureaucracy and Representative Government,* Transaction Publishers.

Niehues, Judith (2014) "Subjective Perceptions of Inequality and Redistributive Preferences: An International Comparison", Working Paper. 2014. https://relooney.com/NS3040/000_New_1519.pdf

OECD (2014), *Report On the OECD Framework For Inclusive Growth.*

Paine, Thomas (1796), *Agrarian Justice*, https://www.ssa.gov/history/paine4.html

Perez-Truglia, Ricardo (2019), "The Perez-Truglia, Ricardo, The Effects of Income Transparency on Well-Being: Evidence from a Natural Experiment" (February 23, 2019). https://ssrn.com/abstract=2657808

Pettit, Philip (2007), "A Republican Right to Basic Income?", *Basic Income Studies*, Vol.2, Issue 2.

Piketty, Thomas (2014), *Capital in the Twenty-First Century*, Harvard University Press. 장경덕 옮김, 『21세기 자본』. 글항아리, 2015.

Piketty, Thomas (2018), "Brahmin Left vs Merchant Right: Rising Inequality & the Changing Structure of Political Conflict(Evidence from France, Britain and the US, 1948-2017)", *WID.world WORKING PAPER SERIES* N° 2018/7

Polanyi, Karl (1957), *The Great Transformation: The Political and Economic Origins of Our Time.* 박현수 옮김, 『거대한 변환』, 민음사, 1991.

Pukelsheim, Frierich(2014), *Proportional Representation*, Springer.

Raventos, Daniel (2007), *Basic Income: The Material Conditions of Freedom,* 이한주, 이재명 옮김, 『기본소득이란 무엇인가』, 책담, 2016

Rawls, John (1999), *A Theory of Justice*, Revised edition, Harvard University

Press. (First Edition, 1971) 황경식 옮김, 『사회정의론』, 서광사. 1985.

Sainte-Laguë, A. (1910), "La représentation proportionnelle et la méthode des moindres carrés", *Annales scientifiques de l'É.N.S.* 3e série, tome 27, pp. 529-542.

Rokkan, Stein (1970), *Citizens, Elections, Parties: Approaches to the Comparative Study of the Processes of Development*, Oslo: Universitetsforlaget.

Schelling, T. C. (1960), *The Strategy of Conflict*, Harvard University Press. 이경남 옮김, 『갈등의 전략』, 한국경제신문사, 2013.

Schumpeter, Joseph (1942), *Capitalism, Socialism and Democracy*, 변상진 옮김, 『자본주의, 사회주의, 민주주의』, 한길사, 2011

Sewa Bharat (2014), A little More, How Much It Is…Piloting Basic Income Transfers in Madhya Pradish, India. (http://sewabharat.org/wp-content/ uploads/2015/07/Report – on – Unconditional – Cash – Transfer – Pilot – Project – in – Madhya – Pradesh.pdf)

Shapley, L. S. and M. Shubik(1954), "A Method for Evaluating the Distribution of Power in a Committee System", *American Political Science Review*, 48, pp. 787-792

Sheahen, Allan (2002), "Why Not Guarantee Everyone a Job? Why the Negative Income Tax Experiments of the 1970s were Successful", US-BIG Discussion Paper No. 013, February 2002

Simon, Herbert (2000), "UBI and the Flat Tax", Phillip van Parijs eds., *What's Wrong with a Free Lunch*, Beacon Press.

Srnicek, Nick (2017), *Platform Capitalism*, Wiley.

Standing, Guy (2011), *The Precariat: The New Dangerous Class*, Bloomsbury Academic.

Steensland, Brian (2007), *The Failed Welfare Revolution: America's Struggle over Guaranteed Income Policy*, Princeton, 2008, pp. 138-9

Taylor, Alan D. and Allison M. Pacelli(2008), *Mathematics and Politics: Strategy, Voting, Power and Proof*, Springer

Thucydides(2011), 천병희 옮김, 『펠로폰네소스 전쟁사』, 숲.

Torry, M. (2016), *The Feasibility of Citizen's Income,* Palgrave.

Tzuo, Tien(2018), *Subscribed*, Penguin Random House. 박선령 옮김, 『구독과 좋아요의 경제학: 플랫폼을 뛰어넘는 궁극의 비즈니스 솔루션』, 부키, 2019.

Van Parijs, Philippe (1995), *Real Freedom for All: What (If Anything) Can Justify Capitalism?*, Oxford. 조현진 옮김, 『모두에게 실질적 자유를: 기본소득에 대한 철학적 옹호』, 후마니타스, 2016

Yang, Andrew(2018), *The War on Normal People: The Truth About America's Disappearing Jobs and Why Universal Basic Income Is Our Future*, Hachette Books.

Verardi, Vincenzo (January 2005). "Electoral Systems and Income Inequality." *Economics Letters*, 86-1: 7-12.

강남훈 (2002), 『정보혁명의 정치경제학』, 문화과학

강남훈 (2011), "단일이전가능투표 제도의 제안-정당 내 패권주의적 투표 행태를 막기 위한 투표 방법들에 대한 몬테카를로 비교 분석", 『민주사회와 정책연구』, 제20호.

강남훈 (2015), "평등선거 구현을 위한 선거법 개정 방향", 『공법연구』 제43집 제4호

강남훈 (2019), 『기본소득의 경제학』, 박종철 출판사.

강남훈, 김진오, 이준형 (2019), 『경기도 언론 공공성 확대를 위한 언론기본소득 실현 방안』, 경기도 의회 용역보고서.

강명세 (2014), 『민주주의, 복지국가, 그리고 재분배』, 선인.

강원택 (2005), 『한국의 정치개혁과 민주주의』, 인간사랑

곽노완 외 (2014),『기본소득의 쟁점과 대안사회』, 박종철출판사

권정임, 강남훈 (2018), "공유의 분배정의와 보편복지의 새로운 체제: 마이드너의
　　　임노동자 기금안에 대한 비판과 변형",『사회경제평론』제57호

권정임, 곽노완 (2019), "판 빠레이스에게서 권한으로서의 분배정의와 기본소득",
　　　미출판 논문.

김교성, 백승호, 서정희, 이승윤 (2018).『기본소득이 온다−분배에 대한 새로운 상
　　　상』, 사회평론아카데미.

김대경, 하승태, 김대중 (2017). 지역신문의 지원정책과 지원방향 모색.『언론학연
　　　구』21호 1권.

김영수 (1997), "불평등선거구 문제",『미국헌법연구』제8권.

김영주 외 (2018).『지역신문발전을 위한 법·제도 개선방안 연구』, 한국언론진흥재
　　　단 지역신문발전기금 조사연구.

김윤상 외 (2018),『헨리조지와 지대개혁』, 경북대학교 출판부, 제13장.

노기호 (1994), "선거구인구 불균형의 문제−평등선거의 원칙과 관련하여",『한양법
　　　학』제4,5집, 1994.

박상철 외 (2018),『선거비용과 선거공영제 개선방안 연구』, 2018년도 중앙선거관
　　　리위원회 연구용역 보고서

박상훈 (2018)『청와대 정부: 민주주의란 무엇인가를 생각하다』, 후마니타스

박찬욱 엮음 (2000),『비례대표 선거제도』, 박영사.

서울대학교 정치외교학부 정치학 전공 교수진 (2019),『정치학의 이해』, 박영사

성낙인 (2002), "지역구국회의원 선거구획정에 있어서 인구편차의 기준",『서울대
　　　학교 법학』제43권 제1호.

유종성 (2019), "북유럽 복지국가의 진짜 비결은 '소득 공개'", LAB2050, https://m
　　　edium.com/lab2050/%EB%B6%81%EC%9C%A0%EB%9F%BD−%
　　　EB%B3%B5%EC%A7%80%EA%B5%AD%EA%B0%80%EC%9D%9
　　　8−%EC%A7%84%EC%A7%9C−%EB%B9%84%EA%B2%B0%EC%9
　　　D%80−%EC%86%8C%EB%93%9D%EA%B3%B5%EA%B0%9C−
　　　32e35f92e8e3

유홍식 외 (2017). 『언론진흥기금 활용성과 및 개선방안 연구』, 한국언론진흥재단 연구보고서.

윤성식 (2003), 『예산론』, 나남.

윤홍식 (2017), "기본소득, 복지국가의 대안이 될 수 있을까?-기초연금, 사회수당, 그리고 기본소득", 『비판사회정책』 제54호, pp.81-119.

이동성, 유종성 (2019), "선거제도 개혁에 대한 이론적, 경험적 고찰 및 한국적 적용-연동형 비례제를 중심으로", 『동향과 전망』 105호.

전강수, 강남훈 (2018), "기본소득과 국토보유세-등장 배경, 도입 방안, 그리고 예상효과", 김윤상 외, 『헨리조지와 지대개혁』, 경북대학교 출판부, 제13장.

전병유, 신진욱 (2014), "저소득층일수록 보수정당을 지지하는가? 한국에서 계층별 정당 지지와 정책 태노 2003-2012", 『동향과 진망』 91호, 9-48.

정원호, 강남훈, 이상준 (2016), 『4차 산업혁명 시대 기본소득의 노동시장 효과 연구』, 한국직업능력개발원.

중앙선거관리위원회 (2015), "정치관계법 개정 의견", 2015. 2.

최승문 (2015), "선거제도와 재정정책 – 기존 논의와 향후 연구방향", 한국조세재정 연구원 (재정학회 월례세미나 발표 자료, 2015. 11)

최민재 (2016), 『스마트미디어 시대의 디지털 뉴스미디어 진흥 방안』, 한국언론진흥재단 연구 보고서.

최태욱 (2014), 『한국형 합의제 민주주의를 말하다: 시장의 우위에 서는 정치를 위하여』, 책세상.

한국언론진흥재단 (2018). 『2018 언론 수용자 의식조사』.